Beyond the printed word

Au-delà de l'écrit

...newsreel and broadcast reporting in Canada

...actualités filmées et reportages radio et télé diffusés au Canada

D0556085

National Archives of Canada

Archives nationales du Canada

Contents

Table des matières

Beyond the printed word ...

▶ *newsreel and broadcast reporting in Canada*

Moving images and recorded sound have fundamentally mediated our twentieth-century experience. Film and broadcasting have provided a new collective awareness for us in our homes and movie theatres. Our connection with society, and with our history has often been through these media; and though we continue to debate whether their impact has been beneficial or harmful, few will deny their importance and pervasiveness.

This National Archives exhibition presents the twentieth-century Canadian experience as reflected through newsreel and broadcast reporting and visitors will construct their own personal tour of the recent past. Just as we have to decide which cinema to attend, when to turn on a radio or television set, and to which station to tune; the visitor to this exhibition has to decide which reports to listen to or watch. Two hundred and forty-six separate excerpts and sixty-eight artifacts have been selected for presentation dating from 1897 to 1987. We do not expect anyone to watch and listen, in one visit, to all of the eight hours of material that is available; but, if we have done our selections well, visitors will have reason to return to the exhibition.

Countless books, articles and documentaries on the newsreel and broadcasting have interpreted their influence on us. This exhibition does not attempt to develop a new interpretation. Rather we have selected a wide sample from the material that has survived over time. By making these sounds, images and artifacts available, we are allowing visitors to experience and interpret them for themselves. In a sense this exhibition can be considered an audio-visual photo album that has never been available before. Admittedly, the sounds and images we

i

are presenting will be familiar but we have usually seen them as part of documentaries where the filmmaker limits what we see and tells us what to notice; much as a favourite aunt might do by showing us through the family album, turning the pages for us and reminding us of who was important and why. With this exhibition, however, visitors will be able to control their own experience and inspect the news reports at their own pace, and in whatever order they prefer. We have sought to reflect the great variety of available news material in our holdings and present these reports in the same context as their original conception.

Though we do believe that we have included at least one memorable story for everyone visiting the exhibition we feel obliged to provide a caution. Personal favourites may not live up to expectations or preconceptions. They often were not as conclusive, dramatic, or gripping as we remembered them. Nonetheless, this initial disappointment often can give way to a fresh perception or new understanding.

Brief glimpses at selected original documents are offered and visitors are invited to draw their own conclusions. On one level this exhibition offers a purely nostalgic look at our collective accomplishments and tragedies. At a more detached and critical level, however, many of these reports reveal biases and assumptions about our society and the world around us that are instructive. Partially because newsreels and news broadcasting were assumed to be ephemeral, never to be consulted after their timeliness was past, they reveal more than they ever intended about their times. They may appear dated to our contemporary ears and eyes but this quality can deepen our perceptions of media and its impact. This altering of reality, as we now perceive it, or these hasty generalizations, all too glib and refutable in retrospect, may not be characteristics that are exclusive to reporting in the past. Rather than to denounce the prejudices or lack of sophistication of an earlier age, we invite visitors to reflect on their own perceptions, and to evaluate our contemporary broadcast media more carefully.

This exhibition presents newsreel and broadcast reports that were transmitted at the time of the events. Taped oral history interviews or historical documentaries are a fascinating archival source but were left for a potential future exhibition. Similarly, thousands of hours of actuality film, video and sound recordings have been acquired by the National

Archives but were only considered for inclusion in this exhibition if they were part of a newsreel or broadcast. Public affairs programming in radio and television was the most difficult area for selection because it often incorporates both news and documentary investigations. A small sampling of this programming has been included, particularly when these broadcasts themselves made news because of the controversial current events they covered. We were often tempted to include sports programming and magazine-format programs on agriculture, science, popular culture or women's broadcasts but resisted the impulse because to do so would have meant creating a comprehensive history of the media, well beyond the scope of this exhibition.

Our presentation of newsreel and broadcast reporting preserves the context of its original presentation as much as possible. We present newsreels with their logos and intertitles intact, and with a supplied music track for the silent newsreels to simulate the experience in a theatre of their day. Radio and television reports are presented with their opening sequences and station and announcer identifications whenever possible. We have shortened and edited many reports to facilitate their presentation in this exhibition, but this is always indicated by an audible beep for the radio extracts and by a visual page flip for the film and video extracts. Reports are presented in their original language without any translation or voice-over. We have attempted to achieve a good balance of French/English-language reporting and public/private broadcasting. Newsreels both in silent and sound versions were rarely done in French for Canadian presentation.

Although the 246 reports in this exhibition should be more than enough to keep most visitors fully occupied we appreciate that we may not have included everyone's most memorable news event. Each visitor may notice the absence of a particular event or personality that he or she expected to see. A surprising number of historic news broadcasts have either been destroyed, or were never recorded and thus have been lost to posterity. Film and video footage and sound actuality were sporadically retained when their re-use could be anticipated, but since complete newscasts are never rebroadcast they were seldom preserved. Lorne Greene's famous newscasts on CBC radio during the early years of World War II have not survived though we do have examples of his film narrations and Victory Bond radio broadcasts from this period.

Comprehensive collections of CBC television daily newscasts exist only from the late 1970s and private broadcasters continue to retain only sporadic holdings of news programming. We were chagrined to learn of some conspicuous gaps in our holdings through the preparation of this exhibition.

If you know of the existence of newsreels or broadcasts that you would have liked to have seen in this exhibition, please let us know. We may already have them and simply could not include them for lack of space and time, but we may also need your information to track them down, and to preserve them as part of the national heritage. Also, you may have further queries about consulting more complete news coverage, or other moving image and sound documents that we already hold. Such queries are welcome.

Artifacts

This project has had the active collaboration of the National Museum of Science and Technology (NMST) from its inception through to the hosting of the exhibition. The sixty-eight artifacts on display are from the Museum's permanent collection or have been loaned from the Cinemathèque québécoise, Sony of Canada and Bell Canada. We have selected artifacts which represent a wide range of the technology used to record the images and sounds that became part of the news-reel and broadcast reports. We have attempted to display the newsgathering technology by showing all the carrying cases, extra lenses, cables, tripods, and other paraphernalia that were required to cover a news story. It is interesting to note how relatively portable film cameras were compared to early sound and video recording equip-ment. We have also selected a typical range of televisions and radios that would have been used in the home to receive the news and we have constructed a small period theatre for newsreel viewing.

Remember when . . .

The "Remember when . . ." component of the exhibition presents reports from 106 memorable events as reported by newsreel, radio or television. These events are not always the most historic events of the twentieth century; however, their representation by the media has indelibly imprinted them on our memories. While the Russian Revolution or the changing role of women in the twentieth century are not represented as such, their impact can be seen and heard in a number of our reports. But events such as the Ripple Rock explosion in British Columbia in 1958, or the 1963 total eclipse of the sun at Grand'Mère, Quebec, were easily predictable, and consequently received lavish media attention, and have been included.

We were initially troubled by the proliferation of sports and disaster stories in this component of the exhibition and sought to limit them somewhat. However, these are often the most powerful collective experiences of the twentieth century and deserve to be included. The reports have been organized in chronological order in six separate viewing areas but the stories can be accessed in whatever order the visitor wishes. The videodisc playback has been programmed so that any story can be interrupted after ten seconds of play. The visitor can thus change his or her mind or quickly browse through the available events.

We were often diverted in our preparation of this exhibition by telling each other where we were when we first heard or saw the events represented. We invite visitors to do the same. This is the way people can relate to history and we believe that this exhibition affords a unique opportunity for all of us to do so.

Newsreels

An hour-long newsreel presentation has been assembled for continuous play in the Kodak Newsreel Theatre. The marquee outside the theatre will indicate which segment is currently being shown. This presentation consists of thirteen film segments from the early topicals of 1901 through to a 1967 issue of *News of the Day*. We are including as many different eras and types of stories as possible and most of the newsreels have been shortened, but not otherwise edited. However, *1945 in Review* produced by the Canadian Army Film Unit, and *Canadian Headlines of 1952* by Associated Screen News of Montreal are being shown in their entirety to provide visitors with a sense of the rhythm and variety of newsreel presentation.

We have also inserted typical lantern slides of the period advising ladies to remove their hats, or promoting upcoming titles just as would have been done in the theatre of the day. Viewers will notice that the early silent film is not characterized by the unnatural jerky motions often associated with such film because we have adjusted the speed of each film segment. However, some speed variations that remain are a function of the early hand-cranked cameras.

Most newsreels were made primarily in the United States and Europe by large international newsreel companies such as Hearst, Pathé, Gaumont, Universal, Fox Movietone, and Paramount. Canadian stories were regularly included in these international newsreels and were either filmed by cameramen located in Canada or by cameramen sent for special occasions. Some companies produced Canadian editions of their newsreels. No Canadian companies ever produced French-language newsreels for Quebec audiences and consequently, there is a conspicuous lack of French-language newsreel examples. Two significant exceptions are the National Film Board's *Actualités canadiennes* and *Les Reportages* series which have been included in our presentation.

There were some notable attempts to establish Canadian newsreel companies in the earliest years but none succeeded for long. Associated Screen News lasted from 1920 until 1952 by providing most of the Canadian stories which appeared in the American produced newsreels. The National Film Board established a news reel unit in 1940 to film Canadian events, and then sent the footage to a number of newsreel companies in the hope that they might use the film.

Actuality sound to match moving pictures for newsreels was possible from 1927 on but its cost and cumbersomeness meant that it was used sparingly throughout the newsreel era. It was so much easier, and more cost-effective, to lay on a sound track in the studio using a well-equipped sound effects library to simulate on-location sound.

The great majority of newsreel footage was filmed on 35mm nitrate cellulose film which is highly flammable and eventually decomposes. Canada experienced a tragic consequence of this in 1967 when the National Film Board's warehouse in Beaconsfield, Quebec caught fire and destroyed most of the nitrate film that the Board had collected as the *de facto* national film archives. A major film acquisition program was put into effect by the National Archives following this irreparable loss and the Moving Image and Sound Archives Division continues to repatriate Canadian newsreel footage from the surviving newsreel collections and from private collections.

Radio

Canada was an early pioneer in the development of radio in North America and can claim the earliest regularly operating radio station (XWA later to become CFCF) beginning in Montreal in 1919. Radio was not initially primarily used as a news medium, though it was used for the broadcast of events such as hockey games, church services, formal public events, and political addresses by the mid-thirties. Many early stations had links with newspapers or were owned and operated by a newspaper to forestall competition that newspapers feared from the new media. However, radio stations in the first two decades did not develop active newsgathering departments and the earliest newscasts consisted of announcers reading excerpts from the affiliated newspaper.

The nation-wide broadcast of Canada's 1927 Diamond Jubilee was a dramatic Canadian initiative that received world-wide attention. The first Canadian radio event that captured the attention of the North American news media was the Moose River Mine Disaster in April 1936. The Canadian Radio Broadcasting Commission representative stationed in Halifax, J. Frank Willis, rose to the occasion and overnight became a reporter and celebrity. The May 1939 Royal Tour was given extensive radio coverage in French and English by the CBC. As a result, the equipment and expertise CBC developed left the network fortuitously well-equipped to cover World War II. CBC made its radio coverage of the war available to all Canadian radio stations and in 1941 CBC established its radio news bureau. Radio's powerful impact and immediacy was effectively demonstrated through its reporting of the war to Canadians. Matthew Halton, Peter Stursberg, Marcel Ouimet and others became news celebrities for their war-time reporting and were much in demand as speakers at Victory Loan rallies.

Radio continued as an active competitor with the daily newspapers for "scoops" on breaking stories until the arrival of television. Television's birth in 1952 undermined radio's primacy as a news medium and though Canadians continued to listen to radio news for their daily update on events around them, it took some years for radio's status as a news medium to be re-established.

Most of early radio was live and we have few examples of early radio newscasts. By the late 1930s most major radio stations in Canada had their own recording facilities but used this disc-cutting equipment sparingly to record speeches or other notable moments for later broadcast. This equipment was not portable, by conventional standards. The CBC's Overseas Mobile Broadcast Unit during World War II required a specially-equipped van with its own generators that allowed the reporter to move only a couple of hundred feet away. From the 1940s we have a wide sampling of radio news but by the 1950s, with the advent of the tape recorder and the possibility of erasing and re-using magnetic tape, we again suffer a scarcity of archival sources. The Moving Image and Sound Archives Division has been active in working with the radio industry since the mid-1970s in the acquisition and preservation of radio news and has a rich collection from that point.

Television

Canada was not a pioneer in the development of television. Innumerable governmental studies explored all the implications before the CBC finally commenced its television service in September 1952. As well, many applicants were eager to launch privately-owned television stations in Canada but were not given the required clearances until 1960. Television news borrowed technology, cameramen and techniques from the newsreel industry and reporters from radio in its early years. Early television news was often accused of being merely illustrated radio but a distinctive television news style soon emerged and Canadians watched their own television news avidly. Indeed, Canadian television news and public affairs programming have never suffered from the preferences Canadians have had for American entertainment programming. Canadian television news soon developed an impressive reputation for its responsibility, imagination and reliability.

The technological developments of television news have undergone dramatic transformations as has the visual style of television news presentation. Live footage during the first decade of television was exceedingly difficult and cumbersome to obtain. The use of stock footage or graphics to illustrate news stories remains one of the characteristic features of television news. Colour television in the mid-1960s was a major milestone but initially required mammoth cameras and van loads of recording equipment. Thus, for those years, viewers often saw a colour broadcast from the news studio with black and white film inserts from the on-site reports. A parallel development from this same era was the chromakey effect which allowed the image of the reporter or studio newsreader to be inserted into the image of the event being reported. CTV introduced both colour and chromakey, with great fanfare, for its coverage of the 1967 Progressive Conservative leadership convention. Comparison of the CTV and the CBC television coverage for this event speaks volumes. It almost appears, from our 1980s vantage point, that these two reports represent completely different eras in television reporting.

Television news is perhaps the medium that becomes most quickly dated and consequently may be the most revealing about its age. Delivery and style change rapidly in television and may reflect more than they intend about the values of the time. Lloyd Robertson in his double-breasted jacket and Ken Cavanagh in his orange turtleneck and nehru jacket in 1969 may not now look entirely credible or reliable to our contemporary eyes; but fashions of the 1980s may look equally suspect in a few years time. Someone like Pierre Nadeau who has had a long career in television news has evolved his presentation significantly if one compares his contemporary television style with the earliest reports we have of him from 1962.

Television news reports for this exhibition have been extremely difficult to locate since stations rarely kept their newscasts. In the earliest days television news was live and the technology did not exist to record a total newscast. The process was soon developed to take a 16mm film from a television monitor, called a kinescope, but it was always of poor quality. Stations knew they would never rebroadcast a total newscast and seldom bothered to record it. Film inserts of actuality, or non-studio footage, were more often kept because they could be used for retrospective reports and documentaries. However, this footage was often kept without the accompanying sound and thus documents very little about the actual newscast. We have often had to use such footage, or lift segments from documentaries, because we wanted to represent events, personalities, or eras that could not otherwise be documented. Since 1978 the CBC has maintained its national newscasts in French and English but other broadcasters continue to erase most of these recordings shortly after they are made. The annotated notes on each report refer to defects in the film or video material that has survived and does not imply that these reports were broadcast with these defects.

Ernest J. Dick

Acknowledgements

Research and planning for this exhibition began at the National Archives of Canada in 1985. Ernest J. Dick, Chief of Collections Management in the Moving Image and Sound Archives Division (MISA), has been project coordinator from its conception through to final installation. Production coordinator Andrea Cross has worked with NA staff, the NMST, designers, and sponsors for two and a half years to coordinate all efforts. Sam Kula, while Director of MISA, has provided executive direction and support throughout the project.

Research for and selection of the reports to be included in this exhibition was organized by media with archivists Jean-Paul Moreau and Rosemary Bergeron responsible for the radio and television components and Yvette Hackett and Dan Conlin responsible for the newsreels. Andris Kesteris initiated the selection of the stories for the "Remember when . . ." component. Other staff members who assisted with research included Lauren Walker, Nathalie Jutras, Terry McEvoy, and Jocelyne Perrier.

Preparing the final eight hours of film, video and audio material proved to be a formidable task. Andrea Cross coordinated this process in collaboration with René Paquet. Robert Doughty was hired to do the final editing and formatting and was assisted by Jean-Paul Moreau. Leonard Hill, Todd Van Dusen, Michel Bourbonnais, Brian MacDonald, John Armstrong and Dennis Waugh did the film, video and audio transfers. Titling was done by François Dion and Christine Bertrand at CBOT. The music for the silent newsreels was selected and performed by Eric Leese under the direction of Lauren Walker.

Many staff members became involved in the preparation of the exhibition and their ready enthusiasm and commitment was always appreciated. Some that deserve acknowledgement include Jana Vosikovska and Sylvie Robitaille; Joan Fairweather for coordinating the preparation of this publication; and Aurore Rogers and Marlene Pratt for the secretarial services required.

We also wish to acknowledge the assistance received from the Public Programs Branch of the National Archives in the realization of this project.

Selection of the artifacts incorporated in the exhibition was done by Ernie DeCoste and Jim Johnson of the National Museum of Science and Technology and William O'Farrell of the National Archives Technical Operations Division. Pierre Veronneau of the Cinémathèque québécoise facilitated the loan of some of their cameras for the exhibition. Other artifacts required for this exhibition were transferred to the Museum from the National Archives, CBOT, Eric Tomlinson, Sony of Canada, as well as Bell Canada.

Design and fabrication of the exhibition has been shared between the National Archives of Canada and the National Museum of Science and Technology. Valerie McDonald of the Archives and Ron Tropea, Glenda Krusberg, and Eric Russell of the Museum supervised these functions. Research on exhibition presentation and design was carried out in England thanks to the assistance of the British Council and British Airways. The design work was carried out by the firm IMI under the leadership of Paul Janelle, with audio-visual advice supplied by Bruce Burnett of the Canadian Government Film and Video Centre.

We also had to rely heavily on the cooperation and goodwill of many other agencies and individuals to supplement our collections. These included Radio-Canada's Services de documentation, Global News, CBC Program Archives and Television News Library, the CTV film library, the City of Toronto Archives, Stanley Burke, the Provincial Archives of British Columbia, CHCH television in Hamilton, Radio-Québec, Télé-Métropole, CKAC radio for the Télémédia network, CJMS radio for Radio-Mutuel, Quatre Saisons, the Provincial Archives of Newfoundland and Labrador, Rhéal D'Amour, Henri Pinvidic, Alain Gravel, CFRB, *Broadcaster* Magazine, and the Cinémathèque québécoise.

Senior management of the National Archives of Canada has been supportive of this project throughout but it became evident early on that the scale and costs exceeded the Archives' resources and we were asked to generate outside support. Fortunately, many people and institutions have quickly seen the exciting potential of this exhibition and their roles must be acknowledged. Communications Canada provided substantial support in assisting Heritage Canada's sponsorship of this exhibition. The National Museum of Science and Technology not only is hosting and maintaining the exhibition but also paid for its fabrication. The Ampex Corporation provided the special effects and editing equipment that enabled us to compile our master videotape as well as the television monitors used in the Ampex television kiosks and throughout the exhibition. Kodak Canada donated the audiovisual equipment for the Kodak Newsreel Theatre, along with supplying all photographic materials used in the exhibition. Sony of Canada provided consultation, studio facilities, videotape and artifacts for the exhibition. 3M Optical Recording department supported the project by substantially reducing their usual videodisc production and storage costs. The CBC seconded Eileen Hammond, formerly of the Television News Library, to the project for its final year and she became involved in the final selections and editing of the annotated notes, as well as promoting radio and television programming related to the exhibition. All of this support, in resources and services, was generously provided in recognition of the importance of Canada's newsreel and broadcast heritage and enabled the National Archives to undertake a project that would have been impossible otherwise.

Au-delà
de l'écrit...

▶ **actualités filmées et
reportages radio et télé
diffusés au Canada**

Notre siècle est foncièrement celui de
l'image et du son. À la maison comme au cinéma, le film, la radio et la
télévision sont devenus des faits sociaux de première importance. C'est
souvent par ces médias que se fait notre appartenance à la société, et
donc, à l'histoire contemporaine; on a beau discuter encore de leur
influence bénéfique ou néfaste, il ne se trouve presque plus personne
pour nier leur importance et leur omniprésence.

Cette exposition des Archives nationales du Canada reflète l'expérience canadienne du XXe siècle à travers les actualités filmées et les
reportages à la radio et à la télévision. Le visiteur devra faire des choix,
exactement comme les Canadiens d'aujourd'hui ont à décider du film
à aller voir, du moment d'allumer la radio ou la télévision et de la station
à écouter ou à regarder. Nous avons choisi de présenter deux cent
quarante-six extraits visuels et sonores, soit huit heures de visionnement
et d'écoute, et soixante-huit objets de 1897 à 1987. Le visiteur ne
pourra sans doute tout voir en une seule visite, mais si notre choix est
valable, il sera tenté de revenir.

De nombreux livres, articles et documentaires ont analysé l'influence de ces médias sur la société. Nous ne proposons pas une
nouvelle interprétation de ce phénomène. Ce que nous avons fait c'est
une sélection à partir de documents qui ont échappé aux ravages du
temps. En mettant ces images, ces sons et ces objets à la portée de tous,
nous fournissons à chacun l'occasion d'y aller de sa propre interprétation. C'est un peu comme un album familial audio-visuel que nous
avons rarement l'occasion de regarder à notre guise. Un grand nombre
de ces images et de ces sons auront un air familier; à l'époque, ils étaient

présentés dans le cadre d'un documentaire ou d'un bulletin de nouvelles qui attirait notre attention sur ce qu'il fallait regarder et remarquer, comme la tante bien-aimée nous guidant à travers l'album de famille. Les gens pourront visiter l'exposition à leur propre rythme et selon l'ordre qu'ils auront choisi. Nous avons essayé de refléter la grande variété de sons et d'images des fonds et des collections des Archives et de présenter ces reportages en respectant leur contexte original.

Même si nous croyons avoir inclus au moins un « événement » mémorable pour chaque visiteur de cette exposition, une mise en garde s'impose : plusieurs risquent d'être déçus en revoyant ou en réentendant certains extraits. Souvent, ils n'étaient pas si concluants, si dramatiques ou si passionnants que dans nos souvenirs. Malgré tout, après cette première déception, nous avons souvent une perception et une compréhension nouvelles de l'événement.

En jetant des coups d'œil rapides sur une sélection de documents originaux, les visiteurs sont invités à donner leur propre appréciation et à tirer leurs propres conclusions. Conçue pour être appréciée et vécue à des degrés divers, cette exposition permet, en un premier temps, de jeter un regard nostalgique sur nos réalisations et nos tragédies collectives. Mais, sur un autre plan, plus détaché et plus critique, beaucoup de ces reportages révèlent des idées préconçues et des hypothèses sur notre société et le monde qui nous entoure. D'une certaine manière, comme ces actualités filmées et ces reportages radio et télévisés étaient considérés éphémères, donc, pas du tout susceptibles d'être consultés par après, ils en disent encore plus sur leur temps. Ils peuvent nous apparaître démodés, mais ils peuvent nous aider à mieux comprendre les médias et leur influence. À première vue, les reportages du passé accusent leur âge. Plutôt que de succomber à la tentation de dénoncer les préjugés ou le manque de subtilité d'une époque révolue, nous invitons les visiteurs à réfléchir sur leurs propres perceptions et à porter un jugement plus critique sur nos médias électroniques d'aujourd'hui.

Les actualités filmées et les reportages radio et télévisés présentés dans cette exposition ont été montrés au public ou diffusés au moment même des événements. Les collections d'interviews d'histoire orale ou les documentaires d'événements historiques, fascinants d'un point de vue archivistique, feront partie d'une autre exposition à venir. De même, parmi les milliers d'heures d'enregistrement que les Archives ont acquis, seuls ont été choisis les documents qui font partie des actualités filmées et des reportages radio et télévisés. Comme les affaires publiques, à la radio et à la télévision, comprennent autant les nouvelles que des analyses documentaires, le choix dans ce domaine a été des plus difficiles. C'est pourquoi, n'a été retenu qu'un tout petit échantillon, limité surtout aux reportages ayant fait la nouvelle à cause des événements controversés qu'ils couvraient. Souvent, nous avons été tentés d'inclure des émissions sportives et des reportages de format magazine sur l'agriculture, la science, la culture populaire et les femmes, mais nous avons résisté à la tentation de peur de donner l'impression de vouloir présenter une histoire complète des médias, ce qui aurait été nettement au-delà des visées de cette exposition.

Les actualités filmées sont présentées telles quelles, quand c'est possible, avec leurs logos et leurs intertitres intacts; une bande sonore a été ajoutée dans le cas des films muets pour faire revivre l'atmosphère d'une salle de cinéma du temps. Les reportages radio et télévisés sont présentés avec leurs séquences d'ouverture et les identifications de la station et de l'annonceur toutes les fois que c'était possible. Un grand nombre de reportages ont fait l'objet de coupures et de montages pour faciliter leur présentation dans cette exposition. Ceux-ci sont identifiables par un signal sonore pour les extraits radiophoniques et par une image de transition pour les extraits de films et de bandes magnétoscopiques. Les reportages sont présentés dans leur langue originale sans traduction ni commentaires. Nous avons essayé d'offrir un dosage équilibré des reportages en langue anglaise et en langue française tant en provenance des stations publiques que privées. Les actualités filmées, muettes et sonores, se faisaient rarement en français pour le public canadien.

Les deux cent quarante-six reportages de cette exposition devraient être plus que suffisants pour occuper le temps de la plupart des visiteurs, mais il est difficile de combler les attentes de chacun. Chaque visiteur remarquera probablement l'absence d'un événement ou d'un personnage particulier qu'il s'attendait à trouver ici, mais un nombre impressionnant de bulletins de nouvelles ont été détruits ou n'ont jamais été enregistrés. Les actualités n'étaient conservées que lorsqu'elles pouvaient servir à nouveau dans une production, mais comme les bulletins de nouvelles n'étaient jamais rediffusés au complet, ils étaient rarement conservés. Les célèbres bulletins de nouvelles lus à la radio anglaise de Radio-Canada par Lorne Greene dans les premières années de la Seconde Guerre mondiale n'ont pas survécu, bien que nous ayons, de lui, quantité d'exemples de narrations de films et d'émissions radio sur les obligations de la Victoire pour cette période. Ce n'est que depuis la fin des années 1970 que la télévision de Radio-Canada a commencé de conserver les collections complètes de son téléjournal quotidien. Quant aux diffuseurs privés, ils continuent encore de ne garder que certains de leurs bulletins de nouvelles. La préparation de cette exposition a été pour nous l'occasion de constater l'existence de graves lacunes dans nos collections.

Si vous entendez parler d'actualités filmées et de reportages radio et télévisés que vous auriez aimé trouver dans cette exposition, n'hésitez pas à communiquer avec nous : nous les possédons peut-être déjà mais ne pouvions les inclure ici par manque d'espace ou de temps. Sinon, votre information nous aidera à les retracer pour les conserver en les intégrant à notre patrimoine national. Si vous avez d'autres questions sur nos collections, n'hésitez pas à nous contacter.

Matériel de reportage

Ce projet a été réalisé avec l'étroite collaboration du Musée national des sciences et de la technologie, depuis sa conception jusqu'à la tenue de l'exposition dont il est l'hôte. Les soixante-huit objets exposés proviennent de la collection permanente du musée ou nous ont été prêtés par la Cinémathèque québécoise, Sony du Canada et Bell Canada. Ces objets représentent un éventail des moyens techniques utilisés pour enregistrer les images et les sons des actualités filmées et des reportages radio et télévisés. Ainsi, le matériel disponible pour l'enregistrement des nouvelles est présenté avec tout ce que cela supposait de caisses, de lentilles supplémentaires, de câbles, de trépieds et de tout l'équipement à transporter pour couvrir un événement. Il est intéressant de noter que les caméras cinématographiques étaient relativement portatives comparées aux premières enregistreuses et aux premiers magnétoscopes. Il y a également un éventail représentatif de modèles de téléviseurs et de radios qui auraient été utilisés dans les foyers pour recevoir les nouvelles. Une petite salle de projection a été construite afin de recréer l'atmosphère des salles de cinéma de l'époque pour le visionnement des actualités filmées.

Vous souvenez-vous . . .

Cette partie de l'exposition présente des reportages de cent six événements mémorables tels qu'ils ont été rapportés par les actualités filmées, la radio ou la télévision. Ce ne sont pas nécessairement les événements les plus marquants du XXe siècle, mais la couverture médiatique a laissé en nous un souvenir mémorable. Par contre, des événements historiques indiscutables tels que la Révolution russe ou la transformation du rôle de la femme au XXe siècle ne sont pas présentés en tant que tels bien qu'on puisse percevoir les échos de leur influence dans un certain nombre de reportages qui ont été retenus. D'un autre côté, des événements comme l'explosion du Ripple Rock en Colombie-Britannique en 1958 ou l'éclipse totale du soleil à Grand'Mère, au Québec, en 1963, ont été inclus parce que, aisément prévisibles, ils ont reçu une très large couverture de la part des médias.

Nous avons constaté la place trop importante qu'occupaient les performances sportives et les sinistres dans notre sélection, mais ces événements faisaient partie de l'expérience collective des citoyens de notre siècle et devaient donc être retenus. Ces reportages sont présentés en ordre chronologique et répartis en six aires de visionnement distinctes, mais ces histoires peuvent être abordées dans n'importe quel ordre par le visiteur. L'enregistrement du vidéodisque a été programmé de telle manière que chaque histoire peut être interrompue après dix secondes de jeu. Le visiteur peut donc changer d'idée ou parcourir rapidement les événements qui lui sont présentés.

Nous nous sommes souvent surpris à nous rappeler l'un à l'autre, au cours de la préparation de l'exposition, où nous nous trouvions la première fois que nous avons entendu ou vu les événements présentés. Les visiteurs sont invités à en faire autant, c'est la façon de se relier à l'histoire, et cette exposition offre à tous une occasion unique de le faire.

Actualités filmées

Un montage d'actualités filmées d'une durée d'une heure a été réalisé pour être projeté sans interruption dans la salle Kodak. Les affiches à l'extérieur de la salle indiquent la représentation en cours. Il s'agit de treize courts métrages des premières « actualités », depuis 1901 jusqu'à l'émission du *News of the Day* de 1967. Nous en présentons un vaste échantillonnage, et la plupart des actualités filmées ont dû être raccourcies sans pour autant faire l'objet d'un montage quelconque. Il est à noter que *1945 in Review*, produit par l'unité du film de l'armée canadienne, et le *Canadian Headlines of 1952*, produit par Associated Screen News de Montréal, sont présentés dans leur intégralité pour fournir aux visiteurs un sens du rythme et de la variété d'une présentation d'actualités filmées.

De même, nous avons inséré des diapositives de projection conseillant aux femmes d'ôter leurs chapeaux ou annonçant les titres à venir exactement comme cela se serait passé dans les salles du temps. Les spectateurs verront que le premier film muet n'est pas du tout caractérisé par les mouvements saccadés qui lui sont associés car nous avons réglé la vitesse de chaque section comme il convient. Les variations de vitesse qui restent sont attribuables au fonctionnement des premières caméras à manivelle.

Les actualités filmées étaient réalisées principalement aux États-Unis et en Europe par de grandes compagnies internationales telles que Hearst, Pathé, Gaumont, Universal, Fox Movietone et Paramount. Les événements canadiens faisaient régulièrement partie de ces actualités internationales et étaient filmés par des cameramen d'ici ou des envoyés spéciaux pour les occasions particulières. Certaines compagnies ont réalisé des éditions canadiennes de leurs actualités filmées. Aucune de ces compagnies n'a réalisé des actualités filmées en langue française pour le public québécois. En conséquence, il existe un manque manifeste d'exemples d'actualités filmées en langue française sauf les *Actualités canadiennes* et la série *Les Reportages* de l'Office national du film compris dans notre présentation.

Il y a eu certaines tentatives remarquables pour établir des compagnies canadiennes d'actualités filmées dans les premiers temps, mais aucune d'elles n'est restée en affaires très longtemps. Associated Screen

News, qui a duré de 1920 à 1952, fournissait la plupart des actualités canadiennes utilisées dans la production des actualités filmées réalisées aux États-Unis. De même, l'Office national du film a fondé en 1940 une unité d'actualités filmées pour couvrir les événements canadiens et envoyer les films à un certain nombre de compagnies dans l'espoir qu'elles pourraient en faire usage.

L'introduction du son dans les actualités filmées date de 1927, mais il ne fut utilisé que très rarement, car l'équipement coûtait cher et était fort encombrant. Il était plus simple et moins coûteux de disposer d'une piste sonore dans le studio en utilisant les ressources d'une bonne banque d'effets sonores pour simuler les sons ambiants.

La grande majorité des actualités étaient filmées sur film 35 mm en cellulose de nitrate extrêmement inflammable et, à la longue, périssable. Le Canada en a vécu les tragiques conséquences en 1967 quand l'entrepôt de l'Office national du film situé à Beaconsfield, au Québec, a été la proie des flammes, et la plus grande partie des films nitrate que l'Office détenait en sa qualité de dépôt national *de facto* des archives du film ont été détruits. Un important programme d'acquisition de films a été mis en place par les Archives nationales à la suite de cette perte irréparable, et la Division des archives audio-visuelles continue de rapatrier les séquences des actualités filmées canadiennes tirées des collections qui ont échappé aux flammes et des collections privées à mesure qu'elle en entend parler.

Radio

Le Canada a joué un rôle de pionnier pour l'implantation de la radio en Amérique du Nord, et il peut y revendiquer la première station de radio opérant sur une base régulière (avec XWA qui allait devenir CFCF) à Montréal en 1919. Au début, la radio diffusait peu de nouvelles; elle servait malgré tout à la transmission d'événements reliés à celles-ci tels que les parties de hockey, les services religieux, les rassemblements publics officiels, et même les assemblées politiques vers le milieu des années 1930. Un grand nombre des premières stations de radio étaient liées à des journaux, et beaucoup d'entre elles étaient la propriété d'un journal, qui voulait ainsi contrecarrer la concurrence de la part de cette nouvelle forme de communication. Toutefois, au cours des deux premières décennies, les stations de radio n'avaient pas de salles des nouvelles et les premiers bulletins d'information à la radio n'étaient que la lecture des extraits du journal affilié faite par l'annonceur.

La radiodiffusion d'un océan à l'autre du 60e anniversaire de la Confédération, en 1927, a été une initiative canadienne suivie et acclamée dans le monde entier. Le premier événement radiodiffusé qui a attiré l'attention des médias de l'Amérique du Nord a été la catastrophe minière de Moose River en avril 1936. J. Frank Willis, représentant de la Commission canadienne de la radiodiffusion à Halifax, était au bon endroit au bon moment et est devenu un reporter et une célébrité du jour au lendemain. La tournée royale de mai 1939 a reçu une très large couverture à la radio en français et en anglais par la Société Radio-Canada (SRC). Par conséquent, celle-ci a pu disposer de l'équipement et de l'expertise nécessaires pour couvrir la Deuxième Guerre mondiale. La SRC a mis ses reportages sur la guerre à la disposition de toutes les stations de radio, et a créé son service des nouvelles pour la radio en 1941. C'est par ses reportages sur la guerre que la radio s'est imposée comme un moyen de communication rapide et efficace pour la diffusion des nouvelles. Matthew Halton, Peter Stursberg, Marcel Ouimet, entre autres, sont devenus, grâce à leurs reportages du temps de la guerre, de véritables « vedettes » des ondes, très en demande comme orateurs dans les rassemblements pour les emprunts de la Victoire.

Jusqu'à l'arrivée de la télévision, la radio en tant que moyen de diffusion des nouvelles n'a cessé de faire concurrence aux quotidiens, souvent avec vigueur pour les reportages exclusifs. L'arrivée de la télévision en 1952 a certainement miné la suprématie de la radio comme moyen de diffusion des nouvelles. Bien sûr, les Canadiens continuaient toujours d'écouter régulièrement les nouvelles à la radio pour leur information quotidienne, mais il a fallu quelques années avant que la radio réussisse à s'imposer dans ce domaine.

Comme la plupart des premières émissions radiodiffusées étaient en direct, les bulletins de nouvelles du temps sont plutôt rares. Vers la fin des années 1930, cependant, les grandes stations de radio canadiennes avaient leur propre équipement d'enregistrement qu'elles utilisaient à l'occasion pour enregistrer des discours ou d'autres faits remarquables pour être diffusés ultérieurement. Cet équipement n'était pas vraiment portatif. Durant la Deuxième Guerre mondiale, l'unité mobile du service canadien outre-mer de Radio-Canada utilisait un car spécialement équipé de ses propres génératrices qui permettait au reporter de se déplacer de quelque deux cents pieds. Pour les années 1940, nous avons un grand choix de nouvelles radiodiffusées, mais l'arrivée du magnétophone avec la possibilité d'effacer et de réutiliser la bande magnétique vers les années 1950 a causé une pénurie de sources archivistiques. La Division des archives audio-visuelles travaille activement avec l'industrie de la radiodiffusion depuis le milieu des années 1970 pour acquérir et conserver les bulletins de nouvelles : elle en possède donc une abondante collection pour ces années-là.

Télévision

Le Canada n'a pas été un pionnier pour l'implantation de la télévision. Ce n'est qu'après des études à n'en plus finir pour en explorer toutes les implications que Radio-Canada a finalement mis sur pied son service de télévision en septembre 1952. De même, le grand nombre d'investisseurs qui avaient hâte de lancer des stations privées n'ont pas reçu le feu vert avant 1960. Dans les premiers temps, les nouvelles télévisées ont emprunté aux actualités filmées leurs cameramen et leurs techniques, et à la radio, leurs reporters. Les premiers téléjournaux ont été souvent accusés de n'être que de la radio illustrée, mais la télévision s'est rapidement trouvée un style propre et a donné aux Canadiens le goût de regarder les nouvelles canadiennes. C'est un fait que les nouvelles canadiennes et les émissions d'affaires publiques n'ont jamais souffert de l'engouement des Canadiens pour d'autres types d'émissions américaines. La télévision canadienne a joui rapidement d'une excellente réputation pour ses bulletins de nouvelles grâce à son sens des responsabilités, son imagination et son sérieux.

La technique et la présentation visuelle des nouvelles télévisées ont beaucoup changé. Il a été extrêmement difficile et onéreux d'obtenir des extraits d'actualités télévisées des années 1950. L'utilisation de vieux films ou de graphiques pour illustrer les événements au téléjournal vaut la peine d'être signalée, car cela reste une des caractéristiques propres aux actualités télévisées. L'introduction de la télévision en couleurs au milieu des années 1960 a été une grande date, mais cela demandait des caméras géantes et, évidemment, tout un camion chargé d'équipement pour enregistrer.

Ainsi, les téléspectateurs voyaient souvent une émission en couleurs en provenance du studio des nouvelles avec des insertions en noir et blanc pour les reportages de l'actualité. L'effet d'incrustation-couleurs date aussi de cette même époque : il permettait d'insérer une image dans une autre image, par exemple dans un reportage on pouvait insérer la photo du reporter ou du lecteur des nouvelles en studio. C'est CTV qui, la première, a introduit avec fanfare et la couleur et l'incrustation-couleurs pour sa couverture du congrès à la direction du Parti progressiste conservateur en 1967. La comparaison avec la couverture du même événement par Radio-Canada parle d'elle-même. À nos yeux de téléspectateurs des années 1980, ces deux reportages passeraient facilement pour les témoins de deux époques complètement différentes dans l'histoire du reportage télévisé.

Les actualités télévisées sont, parmi les médias, le moyen de communication qui « vieillit » le plus rapidement; par contre il est celui qui en dit peut-être le plus long sur son temps. La façon de présenter les nouvelles et le style des présentateurs changent rapidement et souvent reflètent les valeurs d'une époque. Il se peut bien que Lloyd Robertson avec sa veste croisée et Ken Cavanagh avec son chandail orange à col roulé et sa veste Nehru, en 1969, ne fassent pas sérieux aujourd'hui, mais qu'on se dise que la mode des années 1980 pourrait, elle aussi, paraître vieillotte dans quelques années d'ici. Pierre Nadeau, par exemple, dont la carrière remonte à 1962, a évolué dans sa façon de présenter des reportages lorsqu'on le compare à ses débuts.

Étant donné que les stations de télévision ne conservaient que rarement leurs émissions, il nous a été très difficile de localiser les reportages d'actualités télévisées pour cette exposition. Dans les premiers temps, les actualités télévisées étaient en direct, et la technique n'existait pas pour l'enregistrement du journal télévisé au complet. Rapidement, on en est venu à prendre un film 16 mm d'un moniteur de télévision appelé cinéscope, mais le procédé était toujours de piètre qualité. Comme les stations savaient qu'elles n'auraient jamais à rediffuser un bulletin de nouvelles au complet, elles se souciaient rarement de l'enregistrer. Ce qu'elles gardaient le plus souvent, c'était les insertions de films d'actualité tournés sur place et non en studio, puisqu'elles étaient susceptibles de servir à nouveau pour des rétrospectives et des documentaires. Toutefois, ces films étaient souvent gardés sans le son qui les accompagnait : ils nous renseignent donc très peu sur ce qu'était un véritable journal télévisé. Nous avons dû souvent utiliser ces films d'actualité ou des extraits de documentaires tout simplement parce que nous voulions présenter des événements, des personnalités ou des époques qu'il eût été impossible d'illustrer autrement. Depuis 1978, Radio-Canada conserve ses journaux télévisés nationaux en anglais et en français, mais les autres diffuseurs continuent d'effacer la plupart de leurs enregistrements peu de temps après les avoir réalisés. Les notes explicatives préparées pour chaque reportage signalent les imperfections du film ou de la bande magnétoscopique tels qu'ils ont survécu, ce qui ne signifie pas que les reportages étaient nécessairement diffusés avec ces imperfections.

Ernest J. Dick

Remerciements

Les travaux de recherche et de planification de cette exposition ont débuté en 1985 aux Archives nationales du Canada. Ernest J. Dick, chef de la Gestion des collections à la Division des archives audio-visuelles, a assumé le rôle de coordonnateur du projet depuis sa conception jusqu'à sa réalisation finale. Andrea Cross y a travaillé à temps plein avec le personnel des Archives nationales et du Musée national des sciences et de la technologie, les graphistes et les promoteurs, pendant deux ans et demi en tant que coordonnatrice de la production. Sam Kula, directeur des Archives audio-visuelles, a assuré tout au long du projet la direction administrative et le soutien nécessaire.

La recherche et la sélection des extraits pour cette exposition ont été faites par média. Ainsi, Jean-Paul Moreau et Rosemary Bergeron étaient responsables pour les extraits sur la radio et la télévision. Yvette Hackett et Dan Conlin se sont occupés des actualités filmées. Andris Kesteris, quant à lui, était responsable de la partie « Vous souvenez-vous ». Les autres membres du personnel qui ont contribué à la recherche sont Lauren Walker, Nathalie Jutras, Terry McEvoy et Jocelyne Perrier.

La préparation des films, des bandes magnétoscopiques et du matériel audio, d'une durée de huit heures, a été un véritable défi. Andrea Cross en a assumé la coordination avec l'aide de René Paquet. Robert Doughty a été engagé pour faire le montage vidéo. Jean-Paul Moreau a collaboré à ce travail. Leonard Hill, Todd Van Dusen, Michel Bourbonnais, Brian MacDonald, John Armstrong et Dennis Waugh ont préparé les doublages pour la copie maîtresse. La préparation des titres est l'œuvre de François Dion et de Christine Bertrand à CBOT. La bande musique qui accompagne les actualités filmées muettes a été réalisée par Eric Leese sous la direction de Lauren Walker.

Plusieurs membres du personnel ont travaillé à la préparation de l'exposition; leur enthousiasme et leur sens des responsabilités ont été appréciés tout au long de ce projet. Soulignons entre autres les efforts de Jana Vosikovska et Sylvie Robitaille; Joan Fairweather pour son travail de coordination de la publication; Aurore Rogers et Marlene Pratt pour les services de secrétariat.

La Direction des programmes publics des Archives nationales du Canada a également collaboré à la réalisation de ce projet.

La sélection des objets a été confiée à Ernie DeCoste et Jim Johnson du Musée national des sciences et de la technologie ainsi qu'à William O'Farrell des Opérations techniques des Archives nationales du Canada. Pierre Véronneau, de la Cinémathèque québécoise, a facilité le prêt des caméras. D'autres objets ont été envoyés au Musée par les Archives nationales du Canada, CBOT, Eric Tomlinson, Sony du Canada et Bell Canada.

Les Archives nationales du Canada, représentées par Valerie McDonald, et le Musée national des sciences et de la technologie, représenté par Ron Tropea, Glenda Krusberg et Eric Russell, ont collaboré à la conception et à la réalisation de l'exposition. La recherche au niveau de la présentation visuelle a été faite en Angleterre avec le concours du British Council et de British Airways. Le travail de design lui-même a été réalisé par la firme IMI sous la direction de Paul Janelle. Les conseils techniques viennent de Bruce Burnett du Centre des expositions et de l'audio-visuel du gouvernement canadien.

Il nous a fallu compter grandement sur la collaboration et la bonne volonté d'un grand nombre de particuliers et d'organismes publics pour compléter nos fonds et collections. Citons les Services de documentation de Radio-Canada, Global News, Program Archives et Television News Library de la SRC, la cinémathèque de CTV, les Archives municipales de Toronto, Stanley Burke, les Archives provinciales de la Colombie-Britannique, CHCH television à Hamilton, Radio-Québec, Télé-Métropole, CKAC pour le réseau Télémédia, CJMS pour Radio-Mutuel, Quatre Saisons, les Archives provinciales de Terre-Neuve et du Labrador, Rhéal D'Amour, Henri Pinvindic, Alain Gravel, CFRB, la revue *Broadcaster* et la Cinémathèque québécoise.

La haute direction des Archives nationales du Canada a appuyé le projet dès le début, mais il est vite devenu évident que l'envergure et les coûts dépassaient les ressources des Archives. Par bonheur, un grand nombre de particuliers et d'établissements ont immédiatement réalisé les immenses possibilités d'une telle exposition et leur rôle ne peut être ignoré : Communications Canada a fourni un appui substantiel en aidant la Fondation canadienne pour la protection du patrimoine à parrainer cette exposition. Le Musée national des sciences et de la technologie ne s'est pas contenté d'être l'hôte de l'exposition, il a aussi payé les coûts de sa réalisation. En plus de l'équipement pour les effets spéciaux et les montages grâce auquel il a été possible de compiler la bande magnétoscopique maîtresse, la Société Ampex a fourni les moniteurs de télévision pour « les kiosques Ampex » pour toute la durée de l'exposition. Kodak a fourni tout le matériel photographique et a donné l'équipement audiovisuel de la salle de projection, appelé d'ailleurs « Salle Kodak », pour les actualités filmées. Sony nous a donné des conseils, nous a permis d'utiliser leur studio en plus de nous fournir les bandes magnétoscopiques et des objets pour l'exposition. La société 3M nous a appuyés en réduisant de façon substantielle les coûts de production et d'entreposage du vidéodisque. La Société Radio-Canada a, pour la dernière année du projet, prêté les services d'Eileen Hammond, affectée antérieurement à la Television News Library. Elle s'est chargée de la préparation des notes explicatives et de l'établissement d'une programmation spéciale avec les diffuseurs. Tout ce soutien, sous forme de ressources et de services, a été généreusement fourni parce que l'on reconnaît l'importance du patrimoine du Canada dans les domaines des actualités filmées et des émissions de radio et de télévision, et il a permis aux Archives nationales d'entreprendre un projet qu'il aurait été impossible de réaliser autrement.

**Remember when
. . . 1897-1931**

. . . .

**Vous souvenez-vous
. . . 1897-1931**

20 June 1897
20 juin 1897

English intertitles

. . . . Queen Victoria's Diamond Jubilee

▶ This film topical celebrates the 60th anniversary of a monarch who personified an entire era. Queen Victoria presided over Britain's growth into the greatest empire the world had ever known. Along the way she proclaimed Canada's confederation and chose Ottawa as its capital. Victoria was so popular with English Canadians that her birthday was established as a permanent holiday after her death. A novel aspect of the globe-spanning celebrations were these flickering images of Victoria, captured by the motion picture camera perfected eight years earlier. Turn of the century royal spectacles like Victoria's jubilee (and her funeral in 1901), provided the new medium with many of its first news stories.

National Film Board Collection
1977-0205
1897
Queen Victoria's Diamond Jubilee
75-5-572

. . . Soixantième anniversaire de l'accession au trône de la reine Victoria

▶ Ce film d'actualités porte sur les célébrations du 60ᵉ anniversaire de l'accession au trône d'un monarque qui personnifia une époque entière. La reine Victoria a présidé à la transformation graduelle de la Grande-Bretagne qui est devenue le plus grand empire que le monde ait jamais connu. Durant son règne, elle a proclamé la confédération du Canada et choisi Ottawa comme capitale nationale. Elle était si populaire parmi les Canadiens anglais que sa fête est devenue un jour de fête légale après sa mort. Ces images scintillantes de Victoria captées par la caméra, perfectionnée huit ans auparavant, ajoutent un nouvel aspect aux célébrations qui se sont déroulées dans le monde entier. Les grands événements royaux de la fin du siècle tels que la célébration du 60ᵉ anniversaire de l'accession au trône de la reine Victorira (et ses obsèques en 1901) ont sans doute contribué au succès de ce nouveau moyen de communication.

Fonds de l'Office national du film 1977-0205
1897
Queen Victoria's Diamond Jubilee
75-5-572

2

19-20 April 1904
19-20 avril 1904

Silent, Muet

.. Great Toronto Fire

▶ This devastating blaze destroyed 122 buildings and put 5,000 people out of work. Starting in a clothing warehouse on Wellington Street, the fire quickly spread gutting thirteen acres of Toronto's prime commercial district. Special trains brought hundreds of firemen from as far as Buffalo, New York. There was only one injury — the Toronto fire chief. Amazed firemen and onlookers watched photographer George Scott and his assistant set up in the thick of the fire and film these burning buildings on Front Street. One of the first big Canadian film news scoops, Scott's film was distributed throughout Canada and the United States.

Graphic Consultants Collection
1973-0137
1904
The Great Toronto Fire
V1 8603-0001

... Le grand feu de Toronto

▶ Cet incendie dévastateur a détruit 122 immeubles et mis en chômage 5 000 personnes. Ayant débuté dans un entrepôt de vêtements de la rue Wellington, les flammes se sont étendues rapidement et ont rasé 13 acres du principal district commercial de Toronto. Des trains ont amené des centaines de pompiers venant d'aussi loin que Buffalo (New York). Il n'y a eu qu'un blessé, le chef des pompiers de Toronto. Les pompiers et les curieux stupéfaits ont regardé le photographe George Scott et son aide s'installer au beau milieu du feu pour filmer les immeubles en train de brûler sur la rue Front. L'une des premières grandes nouvelles en primeur dans le domaine des actualités filmées canadiennes, le film de Scott a été distribué partout au Canada et aux États-Unis.

Fonds de Graphic Consultants 1973-0137
1904
The Great Toronto Fire
V1 8603-0001

3

4 July 1907
4 juillet 1907

English intertitles

.... *Tommy Burns Defends Heavyweight Title*

▶ Canada's first and only world heavyweight boxing champion, Tommy Burns, defeats challenger Bill Squires in Ocean View, California. Burns, who came from Hanover, Ontario had won his title a year earlier, beating Marvin Hart. At 170 lbs, Burns was small for a heavyweight, but tough, once knocking out two challengers in one night. In 1908 he broke boxing's colour barrier as the first champion to take on a black boxer, the famous Jack Johnson. However, Burns lost his title with the fight, one of only four defeats in his fifty-eight bout career. He later retired in Vancouver and became an evangelist before dying, largely forgotten in 1955. Boxing matches were one of the most popular subjects of early news films.

National Film Board Collection
1907
Boxing: Squires vs Burns
NFA 3074

... *Le poids lourd Tommy Burns défend son titre*

▶ Le premier et unique champion du monde canadien catégorie poids lourd, Tommy Burns, bat son challenger Bill Squires à Ocean View, en Californie. Burns, qui était originaire de Hanover, en Ontario, avait remporté son titre un an auparavant, en battant Marvin Hart. Pesant 170 livres, Burns était petit pour un poids lourd; néanmoins, il a mis deux challengers knock-out en un soir. En 1908, il a brisé les préjugés racistes qui existaient dans la boxe en devenant le premier champion à engager un combat avec un boxeur noir, le fameux Jack Johnson. Cependant, Burns perdit son titre dans ce combat, une des quatre défaites qu'il a connues au cours des 58 combats de sa carrière de boxeur. Il s'est retiré par la suite à Vancouver et est devenu un évangéliste avant de mourir en 1955, presque oublié. Les matches de boxe ont été l'un des sujets les plus populaires des premières bandes d'actualités.

Fonds de l'Office national du film
1907
Boxing: Squires vs Burns
NFA 3074

4

1912

Silent, Muet

.. Canada's First Concrete Highway

▶ This newsreel report provides a glimpse at the first stirrings of the automobile age in Canada. Linking Toronto and Hamilton, this was the first concrete highway in the nation. At the time there were virtually no paved roads anywhere else. Motor vehicles had yet to dominate the road and the new highway's traffic bears this out (much of it is horse-drawn and bicycles keep up with the cars). But car-ownership was starting to mushroom, leaping from 2,130 in 1907 to 50,000 in 1912, an on-slaught that transformed the face of Canadian cities and ushered in profound social changes. These gentler scenes were captured by the early Toronto-based newsreel company, James & Son.

Norman James Collection
1912
First Concrete Highway
V2 8007 0287

... Première autoroute de béton au Canada

▶ Ce reportage filmé donne un aperçu des premières années de l'ère de l'automobile au Canada. Reliant Toronto et Hamilton, cette voie a été la première autoroute de béton au pays. À cette époque, il n'y avait pratiquement aucune route pavée nulle part. Les véhicules à moteur ne dominaient pas encore la route et le trafic sur la nouvelle autoroute le prouve (la plus grande partie est constituée de véhicules tirés par des chevaux, et les bicyclettes sont aussi nombreuses que les automobiles). Mais le nombre des propriétaires de voiture commença à proliférer, passant de 2 130 en 1907 à 50 000 en 1912, une ruée qui transforma le visage des villes canadiennes et qui entraîna de profonds changements sociaux. Ces scènes plus calmes ont été captées par une des premières compagnies d'actualités filmées, James & Sons, situées à Toronto.

Fonds Norman James
1912
First Concrete Highway
V2 8007 0287

········ Titanic *Sinks*

▶ The sinking of the British ship *Titanic* in the North Atlantic on her maiden voyage, became history's most famous shipwreck story. Proclaimed as unsinkable, the *Titanic* sailed from Southampton, England on 10 April 1912, offering the most advanced and luxurious transportation of its time. Just before midnight on 14 April it struck an iceberg, and sank without trace less than three hours later. Of the 2,207 passengers and crew, 1,503 perished. One of the victims was a Pathé newsreel cameraman. Legend has it he went down cranking his camera. This documentary clip combines two newsreels, one shot before the sinking, one after. Featured in the first is the unfortunate Captain Edward Smith, who went down with his ship, and an ironic view of the lifeboats, which could only carry half those aboard. Mysteriously, someone has censored out the names of the tugboats. The second newsreel shows some of the younger survivors rescued by the liner, *Carpathia* on their arrival in New York on 18 April.

Kleine Collection
April 1912
The Sinking of the **Titanic**
V1 8110 0030(18)

April 1912
Avril 1912

English intertitles

··· *Naufrage du* Titanic

▶ Le naufrage du *Titanic* dans l'Atlantique Nord, lors de son premier voyage, est entré dans l'histoire comme le naufrage le plus célèbre. Proclamé insubmersible, le *Titanic* a quitté le port de Southampton, en Angleterre, le 10 avril. Il était à l'époque le transatlantique le plus moderne et le plus luxueux. Le 14 avril, un peu avant minuit, il a touché un iceberg et a sombré sans laisser de trace moins de trois heures après. Sur les 2 207 passagers et membres d'équipage, 1 503 ont péri. L'une des victimes était un cameraman d'actualités de Pathé. Selon la légende, il a disparu sous les flots en faisant tourner sa caméra. Cette bande documentaire combine deux bandes d'actualités, une avant le naufrage, une après. Dans la première bande, on peut voir le malheureux capitaine Edward Smith qui a coulé avec son navire, et, ironie du sort, on voit les canots de sauvetage où moins de la moitié des passagers qui se trouvaient à bord ont pu se réfugier. Quelqu'un a mystérieusement enlevé les noms des remorqueurs. La deuxième bande d'actualités montre quelques-uns des jeunes rescapés à bord du paquebot *Carpathia* au moment de leur arrivée à New York, le 18 avril.

Collection Kleine
Avril 1912
The Sinking of the **Titanic**
V1 8110 0030(18)

Winter 1915-1916
Hiver 1915-1916

English intertitles

... Canadians Endure Trench Warfare in Flanders

▶ This newsreel offers a grim look at life in World War I trenches. Many allegedly front-line films were shot while Canadians trained in England, but these barren scenes are likely authentic. This topical film shows Canadians spending their first winter in a miserable world of mud where sickness had claimed more lives than battles. Canadians now carried Lee-Enfield Rifles, having thrown away their problem-plagued Ross Rifles the previous April during the desperate First Battle of Ypres. Visible are the sheepskin vests Canadians introduced to the Western Front as some defence against the bitter cold. Several men work on the seemingly hopeless task of draining trenches, mute but eloquent testimony to the futility of trench warfare.

Canadian Film Institute Collection
1914
Across the Battlefields in France and Flanders
13-1025-01, V1 8311 015(2)

... Les Canadiens dans les tranchées en Flandres

▶ Ce film d'actualités donne un aperçu sinistre de la vie dans les tranchées au cours de la Première Guerre mondiale. Beaucoup de films supposément tournés au front l'ont été alors que les Canadiens s'entraînaient en Angleterre, mais ces scènes remplies de désolation sont probablement authentiques. Ces actualités montrent les Canadiens qui passent leur premier hiver dans un triste univers de boue où la maladie fauche plus de vies que les batailles. Les Canadiens avaient maintenant des fusils Lee-Enfield après avoir abandonné leurs fusils Ross qui ne leur avaient causé que des problèmes au cours du mois d'avril précédent, lors de la première bataille d'Ypres. On voit les soldats canadiens avec des gilets de peau de mouton qu'ils ont portés pour la première fois sur le front de l'Ouest pour se protéger du froid intense. Plusieurs hommes se consacrent à une tâche apparemment désespérée qui est celle d'assécher les tranchées, témoignage muet, mais éloquent, de la futilité de la guerre de tranchées.

Fonds de l'Institut canadien du film
1914
Across the Battlefields in France and Flanders
13-1025-01, V1 8311 015(2)

.... *Canadians Capture Vimy Ridge*

9-14 April 1917
9-14 avril 1917

English intertitles

▶ The storming of this key ridge in Northern France, by four Canadian divisions fighting together for the first time, was celebrated as Canada's greatest military triumph. German troops on the heavily defended ridge, one of the only high points on the western front, had repulsed previous British and French attacks. This brilliantly planned victory clinched the Canadian's reputation as elite storm troops, albeit at the cost of 3,598 Canadian lives. It also roused Canadian nationalism, prompting many old-school historians to claim "Canada became a nation on Vimy Ridge." This Canadian government film made during or just after the war uses some rather elaborate animation to dramatize Canadian troop movements. Since actual battle footage was rarely available much footage commonly seen in World War I documentaries is from staged re-enactments.

Graphic Consultants Collection
1914-1919
Vimy Ridge
Can 4252, 4251

... *Victoire des Canadiens à Vimy*

▶ Commémorée comme la plus grande victoire militaire du Canada, la prise d'assaut de cette crête stratégique située dans le nord de la France a été réalisée par quatre divisions canadiennes, combattant ensemble pour la première fois. Les troupes allemandes qui défendaient avec acharnement la crête, un des seuls points élevés du front de l'Ouest, avaient repoussé les attaques précédentes des Britanniques et des Français. Cette victoire canadienne brillamment planifiée a fait la réputation des troupes d'assaut qui furent dorénavant considérées comme des troupes d'élite, bien que le prix payé en vies humaines ait été élevé : 3 598 soldats canadiens. Cette victoire éveilla aussi le nationalisme canadien, incitant de nombreux historiens de la vieille école à déclarer que le « Canada devint une nation sur la crête de Vimy ». Ce film, réalisé par le gouvernement canadien durant la guerre ou juste après, utilise l'animation, quelque peu élaborée, pour dramatiser les mouvements des troupes canadiennes, car le métrage réel sur les batailles a rarement été accessible. La plus grande partie du métrage sur les batailles de la Première Guerre mondiale habituellement montré dans les documentaires provient de reconstitutions cinématographiques.

Fonds de Graphic Consultants
1914-1919
Vimy Ridge
Can 4252, 4251

December 1917
Décembre 1917

English intertitles

. . . Halifax Explosion

▶ The world's largest man-made explosion before Hiroshima took place in Halifax harbour at 8:45 a.m. on 6 December 1917. The collision of the Belgian relief vessel *Imo*, carrying emergency wartime supplies, and the French munitions carrier *Mont Blanc*, caused the explosion which flattened the north end of Halifax and killed over 2,000 people. Most of the newsreel footage in this clip was shot in the days following the disaster, as Halifax cameraman Walter MacLaughlan spent much of the first day helping in rescue operations. The first ship shown in the clip is the *Imo*, which was blown right out of the water and onto the Dartmouth shore.

Canadian Film Institute Collection
1917
Halifax Disaster (Hearst — Pathé News)
13-1019

. . . Explosion à Halifax

▶ La plus grande explosion au monde causée par l'homme avant celle d'Hiroshima a eu lieu au port de Halifax à 8 h 45, le 6 décembre 1917. L'abordage du navire de secours belge *Imo*, transportant des approvisionnements d'urgence, et du ravitailleur français *Mont Blanc* a causé l'explosion qui rasa l'extrémité nord de Halifax et tua plus de 2 000 personnes. La majorité du métrage d'actualités dans ce film a été tournée au cours des jours qui ont suivi le désastre, étant donné que Walter MacLaughlan, cameraman de Halifax, participa aux opérations de sauvetage durant la plus grande partie de la première journée. Le premier bateau que l'on voit dans la bande est l'*Imo* qui explosa sur l'eau, près de Dartmouth.

Fonds de l'Institut canadien du film
1917
Halifax Disaster (Hearst — Pathé News)
13-1019

. . . . Canada Mourns Laurier's Death

22 February 1919
22 février 1919

English intertitles

▶ Sir Wilfrid Laurier's funeral prompted a mass display of grief that literally closed down Ottawa. Serving from 1896 to 1911, Laurier was Canada's first French-Canadian Prime Minister and was famous for his eloquence in both languages. Laurier is shown speaking in this silent clip. His voice was never recorded for posterity, although the technology existed at the time. After his death on 17 February 50,000 people (half of Ottawa's population in 1919) filed past Laurier's body where it lay in state at the Victoria Memorial Museum on Metcalfe Street. Virtually every VIP in Ottawa marched in the funeral procession which is shown briefly in this film excerpt from the documentary made four years later by the federal government's Exhibits and Publicity Bureau (a predecessor of the National Film Board).

National Film Board Collection
1923
In Memoriam
V1 8103-0056(1)

. . . Le Canada pleure la mort de Laurier

▶ Les obsèques de sir Wilfrid Laurier ont donné lieu à une manifestation d'affliction collective qui paralysa littéralement Ottawa. En poste de 1896 à 1911, Laurier a été le premier Canadien français à devenir premier ministre et il était renommé pour son éloquence dans les deux langues. On voit Laurier qui parle dans cette bande muette. La voix de Laurier n'a jamais été enregistrée pour la postérité, bien que la technique de l'enregistrement sonore ait existé à l'époque. Après sa mort survenue le 17 février, 50 000 personnes (la moitié de la population d'Ottawa en 1919) ont défilé devant le corps de Laurier exposé au musée Victoria sur la rue Metcalfe. Pratiquement tous les dignitaires d'Ottawa se sont joints au cortège funèbre que l'on voit brièvement dans cet extrait du documentaire réalisé quatre ans plus tard par l'Exhibits and Publicity Bureau du gouvernement fédéral (un prédécesseur de l'Office national du film).

Fonds de l'Office national du film
1923
In Memoriam
V1 8103-0056(1)

.... *Winnipeg General Strike*

▶ The Winnipeg General Strike paralyzed the city for weeks until crushed by arrests and violence. The demonstration shown here is actually by anti-strike war veterans, as their disciplined marching suggests. Their signs seek to rally people around government ("Law and Order") and suggest some drastic consequences from the implied threat of communism ("Britons never shall be slaves," a line from the song *Rule Britannia*). Before the strike was over, a mounted police charge had killed one striker, wounded thirty others, and the army patrolled the streets with machine guns. Seeking collective bargaining rights, about 30,000 workers stopped work until government and business joined to end the strike by arresting its leaders and refusing negotiations. Although a setback for Canadian labour, the strike gained world-wide attention and made heroes of some political leaders like J.S. Woodsworth.

Pathé News Collection
1919
Winnipeg Strike (Pathé News, 1919)
V1 8301 0024(5)

15 May - 25 June 1919
15 mai - 25 juin 1919

English intertitles

... *La grève générale de Winnipeg*

▶ La grève générale de Winnipeg a paralysé la ville pendant des semaines jusqu'à ce que des arrestations entourées de violence y mettent fin. Le défilé dans ce film est organisé par les anciens combattants qui s'opposent à la grève. Leurs pancartes cherchent à rallier les gens autour du gouvernement et font entrevoir la menace implicite du communisme (« Britons never shall be slaves » extrait de la chanson *Rule Britannia*). Avant que la grève n'ait pris fin, une charge de la police montée avait tué un gréviste et en avait blessé 30 autres, tandis que l'armée patrouillait les rues avec des mitrailleuses. En tâchant d'obtenir des droits de négociation collective, environ 30 000 travailleurs cessèrent de travailler jusqu'à ce que le gouvernement et les entreprises s'unissent pour mettre fin à la grève en arrêtant les dirigeants syndicaux et en refusant de négocier. Bien que cette grève ait marqué un recul pour les travailleurs canadiens, elle a attiré l'attention du monde et transformé certains leaders comme J.S. Woodsworth en héros.

Fonds de Pathé News
1919
Winnipeg Strike (Pathé News, 1919)
V1 8301 0024(5)

9 September 1919
9 septembre 1919

English intertitles

.... **Hydrofoil Sets World Speed Record**

▶ At Lake Baddeck, Nova Scotia in 1919, the experimental hydrofoil, Hydrodome-4 set a world record speed of 70.85 mph that stood unsurpassed for ten years. The designers are shown in this newsreel: Alexander Graham Bell, better known for inventing the telephone, who had a summer home at Baddeck and laboratory facilities nearby and F.W. (Casey) Baldwin, better known as an aviation pioneer. This newsreel series was made by a company incorporated as Universal Film Manufacturing Company in the United States, and Canadian Universal Film Company Limited in Canada. The footage was discovered together with close to 400 other reels during excavation work in the City of Dawson in the Yukon in the summer of 1978.

Dawson Collection 1979-0191
26 November 1919
***International News** vol 1, issue 52*
V1 8702-0038

... **L'hydroptère établit un record mondial de vitesse**

▶ En 1919, au lac Baddeck, en Nouvelle-Écosse, l'hydroptère expérimental Hydrodome-4 établit un record de vitesse du monde de 70,85 mi/h qui ne fut pas égalé pendant dix ans. Les inventeurs sont présentés dans cette bande d'actualités : Alexander Graham Bell, mieux connu comme l'inventeur du téléphone, qui avait une maison de campagne à Baddeck et un laboratoire à proximité, et F.W. (Casey) Baldwin, mieux connu comme un pionnier de l'aviation. Cette série d'actualités fut réalisée par une société légalement constituée, l'Universal Film Manufacturing Company des États-Unis et la Canadian Universal Film Company Limited du Canada. Ce film a été découvert avec près de 400 autres bobines lors des travaux d'excavation qui ont été effectués dans la ville de Dawson, au Yukon, au cours de l'été 1978.

Fonds de Dawson 1979-0191
26 novembre 1919
***International News** vol 1, issue 52*
V1 8702-0038

. . . *Prince of Wales Wows Canada*

August-September 1919
Août-septembre 1919

English intertitles

▶ Britain's future King Edward VIII was a big hit in Canada from the moment he landed in Halifax. He is seen here, along with Prime Minister Robert Borden, laying the cornerstone of what was then called the Victory Tower on Parliament Hill. Seen by some as a "roaring 20s" sex symbol the Prince attracted frenzied crowds, such as these in Toronto, and was continually followed by scores of news-reel crews in addition to official royal cameramen. This clip comes from a topical film on the visit, one of several produced. The Prince was such a newsreel phenomenon that his visit helped convince investors to finance Associated Screen News, Canada's most successful newsreel company. The very popular heir to George V became King in 1936, only to abdicate a year later in order to marry American divorcee Wallis Simpson.

Graphic Consultants Collection
1919
The Prince of Wales in Canada
V1 8304-0014(1)

. . . *Le prince de Galles subjugue les Canadiens*

▶ Le futur roi Édouard VIII a eu beaucoup de succès au Canada dès l'instant où il a débarqué à Halifax, en 1919. On le voit ici, en compagnie du premier ministre Robert Borden, posant la première pierre de ce qu'on appelait alors la « Tour de la victoire » sur la colline du Parlement. Perçu par certains comme un symbole sexuel des années folles, le prince attira des foules délirantes à Toronto, et il fut continuellement suivi par une troupe de producteurs d'actualités en plus des came-ramen officiels attachés à la famille royale. Cet extrait provient de l'un des nombreux films d'actualités réalisés sur cet événe-ment. Le prince a été un tel phénomène dans les actualités que sa visite a contribué à convaincre les investisseurs de financer Associated Screen News, la compagnie d'actualités filmées qui connaissait le plus de succès au Canada. Le très populaire héritier de George V est devenu roi en 1936, pour abdiquer un an plus tard et épouser Wallis Simpson, une américaine divorcée.

Fonds de Graphic Consultants
1919
The Prince of Wales in Canada
V1 8304-0014(1)

1922

English intertitles

. . . . *Mary Pickford Visits Toronto*

▶ One of the silent screen's biggest stars greets crowds in her hometown. Mary Pickford became famous for countless Cinderella-like roles in such films as *Rebecca of Sunnybrook Farm* and *Tess of the Storm Country*. A shrewd business manager, Pickford extracted record salaries from Hollywood's tough studio bosses. In 1919 she founded her own studio, United Artists, with husband Douglas Fairbanks (with her in this clip), Charlie Chaplin, and D.W. Griffith. Although she left Canada at thirteen and was dubbed "America's sweetheart," Pickford retained her Canadian citizenship until her death in 1979. These adoring fans were filmed by Canadian newsreel pioneer Len Roos.

Twentieth Century Fox Film Corporation Collection
1922
Mary Pickford Visits Toronto
V1 8409-0054(3)

. . . *Mary Pickford visite Toronto*

▶ L'une des plus grandes étoiles du cinéma muet est accueillie par une foule nombreuse alors qu'elle visite sa ville natale. Mary Pickford est devenue célèbre pour ses innombrables rôles de jeune fille rappelant le personnage de Cendrillon dans des films tels que *Rebecca of Sunnybrook Farm* et *Tess of the Storm Country*. Femme d'affaires très habile, Pickford a réussi à obtenir des patrons de studio coriaces des cachets records. En 1919, elle a fondé son propre studio, l'United Artists, avec son mari Douglas Fairbanks (qui est à ses côtés dans cette bande), Charlie Chaplin et D.W. Griffith. Bien qu'elle ait quitté le Canada à treize ans et qu'elle ait été surnommée « la petite fiancée du monde », Pickford conserva sa citoyenneté canadienne jusqu'à sa mort en 1979. Ces fervents admirateurs ont été filmés par le pionnier des actualités canadiennes Len Roos.

Fonds de Twentieth Century Fox Film Corporation
1922
Mary Pickford Visits Toronto
V1 8409-0054(3)

29 October-3 November
1923
29 octobre-3 novembre
1923

English intertitles

. . Bluenose *Beats* Columbia

▶ The "Queen of the North Atlantic," this Nova Scotian fishing schooner, the *Bluenose*, became a powerful symbol of Maritime and national pride. She was the unrivaled champion of the hard fought races for the International Fisherman's Trophy in the 1920s and 1930s. *Columbia* was the *Bluenose*'s fastest challenger. This race, off Halifax (McNab's Island Lighthouse is visible in the background), was one of her most exciting. Four years later *Columbia* sank with all hands on deck off Sable Island. The *Bluenose* herself survived until 1946 when she went aground on a Haitian reef and was abandoned. You can see the problems the cameraman had in shooting from heaving decks. Some of the silent newsreels' elaborate intertitles are also well displayed.

National Film Board Collection
1923
Bluenose Beats Columbia
V1 8111-0032(4)

. . . *Victoire du* Bluenose *sur le* Columbia

▶ Surnommée la « reine de l'Atlantique Nord », cette goélette de pêche de la Nouvelle-Écosse, le *Bluenose*, est devenue un puissant symbole de fierté maritime et nationale. Elle a été le champion dans quatre courses âprement disputées en vue de remporter le Trophée international des pêcheurs au cours des années 1920 et 1930. Le *Columbia* a été le concurrent le plus rapide du *Bluenose*. Cette course, organisée au large des côtes de Halifax (le phare de l'île McNab est visible dans le lointain), a été l'une des plus excitantes. Quatre ans plus tard, le *Columbia* sombrait avec tout son équipage au large de l'île de Sable. Le *Bluenose* a navigué jusqu'en 1946 lorsqu'il a échoué sur un récif au large d'Haïti et a été abandonné. Vous pouvez voir les difficultés qu'a eues le cameraman pour filmer sur des ponts instables. Quelques-uns des longs titres intercalés dans ces actualités muettes sont également bien présentés.

Fonds de l'Office national du film
1923
Bluenose Beats Columbia
V1 8111-0032(4)

15

23 April 1926
23 avril 1926

English intertitles

.... Auto Workers March on Ottawa

▶ These crowds were gathered to protest the reduction of a tariff protecting the Canadian auto-industry. The 4,000 marchers, mostly Oshawa area auto-workers and their families, feared that an avalanche of cheaper American-made cars would destroy their jobs. They arrived on six special trains and almost the entire Ottawa police force was needed to control traffic during the march. Orderly, well organized and patriotic, the delegation received much praise and sympathetic media coverage. (However the message went unheeded as the tariffs were reduced anyway). It is an early example of how mass demonstrations, now so common on Parliament Hill, attract attention from visual newsmedia such as newsreels and television.

Twentieth Century Fox Film Corporation Collection
1926
Tariff Protesters Arrive in Ottawa
13-0199

... Les travailleurs de l'auto marchent sur Ottawa

▶ Ces foules ont été rassemblées pour protester contre la réduction d'un tarif protégeant l'industrie canadienne de l'automobile. Les 4 000 marcheurs, la plupart des travailleurs de l'automobile de la région d'Oshawa, accompagnés de leur famille, craignaient qu'une avalanche d'importations américaines à meilleur marché fassent disparaître leur emploi. Ils sont arrivés à bord de six trains nolisés et presque tout le corps de police d'Ottawa a été présent pour contrôler le trafic durant la marche. La délégation qui défila dans l'ordre, bien organisée et animée d'un esprit patriotique a eu une couverture élogieuse et pleine de sympathie dans les médias. (Néanmoins, le message a été ignoré puisque les tarifs ont de toute façon été réduits.) Voilà un exemple de l'une des premières manifestations collectives qui sont devenues maintenant si communes sur la colline du Parlement et qui n'ont rien perdu de leur pouvoir d'attraction sur les médias d'information visuels tels que les actualités filmées et la télévision.

Fonds de Twentieth Century Fox Film Corporation
1926
Tariff Protesters Arrive in Ottawa
13-0199

16

... Canada's Diamond Jubilee

▶ Canada's Diamond Jubilee was its most-celebrated anniversary until the centennial in 1967. An estimated 40,000 gathered on Parliament Hill and the ceremonies and speeches were broadcast across Canada, and to the United States and Europe via a radio network created for this occasion. Public address systems were set up across Canada and countless thousands of Canadians participated in Canada's first radio event. An excerpt of this broadcast is included in the exhibition's Radio Living Room. The umbrellas that you see were being used to provide shelter from the heat and the speaker in front of the microphone is the Prime Minister, Mackenzie King. Movie cameras documenting this event were abundant and it is believed that this footage was taken by Ottawa cameraman, George Valiquette.

National Film Board Collection
1977-0208
1927
Canada's Diamond Jubilee
NFA 3075

1 July 1927
1er juillet 1927

English intertitles

... Soixantième anniversaire de la Confédération

▶ La célébration du 60e anniversaire du Canada a été la fête du Canada la plus célébrée jusqu'à celle du centenaire en 1967. Quelque 40 000 personnes se sont rassemblées sur la colline du Parlement; les cérémonies et les discours ont été diffusés partout au Canada, aux États-Unis et en Europe par l'entremise d'un réseau de radiodiffusion créé pour cette occasion. Des systèmes de diffusion publique ont été installés partout au Canada et plusieurs milliers de Canadiens ont participé au premier événement radiophonique du Canada. Vous pouvez entendre un extrait de l'émission dans la composante de la radio de l'exposition. Les parapluies que vous voyez ont servi de protection contre la chaleur. L'orateur devant le microphone est le premier ministre Mackenzie King. De nombreux cameramen ont filmé cet événement et on pense que ce métrage a été réalisé par George Valiquette, un cameraman d'Ottawa.

Fonds de l'Office national du film 1977-0208
1927
Canada's Diamond Jubilee
NFA 3075

1-13 August 1930
1ᵉʳ-13 août 1930

English intertitles

.... R-100 Airship Visits Canada

▶ The one-time voyage of this stately airship climaxed grandiose plans to link the British empire with airship flights. After a problem filled four-day crossing of the North Atlantic, the 720 foot, hydrogen filled dirigible docked at St. Hubert, outside Montreal. (The specially built tower was never used again). The airship then made a tour of eastern Canada as far west as Niagara Falls before returning to England on 16 August. She never flew again as, three weeks later, the flaming crash of her sister ship, the R-101, discredited the British airship program. These shots are from a publicity film, part of an elaborate film and radio campaign to promote imperial airships.

National Film Board Collection
1977-0208
1930
R-100
V1 8309-0105(15)

... Passage du dirigeable R-100 au Canada

▶ L'unique voyage de cet imposant dirigeable a représenté l'apogée de plans grandioses visant à relier l'Empire britannique par des vols de dirigeables. Après une traversée difficile qui dura quatre jours au-dessus de l'Atlantique Nord, le dirigeable de 720 pieds, gonflé à l'hydrogène, atterrit à Saint-Hubert, près de Montréal. (La tour construite pour cette occasion n'a jamais été réutilisée.) Le dirigeable a survolé alors tout l'Est du Canada et s'est rendu à l'ouest jusqu'à Niagara Falls avant de retourner en Angleterre le 16 août. Le dirigeable n'allait plus jamais volé; trois semaines plus tard, l'incendie et l'écrasement d'un dirigeable jumeau, le R-101, jetait le discrédit sur le programme britannique des dirigeables. Ces prises de vue sont tirées d'un film réalisé dans le cadre d'une vaste campagne de publicité par film et à la radio afin de promouvoir les dirigeables du Royaume-Uni.

Fonds de l'Office national du film 1977-0208
1930
R-100
V1 8309-0105(15)

12 November 1931

12 novembre 1931

English

. . . *Maple Leaf Gardens Opens*

▶ Maple Leaf Gardens opened in the fall of 1931 and was touted as North America's finest arena. Owner Conn Smythe, who had formed the Toronto Maple Leafs hockey team five years earlier, somehow scraped together financing during the great depression and the Gardens went up in five months. Taking part in the opening ceremonies were Toronto's mayor, William Stewart, who dropped the puck, and legendary hockey broadcaster, Foster Hewitt. Minutes later the Chicago Blackhawks scored the first goal of their 2-1 victory over the Leafs, though Toronto did go on to win the Stanley Cup that season.

Brian McFarlane Collection
1977-0230
12 November 1931
Opening of Maple Leaf Gardens
V1 8410-0087

. . . *Inauguration du Maple Leaf Gardens*

▶ Le Maple Leaf Gardens, que l'on disait être la plus belle arène de l'Amérique du Nord, a ouvert ses portes au cours de l'automne 1931. Le propriétaire, Conn Smythe, qui avait formé l'équipe des Maple Leafs de Toronto cinq ans auparavant, a réussi à amasser les fonds durant les pires années de la dépression économique et le Gardens a été construit en cinq mois. Ont pris part à la cérémonie d'ouverture, le maire de Toronto, William Stewart, qui lança la rondelle et le commentateur de hockey bien connu, Foster Hewitt. Quelques minutes plus tard, les Blackhawks de Chicago ont marqué le premier but de leur victoire de 2 à 1 sur les Maple Leafs, quoique Toronto ait réussi à remporter la coupe Stanley cette année-là.

Fonds Brian McFarlane 1977-0230
12 novembre 1931
Opening of Maple Leaf Gardens
V1 8410-0087

19

**Remember when
. . . 1936-1950**

. . . .

**Vous souvenez-vous
. . . 1936-1950**

24 July 1936
24 juillet 1936

English

. . . . *Tourists Flock to See Dionne Quintuplets*

▶ These five baby girls created a major sensation among the mass media. Born in 1934 to Oliva and Elzire Dionne near Callander, Ontario, they were one of only three quintuplet cases ever recorded and the only set known to have survived for long. (Émilie died in 1954, Marie in 1970.) The Ontario government passed special measures to protect the quints and provide them with special care. Hindsight makes it clear however, that rather than inhibiting exploitation, taking the children away from their parents actually increased exploitation. The quints were cared for and displayed in a hospital complex called "Quintland." The doctor who delivered and cared for them, Allan Dafoe, became a media celebrity in his own right. As these eager crowds indicate, the quints spawned an entire tourism and media industry. The syrupy Pathé narration (a woman narrator, since this was a "motherhood" story) boasts of Pathé's exclusive film rights, a deal which led some to call the children the "Pathé Quints."

Ontario Medical Association Collection 1978-0223
1936
Pathé News — We Present the Dionne Quintuplets
V1 7901-0017

. . . *Les quintuplées Dionne font sensation*

▶ Ces cinq bébés filles ont fait sensation auprès des masse-médias. Nées en 1934 de Oliva et Elzire Dionne, près de Callander, en Ontario, elles ont été l'un des trois cas de quintuplés jamais enregistrés et le seul cas de quintuplées qui aient survécu aussi longtemps. (Émilie est décédée en 1954, Marie en 1970.) Le gouvernement de l'Ontario a adopté des mesures spéciales pour protéger les quintuplées et leur assurer des soins spécialisés. Néanmoins, avec le recul du temps, on comprend clairement qu'au lieu d'interdire l'exploitation, le fait d'enlever les enfants aux parents a permis en réalité de l'accentuer puisque les quintuplées ont été soignées et exposées dans un complexe hospitalier appelé « Quintland ». Le médecin qui les a mis au monde et qui s'est occupé d'elles, Allan Dafoe, est devenu à ce titre une célébrité des médias. Comme ces foules avides le démontrent, les quintuplées ont engendré une véritable industrie dans le domaine touristique et dans celui des médias. La narratrice de Pathé, à la voix mielleuse (on avait choisi une femme, étant donné qu'il s'agissait d'une histoire de « maternité »), vante les droits d'adaptation cinématographique exclusifs de Pathé, une affaire qui a amené certaines personnes à surnommer les fillettes Dionne les « Quintuplées de Pathé ».

Fonds de l'Ontario Medical Association 1978-0223
1936
Pathé News — We Present the Dionne Quintuplets
V1 7901-0017

1937

English

.. *Duke of Windsor Abdicates and Marries*

▶ This Pathé newsreel sums up the events which led to the marriage of His Royal Highness the Duke of Windsor and Wallis Warfield Simpson, in France on 3 June 1937. As His Majesty King Edward VIII of Great Britain and Ireland, he succeeded to the Throne on 20 January 1936. Eleven months later on 11 December, he abdicated on the advice of his ministers who felt that his prospective marriage to the twice-divorced American, Mrs. Wallis Warfield Simpson, might jeopardize the prestige of the British monarchy. This clip shows coverage of his abdication speech as well as the first public appearance of the newlyweds. King George VI later decreed that the Duke would retain his title of "Royal Highness" but it could not be used by the Duchess or any children of the marriage.

Pathé Gazette Collection
1937
Pathé News — 2185
V1 8211-0001(7)

. . . *Abdication et mariage du duc de Windsor*

▶ Ce film d'actualités de Pathé résume les événements qui ont conduit au mariage de Son Altesse Royale, le duc de Windsor et de Wallis Warfield Simpson, en France, le 3 juin 1937. Sous le titre de Sa Majesté le roi Édouard VIII de Grande-Bretagne et d'Irlande, il succéda à son père le 20 janvier 1936. Onze mois plus tard, le 11 décembre, il abdiqua sur le conseil de ses ministres qui estimèrent que son prochain mariage avec Mme Wallis Warfield Simpson, une Américaine divorcée deux fois, pourrait porter préjudice au prestige de la Couronne. Cet extrait couvre son discours d'abdication ainsi que la première apparition en public des nouveaux mariés. Le roi George VI décréta par la suite que le duc conserverait son titre d'Altesse Royale, mais qu'il ne pourrait être utilisé par la duchesse ni par aucun enfant qui naîtrait de ce mariage.

Fonds de Pathé Gazette
1937
Pathé News — 2185
V1 8211-0001(7)

6 May 1937
6 mai 1937

English

. . . . Hindenburg *Disaster*

▶ WLS Chicago reporter, Herb Morrison was on the scene describing the arrival of the majestic German zeppelin, *Hindenburg*, at Lakehurst, New Jersey, on 6 May 1937. Suddenly, two on-board explosions occurred and amid screams of terror, the blazing wreckage crashed to the ground. Of the ninety-seven people aboard, thirty-six lost their lives. With ten successful transatlantic trips the previous year, the airship had been hailed as a symbol of luxury in travel. But the stunningly swift disaster destroyed this form of travel. Morrison made broadcast history when his dramatic recording was aired by the American NBC Network the following day.

Chesterville & District Historical Society Collection
1986-0338
1933-1945
"I Can Hear It Now"
R 5632

. . . *Le dirigeable* Hindenburg *en flammes*

▶ Herb Morrison, journaliste de WLS Chicago, se trouvait sur place pour décrire l'arrivée du majestueux zeppelin allemand l'*Hindenburg*, à Lakehurst, au New Jersey, le 6 mai 1937. Soudain, à bord, deux explosions, et, parmi les cris de terreur, les débris en feu s'écrasent sur le sol. Sur les 97 personnes à bord, 36 ont été tuées. Après dix traversées transatlantiques fructueuses l'année précédente, le dirigeable avait été acclamé comme un symbole de luxe dans le domaine du transport aérien. Mais le désastre survenu d'une façon étonnamment rapide détruisit cette forme de transport. Morrison est devenu célèbre dans l'histoire de la radiodiffusion lorsque son enregistrement dramatique a été diffusé par le réseau américain NBC le jour suivant.

Fonds de Chesterville & District Historical Society
1986-0338
1933-1945
« I Can Hear It Now »
R 5632

1938

English

. . Europe on the Brink of War

▶ This Castle Newsreel records the tense hopes and fears of a desperate world bracing for war. British Prime Minister Neville Chamberlain's sell-out of Czechoslovakia at Munich gave the word "appeasement" its now negative connotation, but it was a policy favoured by many, including Canada's Prime Minister Mackenzie King. However the Munich agreement could not satisfy Adolf Hitler who invaded what was left of Czechoslovakia in March 1939. War broke out with the invasion of Poland in September. The Castle News-reel brought these menacing images right into the home, as it was designed for viewing on home movie projectors. Producer Eugene Castle, a former editor at Fox Movietone, began producing his newsreels for home movie fans in 1937.

J.J. Burns Collection 1981-0158
1938
News Parade of the Year
V1 8210-0010(7)

. . . L'Europe à la veille de la guerre

▶ Ce film de Castle Newsreel enregistre les espoirs et les angoisses d'un monde désespéré s'armant pour la guerre. L'abandon de la Tchécoslovaquie par le premier ministre britannique Neville Chamberlain à Munich a donné au mot « apaisement » la connotation négative qu'il a maintenant, mais c'est une politique que beaucoup ont approuvée, y compris le premier ministre du Canada Mackenzie King. Néanmoins, les accords de Munich n'ont pas satisfait Adolf Hitler qui allait envahir ce qui restait de la Tchécoslovaquie en mars 1939. La guerre a éclaté avec l'invasion de la Pologne en septembre. Le film de Castle Newsreel a apporté ces images menaçantes directement dans les foyers, car il avait été conçu pour être visionné sur un projecteur de cinéma domestique. Le producteur Eugene Castle, un ancien monteur à Fox Movietone, a commencé la réalisation de ses actualités filmées, en 1937, pour les fanatiques qui possédaient un projecteur de cinéma domestique.

Fonds J.J. Burns 1981-0158
1938
News Parade of the Year
V1 8210-0010(7)

21 May 1939

21 mai 1939

English

▶ The 1939 Royal Tour of King George VI and Queen Elizabeth was the first time a reigning monarch visited Canada. The dedication of the War Memorial and the King's words on the defence of freedom were particularly significant as the tour was intended to solidify Canadian support for Britain on the eve of World War II. As no newsreel coverage of the visit could be located, this excerpt comes from a feature length documentary, *The Royal Visit*. Something of a milestone in Canadian film history, this co-production by the Canadian Government Motion Picture Bureau and the National Film Board of Canada, was the first Film Board production and one of the last Motion Picture Bureau films.

National Film Board Collection
1939
The Royal Visit
13-0397

. . .La visite royale de 1939 à Ottawa

▶ En 1939, le Canada recevait pour la première fois la visite d'un monarque régnant en la personne du roi George VI qu'accompagnait la reine Elizabeth. La dédicace du monument aux morts de la guerre et l'allocution du roi sur la défense de la liberté ont été particulièrement importantes puisque la visite était destinée à solidifier l'appui du Canada envers la Grande-Bretagne à la veille de la Seconde Guerre mondiale. Étant donné qu'il fut impossible de localiser des actualités filmées sur la visite, cet extrait est tiré du documentaire *The Royal Visit*, qui a été en quelque sorte un point tournant dans l'histoire du cinéma canadien, et est une coproduction du Bureau de cinématographie du gouvernement canadien et de l'Office national du film du Canada. Il s'agit de la première production de l'Office national du film et l'un des derniers films du Bureau de cinématographie.

Fonds de l'Office national du film
1939
The Royal Visit
13-0397

Britain Declares War: Canada Responds

▶ When Hitler's troops rolled into Poland on 1 September, Britain and France jointly issued an ultimatum demanding that Germany suspend aggressive action and withdraw all forces. Two days later, after the time limit on the ultimatum had expired, Britain's Prime Minister Neville Chamberlain declared Britain at war at 11:00 a.m. on radio. Although war could not begin legally for Canada without a summons of Parliament, which was not in session at the time, Canadian Prime Minister Mackenzie King promptly expressed his support of British policy. Canada remained formally neutral until Parliament officially declared war 10 September 1939. The troops of the First Canadian Division landed in England three months later.

Canadian Broadcasting Corporation Collection 1983-0065 and 1976-0200
3 September 1939
Britain Declares War/Mackenzie King Response to Declaration of War
PAC 1630 + T 1982-0009/33

3 September 1939
3 septembre 1939

English

. . . L'Angleterre entre en guerre, le Canada suit

▶ Lorsque les troupes de Hitler entrent en Pologne le 1ᵉʳ septembre, la Grande-Bretagne et la France émettent conjointement un ultimatum demandant que l'Allemagne suspende son agression et retire toutes ses troupes. Deux jours plus tard, après l'expiration du délai fixé dans l'ultimatum, le premier ministre britannique, Neville Chamberlain, déclare à 11 h à la radio que la Grande-Bretagne entre en guerre. Pour le Canada, la guerre ne pouvait commencer légalement sans une convocation du Parlement qui ne siégeait pas à ce moment-là. Le premier ministre canadien, Mackenzie King, appuie immédiatement la politique de la Grande-Bretagne. Le Canada demeure formellement neutre jusqu'au moment où le Parlement déclare officiellement la guerre, le 10 septembre 1939. Les troupes de la 1ʳᵉ division canadienne ont débarqué en Angleterre trois mois plus tard.

Fonds de la Société Radio-Canada 1983-0065 et 1976-0200
3 septembre 1939
Britain Declares War/Mackenzie King Response to Declaration of War
PAC 1630 + T 1982-0009/33

. . . . *Pearl Harbor Bombed*

7 December 1941
7 décembre 1941

English

▶ The United States finally entered World World II when a surprise Japanese attack crippled the American Pacific fleet in December 1941. Masterfully planned, 360 carrier-launched aircraft struck the Hawaiian naval base, sinking four battleships, ten other vessels and killing 2,334 American servicemen. Canada, in its third year of war with Germany, quickly declared war on Japan. In fact Canada formally stood alone against the mighty Japanese empire for several hours. U.S. President Franklin Roosevelt, always a newsreel and radio star, made his memorable speech and led Congress in declaring war on 8 December. These now-famous shots of burning battleships were suppressed for months after the attack. This clip comes from a U.S. Army documentary made two years afterward. The bombs you see are almost certainly American bombs, inserted for dramatic effect.

Canada. Government House Collection 1984-0190
1943
Quebec Conference
8408 447

. . . *Attaque de Pearl Harbor*

▶ Les États-Unis entrent finalement en guerre lorsqu'une attaque surprise des Japonais met la flotte américaine du Pacifique hors de combat, le 7 décembre 1941. La force aérienne japonaise comprenant 360 aéronefs lancés à partir de porte-avions frappe la base navale de Pearl Harbor et coule quatre navires de combat et dix autres vaisseaux. Les pertes humaines, pour les forces américaines, s'élèvent à 2 334 soldats et marins. Le Canada, qui était dans sa troisième année de guerre avec l'Allemagne, déclara sans tarder la guerre au Japon. En fait, le Canada s'est trouvé formellement seul pendant quelques heures devant le puissant empire japonais! Le président des États-Unis, Franklin Roosevelt, qui a toujours été une vedette des actualités filmées et de la radio, a fait son discours mémorable et a conduit le Congrès à déclarer la guerre le 8 décembre. Ces métrages désormais célèbres des navires de combat en flammes ont été interdits pendant des mois après l'attaque. Cet extrait provient d'un documentaire sur l'armée américaine réalisé deux ans après. Les bombes que vous voyez seraient des bombes américaines qu'on a utilisées pour produire un effet dramatique.

Fonds de Canada. Résidence de Son Excellence le Gouverneur général 1984-0190
1943
Quebec Conference
8408 447

. Dieppe Disaster

▶ Along with all other media, this first CBC radio report of one of the biggest disasters in Canadian military history gave a misleading impression. The daylight raid on the French port was doomed from the start by flawed British planning which left German defences with complete mastery of beaches. In spite of hopeless odds, Canadians showed incredible discipline and courage, establishing a toehold and even penetrating a few kilometres inland. But mostly it was slaughter with only 30 per cent of Canadians who landed making it back to England. 907 were killed and 1,944 were taken prisoner. This was a high price to pay for tactical lessons which helped avoid a similar disaster on D-Day. Four reporters went along (one was wounded), but almost all news reports described a great victory. Army censorship was partly responsible, but the war's propaganda climate influenced many, like Ottawa born Rooney Pelletier, to depict a "good show" in the army's first major battle of the war.

Canadian Broadcasting Corporation Collection 1976-0035
19 August 1942
Story of Dieppe
T 1976-0035

19 August 1942
19 août 1942

English

. . . Le raid manqué de Dieppe

▶ De même que tous les autres médias, ce premier reportage radiophonique de Radio-Canada sur l'un des plus grands désastres de l'histoire militaire du Canada créa une fausse impression. Le raid de jour dans le port français était voué à l'échec dès le début à cause de la mauvaise planification des Britanniques, laissant aux défenses allemandes la complète maîtrise des plages. En dépit du peu de chances qu'ils avaient, les Canadiens ont fait preuve d'une discipline et d'un courage incroyables en s'emparant d'une petite partie du territoire et même en pénétrant quelques kilomètres à l'intérieur des terres. Mais ce fut surtout un massacre et 30 pour 100 seulement des Canadiens qui débarquèrent sont retournés en Angleterre. Il y a eu 907 soldats tués et 1 944 ont été faits prisonniers, un prix élevé à payer pour des leçons de tactique qui ont empêché la répétition d'un désastre semblable le jour J. Quatre reporters les accompagnaient (un a été blessé). Paradoxalement, tous les bulletins de nouvelles ont décrit ce débarquement comme une grande victoire. La censure de l'armée en était en partie responsable, mais le climat de propagande en faveur de la guerre a incité beaucoup de personnes comme Rooney Pelletier, natif d'Ottawa, à présenter un « bon spectacle » de la première grande bataille de la guerre.

Fonds de la Société Radio-Canada 1976-0035
19 août 1942
Story of Dieppe
T 1976-0035

29

10 July 1943
10 juillet 1943

English

. . . . *Canadians Invade Sicily*

▶ As a prelude to taking the Italian mainland, Canadian and American troops invaded Sicily, with Canadians taking beaches near the town of Pachino. The demoralized Italian coastal troops were no match for the highly trained Canadian First Division, and Canadian casualties were light. The Canadian news media got an all-round scoop in Sicily. First word of the dawn invasion was a Canadian newspaper story followed by Canadian photographs and then by film, shot as soon as it grew light enough, by Canadian Army Film Unit cameraman Sergeant Alan Grayston. Notice how the narrator refers generically to "a tank regiment from Quebec" because wartime censorship forbad mentioning specific units.

Norman Gunn Collection
1973-0171
1943
***Canadian Paramount News** —*
Sicily Invasion
V1 8702-0010(1)

. . . *Les Canadiens envahissent la Sicile*

▶ Avant d'attaquer les territoires intérieurs de l'Italie, les Canadiens, les Britanniques et les Américains ont envahi la Sicile, les Canadiens s'emparant des plages près de la ville de Pachino. Les troupes côtières italiennes démoralisées ne pouvaient se comparer à la 1re division canadienne extrêmement bien entraînée, et les pertes canadiennes ont été peu nombreuses. Les médias d'information canadiens ont eu l'exclusivité en Sicile. La première mention de l'invasion à l'aube a été dans un article d'un journal canadien. L'article a été suivi par des photographies canadiennes, puis par un film tourné dès qu'il y a eu assez de lumière, par le cameraman de l'unité du film de l'armée canadienne, le sergent Alan Grayston. Notez comment le narrateur parle en général d'« un régiment de blindés du Québec » parce que la censure interdisait de mentionner des unités particulières.

Fonds Norman Gunn 1973-0171
1943
***Canadian Paramount News** — Sicily Invasion*
V1 8702-0010(1)

21 March 1944
21 mars 1944

English

. . *Vesuvius Erupts*

▶ This spectacular newsreel footage shows the world's most famous volcano on the rampage. Near Naples, Italy, Mount Vesuvius has spewn deadly ash and lava for centuries. It is best known for the 79 A.D. eruption which wiped out the Roman towns of Pompeii, Stabiae, and Herculaneum. Newsreels captured its most recent rage when these flaming walls of molten rock destroyed the towns of San Sebastiano and Massa. Sensational footage like this gave newsreel cameramen a legendary reputation as daredevils, eagerly risking death for visual spectacle. Such coverage made sure the event, otherwise overshadowed by the war, was part of this 1946 review of spectacular newsreel footage issued by Fox Movietone.

Twentieth Century Fox Film
Corporation Collection 1978-0203
21 March 1944
Fox Movietone News — News
Highlights of the Last Ten Years
V1 8103-0054(2)

. . .*Éruption du Vésuve*

▶ Ce spectaculaire métrage d'actualités montre le volcan le plus célèbre au monde qui entre en action. Près de Naples, en Italie, le Vésuve a craché des cendres meurtrières et de la lave pendant des siècles. Son éruption la plus connue a été celle qui a eu lieu en l'an 79 après J.-C. et qui a anéanti les villes romaines de Pompéi, de Stabies et d'Herculanum. On peut voir ici sa plus récente éruption lorsque des torrents bouillonnants de roche en fusion ont détruit les villes de San Sebastiano et de Massa. Un métrage sensationnel comme celui-ci a donné aux producteurs d'actualités une réputation légendaire de casse-cou, risquant courageusement leur vie pour filmer l'indescriptible. Une telle couverture a permis à cet événement, qui autrement aurait été éclipsé par la guerre, de faire partie de cette revue de 1946 des métrages d'actualités sensationnels mis en circulation par Fox Movietone.

Fonds de Twentieth Century Fox Film Corporation
1978-0203
21 mars 1944
Fox Movietone News — News Highlights of the Last
Ten Years
V1 8103-0054(2)

6 June 1944
6 juin 1944

English

. . . . **D-Day Invasion**

▶ In this daring assault, allied armies established a foothold in Northern France and began the liberation of Europe. It was the largest amphibious invasion in history. Canadians played a crucial role in taking one of five invasion beaches and making the furthest gains inland. The dramatic sequence of Canadian soldiers storming out of their landing craft at Bernière-sur-Mer was shot, under fire, by Canadian Army cameraman Sergeant Bill Grant. It was the best film of the invasion and was shown around the world. One of the newsreel's two narrators, Winston Barron, later became the first host of *Front Page Challenge*.

Norman Gunn Collection
1973-0171
1944
Canadian Paramount News —
Battles in France
V1 8309-0106(10)

. . . **Invasion du jour «J»**

▶ Dans cet assaut audacieux, les armées alliées ont établi une base dans le nord de la France et ont commencé la libération de l'Europe. Il s'agit de la plus grande invasion amphibie de l'histoire. Les Canadiens ont joué un rôle crucial en prenant l'une des cinq plages d'invasion et en pénétrant le plus loin dans les terres. La scène dramatique des soldats canadiens sortant de leur bâtiment de débarquement pour se lancer à l'assaut de Bernière-sur-Mer a été prise sous les coups de feu par le cameraman de l'armée canadienne, le sergent Bill Grant. Ce fut le meilleur film de l'invasion et il a été montré partout dans le monde. L'un des deux narrateurs, Winston Barron, devint par la suite le premier hôte de *Front Page Challenge*.

Fonds Norman Gunn 1973-0171
1944
***Canadian Paramount News** — Battles in France*
V1 8309-0106(10)

.. Parliament Tackles Conscription

► Mackenzie King's cabinet confronted one of Canadian history's most violently divisive issues: compulsory military service. Although all smiles in public and for the cameras, Members of Parliament either demanded immediate conscription or were fiercely opposed to it. Quebec ministers like Louis St. Laurent and Charles "Chubby" Power vehemently fought conscription, while most English ministers like C.D. Howe threatened to resign without it. Defence Minister James Ralston had, in fact, not resigned as the clip suggests but been fired. King's indecision in striving for "conscription if necessary but not necessarily conscription" finally gave way, and conscription was agreed to on 22 November 1944. Of 12,908 conscripts who eventually went overseas, sixty-nine were killed. While some riots and mutinies followed, King avoided a repetition of the World War I conscription crisis. Most wartime newsreels, like this report, were American produced: hence the mispronunciation of St. Laurent's name.

November 1944
Novembre 1944

English

...Crise de la conscription au Parlement

► Le cabinet de Mackenzie King a abordé l'une des questions les plus délicates de l'histoire canadienne : le service militaire obligatoire. Bien qu'ils aient été tout souriants en public et devant les caméras, les députés ont demandé la conscription immédiate ou s'y sont opposés violemment. Les ministres du Québec comme Louis St-Laurent et Charles « Chubby » Power ont lutté farouchement contre la conscription, alors que la plupart des ministres anglais comme C.D. Howe ont menacé de démissionner sans elle. En réalité, James Ralston, ministre de la Défense nationale, n'avait pas démissionné comme la bande le laisse croire, mais il avait été congédié. King, indécis, a essayé d'obtenir la « conscription si nécessaire, mais pas nécessairement la conscription »; celle-ci a finalement été adoptée le 22 novembre 1944. Par la suite, 12 908 conscrits sont partis outre-mer, 69 ont été tués. Bien qu'il en ait résulté des émeutes et des mutineries, King a évité une répétition de la crise sur la conscription qui avait eu lieu lors de la Première Guerre mondiale. La plupart des actualités du temps de guerre, comme ce reportage, ont été produites par les Américains, c'est ce qui explique la mauvaise prononciation du nom de St-Laurent.

Twentieth Century Fox Film Corporation Collection 1978-0203
November 1944
Fox Movietone News — 24-41
7906-1240

Fonds de Twentieth Century Fox Film Corporation 1978-0203
Novembre 1944
Fox Movietone News — 24-41
7906-1240

5 May 1945
5 mai 1945

Français

German Surrender of the Netherlands

▶ This is a radio report on the terms of the German capitulation presented by General Johannes Blaskowitz to the General officer commanding the First Canadian Corps, Lieutenant General Charles Foulkes. The meeting took place in a run-down hotel in Wageningen, Netherlands. The previous day, at precisely 12:55 p.m., General H.D.G. Crerar in command of the First Canadian Army, received word of the current negotiations with the German Army for their unconditional surrender of the North-west of Europe. The immediate result of the capitulation was the liberation of the Netherlands, the suspension of hostilities, and the start of jubilant celebrations. Paul Barrette introduces this report, which is partly in English.

Canadian Broadcasting Corporation Collection 1968-0033
5 May 1945
La reddition allemande aux Pays-Bas
C 2605

. . . Reddition allemande aux Pays-Bas

▶ Il s'agit là d'un reportage radiophonique sur les conditions de la capitulation allemande présentée par le général Johannes Blaskowitz au commandant du 1er corps d'armée canadien, le lieutenant général Charles Foulkes. La réunion a eu lieu dans un hôtel délabré de Wageningen aux Pays-Bas. Le jour précédent, à 12 h 55, le général H.D.G. Crerar, commandant de la 1re armée canadienne, a été mis au courant des négociations en cours avec l'armée allemande pour obtenir sa reddition sans condition et son départ du Nord-Ouest de l'Europe. Le résultat immédiat de la capitulation a été la libération des Pays-Bas, la suspension des hostilités et le début des réjouissances. Paul Barrette présente ce reportage qui est partiellement en anglais.

Fonds de la Société Radio-Canada 1968-0033
5 mai 1945
La reddition allemande aux Pays-Bas
C 2605

34

26 June 1945
26 juin 1945

.. United Nations Created

English

▶ Lorne Greene's booming narration promotes Canada's contribution to the newly created United Nations. Lester Pearson (then Canada's ambassador to the U.S.), an unidentified external affairs official and Prime Minister Mackenzie King are shown addressing the San Francisco Conference. This international assembly started on 25 April and climaxed on 26 June with the signing of the UN charter. The UN replaced the League of Nations which had proved ineffectual in preserving peace in a postwar world. As news-reel reports are not available, this clip comes from the NFB's *Canada Carries On* documentary series. This series used large amounts of news-reel footage and their fast paced and grandiose narration owed much to newsreel style.

National Film Board Collection
1946
Everyman's World
V1 8304-0079(3)

... Fondation des Nations unies

▶ Lorne Greene, d'une voix retentissante, fait connaître la contribution du Canada à l'Organisation des Nations unies nouvellement constituée. On voit Lester Pearson (alors ambas-sadeur du Canada aux États-Unis), un représentant non identi-fié du ministère des Affaires extérieures et le premier ministre Mackenzie King prendre la parole à la Conférence de San Francisco. Cette assemblée internationale a commencé le 25 avril pour se terminer le 26 juin avec la signature de la charte des Nations unies. Cet organisme a remplacé la Société des Nations qui s'était révélée inefficace pour préserver la paix dans le monde d'après-guerre. Étant donné que les actuali-tés filmées ne sont pas accessibles, cette bande provient de la série documentaire de l'Office national du film intitulée *En avant Canada*. Cette série a fait appel à de grandes quantités de métrage d'actualités et leur narration au rythme rapide et au style grandiose doit beaucoup au style des actualités filmées.

Fonds de l'Office national du film
1946
Everyman's World
V1 8304-0079(3)

25 July 1946
25 juillet 1946

English

.... *Atomic Bomb Tested at Bikini Atoll*

▶ The first peacetime tests of the atomic bomb provided the newsreels with spectacular fare. The underwater blast, the second of two tests on this small group of Pacific islands, decimated a mock fleet of 100 obsolete American and Japanese ships and rendered uninhabitable the homes of hundreds of deported natives. This film comes from a 1946 review of ten years of sensational newsreel footage. The enthusiastic narration of Lowell Thomas says something about the post-war treatment of atomic weapons by the media. Incidentally, the publicity the atoll received also resulted in the naming of a daring new bathing suit.

Twentieth Century Fox Film Corporation Collection 1978-0203
1946
Fox Movietone News — News Highlights of the Last Ten Years
V1 8103-0054(2)

... *Essais atomiques à l'atoll de Bikini*

▶ Les premières expériences en temps de paix sur les bombes atomiques ont fourni aux actualités filmées un métrage spectaculaire. L'explosion sous-marine, qui s'est produite à la seconde des deux expériences sur ce petit groupe d'îles du Pacifique, a décimé une flotte simulée de 100 navires américains et japonais mis au rancart et a rendu inhabitables les maisons de centaines d'autochtones déplacés. Ce film de 1946 provient de métrage d'actualités sur les événements sensationnels des dix dernières années. La narration enthousiaste de Lowell Thomas nous renseigne un peu sur la façon dont les médias traitaient les armes atomiques durant les années qui ont suivi la guerre. Incidemment, la publicité entourant l'atoll a eu comme résultat de donner ce nom à un nouveau costume de bain audacieux.

Fonds de Twentieth Century Fox Film Corporation
1978-0203
1946
Fox Movietone News — News Highlights of the Last Ten Years
V1 8103-0054(2)

. . Barbara Ann Scott Returns Victorious

February 1948
Février 1948

English

▶ Ottawa gave a tumultuous hometown welcome to skating star Barbara Ann Scott, when 60,000 people including Mackenzie King turned out to greet her. Already Canadian and North American champion, the nineteen-year-old Scott won the European and World Championships plus the Olympic gold medal at St. Moritz, Switzerland, all within a month. Sports writers called 1948 "The Year of Barbara Ann Scott." She later married an American publicist and moved to the United States. This Associated Screen News report puts emphasis on the huge crowds around Confederation Square (Canada's equivalent to a tickertape parade up Broadway — the newsreel favourite). Scott's speech gives a glimpse of the cuteness which contributed to her enormous popularity.

Associated Screen News Collection 1973-0127
1948
Associated Screen News — Canadian Headlines of 1948
V1 8212-0078(1)

. . . Barbara Ann Scott revient victorieuse

▶ Ottawa a réservé un accueil chaleureux à la vedette de patinage Barbara Ann Scott, native de cette ville. Quelque 60 000 personnes, y compris Mackenzie King, sont descendues dans la rue pour l'accueillir. Déjà championne du Canada et de l'Amérique du Nord, la jeune fille de 19 ans a remporté le championnat européen et le championnat du monde ainsi que la médaille d'or olympique à Saint-Moritz, en Suisse, et ce en un mois! Les rédacteurs sportifs ont appelé l'année 1948 « l'année de Barbara Ann Scott ». Elle a épousé par la suite un publicitaire américain et s'est installée aux États-Unis. Ce film d'actualités de l'Associated Screen News met l'accent sur la foule immense qui entoure la Place de la Confédération (équivalent canadien de Broadway au moment où un héros défile sous une pluie de serpentins — le lieu favori des actualités filmées américaines). Le discours de Barbara Ann Scott donne une idée du charme qui a contribué à son énorme popularité.

Fonds de l'Associated Screen News 1973-0127
1948
Associated Screen News — Canadian Headlines of 1948
V1 8212-0078(1)

.... *Newfoundland Agrees to Join Canada*

11 December 1948
11 décembre 1948

English

▶ Newfoundland signs the terms of Confederation which, four months later, made it Canada's 10th province. The Senate Chamber ceremony in Ottawa was the climax of an intense political battle within Newfoundland. Led by the feisty Joey Smallwood, the Pro-Confederation forces won the second of two close referendums, 52 per cent to 47 per cent. Under the terms, Newfoundland went from a British colony to a Canadian province on 31 March 1949 — not 1 April as first intended because Smallwood personally objected to Confederation arriving on April Fools Day. Smallwood became premier following Confederation and remained so for twenty-two years. In this clip from the *Canada Carries On* series of current affairs documentaries, Smallwood can be seen signing the agreement with Prime Minister Louis St. Laurent.

National Film Board Collection
1985-0372
1949
Inside Newfoundland
V1 8503-0031

... *Terre-Neuve se joint à la Confédération canadienne*

▶ Terre-Neuve a souscrit, en décembre 1948, aux termes de l'entente pour adhérer à la Confédération. Quatre mois plus tard elle devenait la dixième province du Canada. La cérémonie de la salle des séances du Sénat à Ottawa a couronné une intense bataille politique qui s'était déroulée à Terre-Neuve. Conduites par Joey Smallwood, qui avait un tempérament de lutteur, les forces en faveur de la Confédération ont remporté le deuxième de deux référendums serrés, avec une majorité de 52 pour 100. En vertu de l'entente, Terre-Neuve a cessé d'être une colonie britannique pour devenir une province canadienne le 31 mars 1949, et non pas le 1er avril comme cela avait d'abord été prévu, parce que Smallwood s'était objecté personnellement à ce que l'événement tombe le jour du poisson d'avril. Smallwood est devenu premier ministre après la Confédération et l'est demeuré pendant vingt-deux ans. Dans cet extrait tiré de la série documentaire sur les affaires courantes intitulée *En avant Canada*, on peut voir Smallwood signant l'entente avec le premier ministre Louis St-Laurent.

Fonds de l'Office national du film 1985-0372
1949
Inside Newfoundland
V1 8503-0031

17 September 1949
17 septembre 1949

English

.. Noronic *Fire*

▶ Packed cruise ship one moment, flaming death ship the next, the *Noronic* became one of Canada's most famous stories. While the ship was tied up at the foot of Yonge Street in Toronto, a linen closet fire rapidly engulfed the entire vessel due to an untrained crew and defective fire equipment. The fire killed 118 of the 542 passengers. Although other fires and marine disasters have killed more people, the *Noronic* has taken on near legendary status. Only blocks away from Toronto's three daily newspaper buildings, the fire received massive and sensational coverage. Interestingly, this newsreel makes considerable use of newspaper coverage, showing the *Toronto Telegram*'s front page and a montage of newspaper photographs.

Associated Screen News
Collection 1973-0127
1949
Associated Screen News —
Canadian Headlines of 1949
V1 8212-0078(1)

... *Incendie à bord du* Noronic

▶ Dans cette actualité, on voit un navire de plaisance bondé de passagers qui, tout à coup, s'enflamme. Le *Noronic* est devenu l'un des sujets d'actualité les plus célèbres du Canada. Alors qu'il était amarré au port de Toronto, un feu dans la lingerie s'est propagé à cause d'un équipage qui n'était pas entraîné et d'un matériel d'incendie défectueux; 118 des 542 passagers ont péri. Bien que d'autres incendies et désastres maritimes aient tué plus de gens, celui du *Noronic* est devenu presque légendaire. Cet événement sensationnel a eu une large couverture parce qu'il s'est produit à quelques pâtés de maisons des édifices des trois quotidiens de Toronto. Cette bande d'actualités utilise beaucoup les couvertures des journaux, montrant la première page du *Toronto Telegram* et un montage réalisé avec des photographies de journaux.

Fonds de l'Associated Screen news 1973-0127
1949
Associated Screen News — **Canadian Headlines of 1949**
V1 8212-0078(1)

May 1950
Mai 1950

English

.... Red River Floods

▶ Winnipeg was besieged by the rampaging Red River for weeks in this epic flood. Heavy rains, combined with the melt of a heavy snowfall, overloaded the river and flooded over 960 square kilometres of Manitoba, including 1/6th of the city of Winnipeg. There was only one death, but 80,000 people lost their homes and over 100,000 were evacuated. After the disaster, 50 km of canals were built to divert future spring overflows around the city. The large flooded building in this Associated Screen News report is the newly built Princess Elizabeth Hospital, fortunately empty at the time. Note how a female narrator describes the flood's effect on women and families. This sort of gender stereotyping dominated newsreels and heavily influenced television and radio news until the late 1960s.

Associated Screen News Collection 1973-0127
1950
Associated Screen News — Canadian Headlines of 1950
V1 8212-0078(2)

... La rivière Rouge quitte son lit

▶ Winnipeg a été victime de la rivière Rouge en folie pendant des semaines lors de cette inondation légendaire. De fortes pluies de printemps et d'automne, combinées à la fonte des neiges, ont surchargé la rivière et les eaux ont submergé plus de 960 km² du Manitoba, y compris un sixième de la ville de Winnipeg. Il n'y a eu qu'un mort, mais 80 000 personnes se sont retrouvées sans abri et plus de 100 000 ont été évacuées. Après le désastre, on a construit autour de la ville 50 kilomètres de canaux pour détourner les éventuelles inondations de printemps. Le grand édifice inondé que l'on voit dans ce reportage de l'Associated Screen News est l'hôpital Princess Elizabeth nouvellement construit, heureusement encore inoccupé à ce moment-là. Remarquez la façon dont une narratrice décrit les effets de l'inondation sur les femmes et les familles. Ce genre de stéréotype fondé sur le sexe a dominé les bandes d'actualités et a influencé beaucoup les informations à la radio et à la télévision jusque vers la fin des années 1960.

Fonds de l'Associated Screen News 1973-0127
1950
Associated Screen News — Canadian Headlines of 1950
V1 8212-0078(2)

**Remember when
. . . 1951-1960**

**Vous souvenez-vous
. . . 1951-1960**

1951

English

.........Canadians Fight in Korea

▶ This portion of a year-end newsreel by Associated Screen News gives a glimpse of Canadian mobilization during the Korean War. Started as a UN police action to defend South Korea from invasion by the Communist North, the war quickly became a super-power showdown. Defence minister Brooke Claxton, shown here, announced increased overseas commitment on 4 May 1951. Canadian forces fought until the war ended in 1953. A total of 26,791 Canadians served in land, sea, and air operations, earning a reputation as effective and dependable troops in such battles as Kapyong and the Imjin River. 516 Canadians died in Korea. Len MacDonald filmed these Canadians training in Korea, one of the few times ASN sent a cameraman overseas. Domestically the war brought the spectre of atomic air-raids and a renewed recruitment of women, something ASN greeted with embarrassingly crude sexism, typical of the day.

*Associated Screen News
Collection 1973-0127
1951
Associated Screen News –*
Canadian Headlines of 1951
V1 8212-0078(3)

... Les Canadiens combattent en Corée

▶ Cet extrait d'une revue des actualités de fin d'année réalisée par l'Associated Screen News donne un bref aperçu de la mobilisation canadienne durant la guerre de Corée. Faisant suite à des mesures prises par l'ONU pour défendre la Corée du Sud contre l'invasion des communistes du Nord, la guerre est devenue rapidement une lutte de grandes puissances. Le ministre de la Défense, Brooke Claxton, que l'on voit ici, a annoncé le 4 mai 1951 un engagement outre-mer plus important. Les Forces canadiennes ont combattu jusqu'à la fin de la guerre en 1953. Au total, 26 791 Canadiens ont servi sur terre, sur mer et dans les airs, se taillant une réputation de troupes efficaces et fiables dans des batailles comme celles de Kap-Yong et de la rivière Imjin. Cinq cent seize Canadiens sont morts en Corée. Len MacDonald a filmé ces Canadiens alors qu'ils s'entraînaient en Corée, l'une des rares fois où l'ASN a envoyé un cameraman outre-mer. Au pays, la guerre a laissé entrevoir le spectre de bombardements atomiques et un recrutement renouvelé des femmes, sujet que l'ASN a abordé d'une façon ouvertement sexiste, caractéristique de cette époque.

*Fonds de l'Associated Screen News – 1973-0127
1951
Associated Screen News –* **Canadian Headlines of 1951**
V1 8212-0078(3)

. . . *Boyd Gang Escapes Jail*

▶ Four notorious bank robbers gave Canadian television an exciting launch, and provided a sensational lead story for this second edition of *Newsmagazine*. On 8 September — the same day CBC-TV officially went on air — the Boyd Gang had broken out of Toronto's Don Jail (for the second time) and started the biggest manhunt in Canadian history. The first pictures broadcast by English language TV, the mug shots of Edwin Alonzo Boyd, Leonard and William Jackson, and Steven Suchan, prompted pundits to quip that at least TV was starting off with Canadian talent. Eight days later, the gang was captured in a shootout at a North York barn. Suchan and Leonard Jackson were hanged in December for killing a Toronto detective. Boyd was paroled in 1966. Television news borrowed much from newsreels as the ominous guitar strumming and Lorne Greene's pithy narration demonstrates.

Canadian Broadcasting Corporation Collection 1986-0024
14 September 1952
Newsmagazine
V1 8004-0401, V1 8601-0119(1)

14 September 1952
14 septembre 1952

English

. . . *Évasion remarquée de la bande de Boyd*

▶ Quatre voleurs de banque notoires ont donné à la télévision canadienne un lancement excitant et ont fourni le principal sujet d'actualité pour cette deuxième édition du *Newsmagazine*. Le 8 septembre, le même jour que Radio-Canada entrait officiellement en ondes, la bande de Boyd s'était évadée de la prison Don de Toronto (pour la deuxième fois!) et la plus grande chasse à l'homme de l'histoire canadienne commença. Les premières images diffusées par le réseau de télévision de langue anglaise, les photos d'Edwin Alonzo Boyd, de Leonard et de William Jackson et de Steven Suchan, ont incité les pontifes à déclarer sarcastiquement qu'au moins la télévision commençait avec des talents canadiens. Huit jours plus tard, la bande était capturée lors d'une fusillade dans une grange de North York. Steven Suchan et Leonard Jackson ont été pendus en décembre pour avoir tué un détective torontois. Boyd a bénéficié d'une libération conditionnelle en 1966. Les actualités télévisées ont emprunté beaucoup aux actualités filmées comme le démontrent le grincement inquiétant de la guitare et la narration impersonnelle de Lorne Greene.

Fonds de la Société Radio-Canada 1986-0024
14 septembre 1952
Newsmagazine
V1 8004-0401, V1 8601-0119(1)

2 June 1953
2 juin 1953

English

.... **Coronation of Queen Elizabeth II**

▶ The broadcast of the coronation was a great success for the new CBC Television Service. By using a kinescope process that accelerated the developing of 16mm film and the cooperation of the British and Canadian Air Forces to fly the film to Montreal, the CBC was able to begin its seven-hour broadcast by 4:13 p.m., ahead of any of the American networks. Thousands of Canadians bought their first television set expressly for this broadcast, and the Ottawa CBC station came on air just in time to carry it. The BBC originated this coronation coverage, and the commentator heard in this excerpt is the BBC's Richard Dimbleby.

Canadian Broadcasting Corporation Collection 1984-0139
2 June 1953
Coronation of Queen Elizabeth II
V1 8410-0029

... **Couronnement de la reine Élisabeth II**

▶ La diffusion du couronnement a été un grand succès pour le nouveau service de télévision de Radio-Canada. En utilisant un processus de cinéscopie qui a accéléré le développement du film de 16 mm et grâce à la coopération des forces aériennes britanniques et canadiennes pour transporter le film à Montréal, la Société Radio-Canada a été en mesure de commencer son émission d'une durée de sept heures à 16 h 13, avant tous les réseaux américains. Des milliers de Canadiens ont acheté leur premier téléviseur expressément pour regarder cette émission, et la station de Radio-Canada d'Ottawa entra en ondes juste à temps pour la diffuser. La BBC assurait la couverture du couronnement et le commentateur que l'on entend dans cet extrait est Richard Dimbleby de cette chaîne.

Fonds de la Société Radio-Canada 1984-0139
2 juin 1953
Coronation of Queen Elizabeth II
V1 8410-0029

7 August 1954
7 août 1954

English

. . . *Four Minute Miracle Mile*

▶ Since, on separate occasions earlier in the year, both England's Roger Bannister and Australia's John Landy had run the mile in under four minutes, this event was called the 'Race of the Century' at the British Empire and Commonwealth Games in Vancouver. While there were eight participants in all, six of them dropped out of view of the CBC cameras as the event quickly became a two-man race, with Landy setting the pace. Note Bannister's enormous, smooth strides as he sweeps by the dogged Landy, who never slows down. By the time he crossed the finish line in 3:58:8 and collapsed into the arms of British team manager Leslie Truelove, Bannister had opened up a full six yards on Landy, who finished in 3:59:6. Canada's Rich Ferguson finished third with a Canadian record of 4:04:6. It may seem strange that this landmark record receives no immediate recognition, but the timing facilities available to today's commentators were not available then.

Canadian Broadcasting Corporation Collection 1982-0164
7 August 1954
British Empire Games
V2 8206-0023, V1 8207-0064

. . . *Le mille en moins de quatre minutes*

▶ Étant donné que l'Anglais Roger Bannister et l'Australien John Landy avaient couru le mille en moins de quatre minutes dans des compétitions différentes un peu plus tôt au cours de l'année, on a appelé cet événement la « course du siècle » aux Jeux du Commonwealth qui ont eu lieu à Vancouver. Bien qu'il y ait eu huit participants en tout, six d'entre eux ont disparu du champ des caméras de Radio-Canada parce que l'événement est devenu rapidement une course de deux hommes, avec Landy réglant l'allure. Remarquez les longues foulées souples de Bannister alors qu'il passe rapidement devant Landy qui le serre de près, sans jamais ralentir. Lorsqu'il passe la ligne d'arrivée dans un temps de 3 min 58 s et 8 dixièmes et qu'il s'effondre dans les bras du directeur d'équipe, Leslie Truelove, Bannister a un bon six verges d'avance sur Landy qui termine la course en 3 min 59 s et 6 dixièmes. Le Canadien Rich Ferguson terminait troisième en établissant un record canadien dans un temps de 4 min 4 s et 6 dixièmes. Il peut sembler étrange que ce record marquant dans l'histoire de l'athlétisme n'ait reçu aucune attention immédiate, mais les installations de chronométrage dont disposent les commentateurs d'aujourd'hui n'étaient pas accessibles à ce moment-là.

Fonds de la Société Radio-Canada 1982-0164
7 août 1954
British Empire Games
V2 8206-0023, V1 8207-0064

.... *Marilyn Bell Swims Lake Ontario*

9 September 1954
9 septembre 1954

English

▶ A Toronto teenager was the first person to swim across Lake Ontario. Braving icy waters and lamprey eels, Marilyn Bell crossed from Yongstown, New York to Toronto's Canadian National Exhibition grounds. Coached by Gus Ryder, she completed the fifty-two kilometres in twenty-one hours. The feat made Bell a national hero overnight and she was immediately deluged by thousands of dollars in gifts. Bell went on to swim the English Channel in 1955 and the Strait of Juan de Fuca in 1956 before becoming a school teacher and moving to the U.S. In this report, excited CBC reporter Bill Beatty describes over a telephone feed the swim's final mile. The CBC missed out on live TV coverage because their mobile unit was out covering a highschool concert.

Canadian Broadcasting Corporation Collection 1983-0014
9 September 1954
Marilyn Bell's Swim Across Lake Ontario
D1983-0014/70

... *Marilyn Bell, première à vaincre le lac Ontario*

▶ Une adolescente de Toronto a été la première personne à entreprendre la traversée du lac Ontario. Bravant les eaux glacées et les lamproies, Marilyn Bell a fait la traversée de Yongstown, New York, aux terrains de l'Exposition nationale du Canada à Toronto. Sous la surveillance de son entraîneur Gus Ryder, elle a complété les 52 kilomètres en 21 heures. Grâce à son exploit, Bell est devenue une héroïne nationale du jour au lendemain. Elle a immédiatement été inondée de milliers de dollars de cadeaux. Bell a entrepris par la suite la traversée de la Manche en 1955 et celle du détroit Juan de Fuca en 1956 avant de devenir une enseignante et de s'établir aux États-Unis. Dans ce reportage, le journaliste du réseau anglais de Radio-Canada, Bill Beatty, décrit avec émotion le dernier mille de la nageuse, dans un reportage téléphonique. La télévision de Radio Canada n'a pas diffusé cet événement en direct parce que son car de reportage couvrait un concert dans une école secondaire!

Fonds de la Société Radio-Canada 1983-0014
9 septembre 1954
Marilyn Bell's Swim Across Lake Ontario
D1983-0014/70

46

15 October 1954
15 octobre 1954

English

. . . *Hurricane Hazel Hits*

▶ It stands as one of Canada's worst inland storms which ravaged the Toronto area and took eighty-three lives. Dumping over 100 mm of rain in twelve hours, with 112 km/hr winds, "Hazel" also smashed through the Holland marshes north of Toronto, where 7,000 acres of rich farmland reclaimed from the marshes disappeared under water. Most of the deaths were in Toronto, thirty-eight on one flooded street alone. Striking so close to media centres in Toronto, "Hazel" received intense coverage. This *Newsmagazine* year-end-report contains the ponderous and melodramatic description that was typical of the period.

Canadian Broadcasting Corporation Collection
2 January 1955
Newsmagazine
13-0791

. . . *L'ouragan Hazel fait des ravages*

▶ Cet ouragan est l'une des pires tempêtes que le Canada ait connues. Il a ravagé la région torontoise et causé la mort de 83 personnes. Avec des vents soufflant à 112 km à l'heure, plus de 100 mm de pluie sont tombés en 12 heures. Constituée d'anciens terrains marécageux transformés en terre arable, la région de Holland, située au nord de Toronto, a également été frappée sévèrement. Ainsi, 7 000 acres de riches terres agricoles ont été engloutis. Par contre, la plupart des morts sont survenues à Toronto, 38 d'entre elles sur une rue inondée seulement. Frappant si près des médias canadiens concentrés à Toronto, Hazel a eu une large couverture. Ce reportage de fin d'année du *Newsmagazine* décrit l'événement d'une façon frappante et mélodramatique, typique de cette époque.

Fonds de la Société Radio-Canada
2 janvier 1955
Newsmagazine
13-0791

.... *Maurice Richard Suspension Causes Riot*

17 March 1955
17 mars 1955

Français

▶ At the height of his popularity and on the verge of winning the scoring title, Maurice Richard of the Montreal Canadiens had been suspended for the rest of the season, including the playoffs, for striking linesman Cliff Thomson during a game with the Boston Bruins. The anger directed at the National Hockey League commissioner, Clarence Campbell, at the Montreal Forum, eventually spilled onto the streets and led to Canada's most serious sports riot. This event has grown to take on considerable symbolic significance in Canadian history and particularly in the rising sense of Quebecois identity. Film footage and radio broadcasts from this event have been included in a variety of documentaries, but no complete newsreel or television report from the period has been located.

Canadian Broadcasting Corporation
Collection 1986-0201
22 March 1986
Les Canadiens
V1 8611-0049(1)

... *La suspension de Maurice Richard provoque des émeutes*

▶ À l'apogée de sa gloire et à deux doigts de remporter le titre de champion marqueur, Maurice Richard avait été suspendu pour le reste de la saison, y compris les éliminatoires, pour avoir frappé le juge de ligne Cliff Thomson au cours d'une partie contre les Bruins de Boston. La colère du public contre le commissaire de la Ligue nationale de hockey, Clarence Campbell, a commencé au Forum de Montréal et la violence a gagné les rues, déclenchant la plus grave émeute sportive qui ait jamais eu lieu au Canada. Cet événement a pris une importance symbolique considérable dans l'histoire du Canada et particulièrement en ce qui concerne le sentiment naissant de l'identité québécoise. Le métrage et les émissions radio sur cet événement ont été inclus dans de nombreux documentaires, mais on n'a pas retrouvé d'actualités ni de reportage télévisé datant de cette période.

Fonds de la Société Radio-Canada 1986-0201
22 mars 1986
Les Canadiens
V1 8611-0049(1)

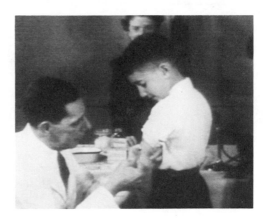

1 January 1956
1er janvier 1956

English

►... Polio Vaccine Developed in Canada

► Canadian school children line up for polio vaccinations in this report on CBC's *Newsmagazine*. American Dr. Jonas Salk discovered the polio vaccine based on research work done at Toronto's Connaught Laboratories by Dr. J.F. Morgan, and its use greatly relieved the public's fear of annual epidemics. In 1953 over 8,000 Canadians were affected by the crippling disease; 481 died. The following year, trial use of the vaccine lowered the death toll to 157. Widespread use of the vaccine was authorized in April 1955.

*Canadian Broadcasting
Corporation Collection
1 January 1956*
Newsmagazine
13-0855

... *Le développement au Canada du vaccin contre la poliomyélite*

► Dans ce reportage de *Newsmagazine* du réseau anglais de Radio-Canada, on voit des écoliers canadiens alignés pour recevoir le vaccin contre la poliomyélite. Le docteur américain Jonas Salk a découvert le vaccin en se basant sur les recherches effectuées par le Dr J.F. Morgan aux laboratoires Connaught de Toronto. Ce vaccin a grandement contribué à apaiser la peur des épidémies annuelles. En 1953, plus de 8 000 Canadiens ont été affectés par la maladie qui, dans certains cas, engendra la paralysie; 481 sont morts. L'année suivante, l'utilisation expérimentale du vaccin a diminué le taux de mortalité qui s'éleva à 157. L'utilisation généralisée du vaccin a été autorisée en avril 1955.

*Fonds de la Société Radio-Canada
1er janvier 1956*
Newsmagazine
13-0855

49

Duplessis Wins Fourth Term as Premier

20 June 1956
20 juin 1956

Français

▶ Winning his ninth election campaign since his entry into politics in 1936, Maurice Duplessis began his fourth and final term as premier of the province of Quebec. Two facts characterised this 1956 victory: the Union nationale party won with its lowest-ever majority in the National Assembly; and even in his home riding of Trois-Rivières, Duplessis' popularity was waning. Accustomed to winning at the polls, the powerful Duplessis only received 6,327 more votes than his closest rival, Lorne Berlinguet. Nevertheless, as this early election night television report shows, celebration was the order of the day for both his party and his riding. Duplessis died three years later on 7 September 1959, before finishing this term of office.

Canadian Broadcasting Corporation Collection 1986-0753
20 June 1956
Les Grands Moments de l'information
V2 8612-0038 to 0040

... Duplessis élu premier ministre pour la quatrième fois

▶ En remportant sa neuvième campagne électorale depuis son entrée en politique en 1936, Maurice Duplessis a entrepris son quatrième et dernier mandat comme premier ministre de la province de Québec. Deux faits ont caractérisé cette victoire de 1956 : le parti de l'Union nationale a remporté la victoire avec la plus faible majorité qu'il ait jamais eue à l'Assemblée nationale, et même dans sa circonscription natale de Trois-Rivières, la popularité de Duplessis avait diminué. Habitué à sortir victorieux du scrutin, le puissant Duplessis n'a reçu que 6 327 votes de plus que son plus proche adversaire, Lorne Berlinguet. Néanmoins, comme le montre cet ancien reportage télévisé du soir des élections, la célébration était à l'ordre du jour tant pour le parti de Duplessis que pour sa circonscription. Duplessis est mort trois ans plus tard, le 7 septembre 1959, avant d'avoir terminé son mandat.

Fonds de la Société Radio-Canada 1986-0753
20 juin 1956
Les Grands Moments de l'information
V2 8612-0038 à 0040

26 July 1956
26 juillet 1956

English

... Andrea Doria *Sinks*

▶ The greatest sea rescue in history rescued 1,660 people from the wreck of the world's most glamourous ship. The Italian liner, *Andrea Doria*, was fatally wounded when the bow of a Swedish liner, the *Stockholm*, gouged a twenty metre hole in her side. Investigators later blamed navigational errors by both crews. Although fifty-one people died in the collision, a sudden lifting of fog, good weather, and the proximity to land all made an unparalleled mass rescue possible. The same factors gave the news media great pictures of the doomed giant, eclipsing for days other news events like the Suez crisis. However this report errs with an inaccurate death toll.

Canadian Broadcasting Corporation Collection
29 July 1956
Newsmagazine
13-0871

... *Naufrage de l'Andrea Doria*

▶ Grâce à la plus grande opération de sauvetage de l'histoire, la vie de 1 660 personnes a été épargnée lors du naufrage du navire le plus prestigieux au monde. Le paquebot italien *Andrea Doria* a irrémédiablement été touché lorsque l'avant d'un paquebot de ligne suédois, le *Stockholm*, a fait une entaille de 20 mètres dans son flanc. Par la suite, les enquêteurs ont attribué l'accident à des erreurs de navigation commises par les deux équipages. Bien que 51 personnes soient mortes dans la collision, la dissipation soudaine du brouillard, des conditions atmosphériques favorables et la proximité de la terre ont favorisé une opération de sauvetage sans précédent. Ces mêmes facteurs ont permis aux médias de fixer des images grandioses du paquebot géant condamné qui, pendant des jours, ont éclipsé les autres actualités comme la crise du canal de Suez. Néanmoins, le nombre de morts indiqué dans ce reportage est inexact.

Fonds de la Société Radio-Canada
29 juillet 1956
Newsmagazine
13-0871

November 1956
Novembre 1956

English

Soviets Crush Hungarian Revolution

▶ Freelance CBC correspondent Charles Wassermann solemnly reports on the end of Hungary's brief break with the Soviet Union. A mounting wave of street fighting culminated in the 1 November replacement of Hungary's Moscow backed communist government by a democratic coalition government under Premier Imre Nagy. It was short-lived as a massive Soviet invasion force rolled into Budapest on 4 November. Weeks of vicious fighting followed but the hopelessly outgunned Hungarians were eventually overcome. Nagy was executed and the democratic reforms soon disappeared. The refugees eventually totalled almost 200,000 and 37,000 of them came to Canada. The CBC was fortunate in getting a camera crew and Charles Wassermann, an Eastern European specialist, into Hungary to capture some exclusive footage which was widely used by American networks. Much of the film appears to have been shot secretly (with a hidden camera through the windshield) and was smuggled out.

Canadian Broadcasting Corporation Collection
11 November 1956
Newsmagazine
13-0878

... Les Russes matent la révolution hongroise

▶ Le correspondant indépendant de Radio-Canada, Charles Wassermann, annonce solennellement la fin du processus de démocratisation en Hongrie. Une vague montante de batailles dans les rues a entraîné, le 1er novembre, le remplacement du gouvernement communiste de la Hongrie qu'appuyait Moscou par un gouvernement de coalition démocratique dirigé par le premier ministre Imre Nagy. Ce gouvernement n'a pas duré longtemps après l'arrivée massive des troupes soviétiques dans Budapest le 4 novembre. Pendant des semaines, des luttes haineuses ont continué, mais les Hongrois, qui ne pouvaient espérer recevoir des armes, ont finalement été vaincus. Nagy a été exécuté et les réformes démocratiques ont disparu peu après. Par la suite, le nombre de réfugiés a atteint près de 200 000 personnes dont 37 000 sont venus au Canada. Radio-Canada a eu la chance d'avoir en Hongrie une équipe de cameramen et Charles Wassermann, un spécialiste des questions de l'Europe de l'Est, a réalisé un métrage exclusif qui a été largement utilisé par les réseaux américains. La plus grande partie du film aurait été tournée dans le plus grand secret (à l'aide d'une caméra cachée). Il serait sorti du pays en cachette.

Fonds de la Société Radio-Canada
11 novembre 1956
Newsmagazine
13-0878

. . . *Springhill Mine Disaster*

▶ A *Newsmagazine* year-end review grimly sums up the Springhill mine explosion. Six runaway coal cars ripped open a power line and the resulting shower of sparks touched off a coal dust explosion. The blast killed thirty-seven men and rescue attempts claimed two more lives. (The rescuers were called draegermen after their breathing apparatus, invented by Alexander Draeger). Eighty-eight miners survived, some after spending four days underground. The twenty-six bodies left behind when the mine was sealed were recovered in January 1957. This was just one of several accidents in the Springhill mines where at least 424 miners have died since 1881. The worst accident was to come in 1958 when a mine collapse killed seventy-five and finally put an end to mining in Springhill. Eighteen survivors were rescued after eight and a half days underground.

Canadian Broadcasting Corporation Collection
30 November 1956
Newsmagazine
13-0880

1 - 4 November 1956
1er - 4 novembre 1956

English

. . . *Désastre minier à Springhill*

▶ Une revue de fin d'année de *Newsmagazine* résume d'une façon lugubre l'explosion de la mine de Springhill. Six wagonnets de charbon ont déraillé et ont déchiré une ligne de transmission d'énergie produisant une pluie d'étincelles qui a déclenché un coup de poussière. L'explosion a tué 37 hommes et au cours des tentatives de sauvetage, il y a eu deux autres morts. (Les sauveteurs ont été appelés des « draegermen » parce qu'ils portaient l'appareil respiratoire inventé par Alexander Draeger.) Il y a eu 88 survivants, certains après avoir passé quatre jours sous terre. Les 26 corps laissés derrière lorsqu'on ferma la mine ont été retrouvés en janvier 1957. Cette tragédie n'est que l'un des nombreux accidents mortels survenus dans les mines de Springhill où au moins 424 mineurs sont morts depuis 1881. Le pire accident devait survenir en 1958 lorsqu'un éboulement tua 75 mineurs; 18 survivants ont été rescapés après être restés huit jours et demi sous terre. Cette tragédie a mis un terme à l'exploitation minière à Springhill.

Fonds de la Société Radio-Canada
30 novembre 1956
Newsmagazine
13-0880

. . . . *Murdochville Strike*

1 September 1957
1ᵉʳ septembre 1957

English

▶ Coverage of the Murdochville strike provides film of one of the most dramatic strikes in Quebec labour history. Battling for the right to unionize, striking employees of Gaspé Copper Mines had held out for five months. When the company sent in strikebreakers and Quebec Premier Maurice Duplessis dispatched provincial police to subdue the strikers, a riot ensued, resulting in the death of one of the workers. The conflict lasted seven months from April to 5 October 1957, and despite the combined support of the Quebec Federation of Labour and the Canadian Catholic Federation of Labour, the miners were defeated. This battle was only part of a wave of union militancy causing conflict between the authoritarian Duplessis regime and the young rising stars of Quebec's "quiet revolution," including Pierre Elliott Trudeau.

Canadian Broadcasting Corporation Collection
1 September 1957
Newsmagazine
13-0898

. . . *Grève à la mine de Murdochville*

▶ La couverture de la grève de Murdochville nous a laissé un film sur l'une des grèves les plus dramatiques dans l'histoire du travail du Québec. Luttant pour obtenir le droit de se syndiquer, les employés en grève de Gaspé Copper Mines étaient restés sur leur position pendant cinq mois. Lorsque la compagnie envoie des briseurs de grève et que le premier ministre du Québec, Maurice Duplessis, fait appel à la police provinciale pour soumettre les grévistes, une émeute s'ensuit causant la mort de l'un des travailleurs. Le conflit a duré sept mois, du mois d'avril au 5 octobre 1957, et en dépit de l'appui de la Fédération du Travail du Québec et de la Confédération des travailleurs catholiques du Canada, les mineurs ont perdu la bataille. Cette lutte n'a été qu'une étape dans la montée du mouvement syndicaliste qui a causé des conflits entre le régime autoritaire de Duplessis et les jeunes espoirs de la « révolution tranquille » du Québec, y compris Pierre Elliott Trudeau.

Fonds de la Société Radio-Canada
1ᵉʳ septembre 1957
Newsmagazine
13-0898

54

13 October 1957
13 octobre 1957

English

. . . *Soviets Launch* Sputnik

▶ Compensating for lack of footage, CBC *Newsmagazine* uses elaborate animation and graphics to give a technical explanation of the launching of the world's first satellite. Launched from the Soviet Union under a veil of secrecy on 4 October 1957, the *Sputnik* introduced the era of the space age and rudely challenged the long-accepted pre-eminence of American science and technology. The Soviet feat marked the beginning of the technological arms race. Note how James Minifie, CBC's Washington correspondent, implies an ideological barrier between the West and the Soviet bloc.

*Canadian Broadcasting
Corporation Collection
13 October 1957*
Newsmagazine
13-0901

. . . *Lancement du satellite* Spoutnik

▶ Pour compenser l'absence de métrage, *Newsmagazine* du réseau anglais de Radio-Canada utilise une animation et des graphiques élaborés pour donner une explication technique du lancement du premier satellite artificiel au monde. Lancé de l'Union soviétique dans le plus grand secret, le 4 octobre 1957, le *Spoutnik* a ouvert l'ère de l'âge spatial et lancé un rude défi à la prééminence depuis longtemps admise de la science et de la technique américaines. L'exploit soviétique a marqué le début de la course aux armements. Remarquez comment James Minifie, correspondant de Radio-Canada à Washington, insinue qu'il existe une barrière idéologique entre l'Ouest et le bloc soviétique.

*Fonds de la Société Radio-Canada
13 octobre 1957*
Newsmagazine
13-0901

55

.... *Lester Pearson Wins Nobel Peace Prize*

▶ *Newsmagazine* celebrates the award of a Nobel Peace Prize to one of Canada's greatest statesmen. (It was the third Nobel Prize for a Canadian and the first for Peace.) Lester Pearson was closely involved with the United Nations (UN) since its creation, and his highest achievement was the settling of the Suez Crisis in November 1956. A British and French invasion of Egypt, opposed by the United States, threatened to split NATO and inflame the Middle East. Thanks largely to Pearson's efforts, the British and French agreed to withdraw if replaced by a multination UN contingent (the first use of UN peacekeeping troops). The settlement enhanced Canada's international standing and started Canada's long and distinguished contribution to UN peacekeeping forces. Included in the report is an ironic reference to Pearson's role in ending the Indochina (Vietnam) War, a conflict that errupted anew the next year.

Canadian Broadcasting
Corporation Collection
20 October 1957
Newsmagazine
13-0902

14 October 1957
14 octobre 1957

English

. . . *Lester Pearson reçoit le prix Nobel de la paix*

▶ *Newsmagazine* célèbre l'attribution du prix Nobel de la paix à l'un des plus grands hommes d'État du Canada. (C'était la troisième fois qu'un Canadien recevait le prix Nobel et la première fois qu'un Canadien recevait le prix Nobel de la paix.) La plus grande réalisation diplomatique de Lester Pearson, qui portait un vif intérêt aux Nations unies (ONU) depuis leur création, a été le règlement de la crise de Suez en novembre 1956. Une invasion britannique et française de l'Égypte, à laquelle s'opposaient les États-Unis, a menacé de diviser l'OTAN et d'enflammer le Proche-Orient. Grâce en grande partie aux efforts de Pearson, les Britanniques et les Français ont accepté de se retirer à condition d'être remplacés par un contingent multinational des Nations unies (une première pour les troupes de paix de l'ONU). Le règlement a rehaussé la position internationale du Canada et marqué le début de la longue et remarquable contribution du Canada aux forces de paix de l'ONU. Ce reportage fait allusion sur un ton ironique au rôle que Pearson a joué pour mettre fin à la guerre d'Indochine (Viêt-nam), un conflit qui allait de nouveau faire rage l'année suivante.

Fonds de la Société Radio-Canada
20 octobre 1957
Newsmagazine
13-0902

5 April 1958
5 avril 1958

English

.. *Explosion of Ripple Rock*

▶ Ripple Rock had long been a shipping hazard in the channel between Vancouver Island and the British Columbia mainland near Campbell River. Thus, in 1958 it was decided to explode the top thirty feet of this underwater peak so that a clear channel of forty feet would be available. 1,400 tons of explosives were required, constituting the largest man-made non-nuclear blast for peaceful purposes in history. CBC reporter Bill Herbert interviews resident engineer Gordon McDougall, and reports on this spectacle from the bunker two kilometres from the actual explosion. The French-language coverage by Radio-Canada can be heard in the background.

Canadian Broadcasting Corporation Collection 1984-0178
5 April 1958
Blast Off Ripple Rock
V1 8408-0111(1)

... *Explosion de Ripple Rock*

▶ Ripple Rock a toujours représenté un risque pour la navigation dans le passage situé entre l'île de Vancouver et la Colombie-Britannique près de Campbell River. On a donc décidé en 1958 de faire exploser le sommet de ce pic sous-marin sur une hauteur de 30 pieds de façon à créer un passage libre de toute obstruction jusqu'à une profondeur de 40 pieds. Pour réaliser ce projet, 1 400 tonnes d'explosifs ont été nécessaires. Il s'agit de la plus grosse explosion non nucléaire provoquée par l'homme à des fins pacifiques dans l'histoire. Bill Herbert, reporter au réseau anglais de Radio-Canada, interroge l'ingénieur Gordon McDougall et donne un compte rendu de ce spectacle à partir d'un abri situé à deux kilomètres de l'explosion. On peut entendre dans le fond la couverture en français réalisée par Radio-Canada.

Fonds de la Société Radio-Canada 1984-0178
5 avril 1958
Blast Off Ripple Rock
V1 8408-0111(1)

57

22 February 1959
22 février 1959

English

........Avro Arrow *Scrapped*

▶ Canadian aviation enthusiasts were dumbfounded at the news of Diefenbaker's abrupt cancellation of A.V. Roe's *Avro Arrow* aircraft project. The project had originally been authorized by the Liberal government in 1952, in anticipation of the need for an aircraft to counter the threat of Soviet bombers over Canada's north. Test flights had indicated that the supersonic, twin-engined, all-weather jet could well be the world's fastest interceptor, but by 1958 costs had soared from an original estimate of $2 million to $12.5 million per aircraft. That year the Conservatives, in an effort to cut costs, tried to export the *Arrow* to the United States. When these efforts failed, Prime Minister Diefenbaker cancelled the project and was severely criticized for the devastation of Canada's aircraft industry and the subsequent loss of scientists and engineers to the United States. The only remaining vestige of the *Arrow* is a cockpit and engine which survive at the National Museum of Science and Technology.

Canadian Broadcasting Corporation Collection 1986-0354
22 February 1959
Newsmagazine
V1 8605-0102(1)

··· *Abolition du projet* Avro

▶ Les fervents de l'aviation canadienne ont été abasourdis lorsqu'ils ont appris l'annulation soudaine du projet d'aéronef *Avro Arrow* de A.V. Roe par Diefenbaker. Le projet avait d'abord été autorisé par le gouvernement libéral en 1952, en prévision du moment où il serait nécessaire d'avoir un aéronef pour contrer la menace des bombardiers soviétiques survolant le nord du Canada. Des vols d'essai avaient indiqué que l'avion à réaction supersonique, biréacteur, tous temps, pourrait bien être l'intercepteur le plus rapide au monde, mais en 1958 les coûts étaient passés de 2 millions de dollars qui représentaient les prévisions initiales à 12,5 millions de dollars par aéronef. Cette année-là, les Conservateurs, dans l'intention de réduire les dépenses, ont essayé d'exporter l'*Arrow* aux États-Unis. Lorsque ces tentatives ont échoué, le premier ministre Diefenbaker a annulé le projet. Il a été sévèrement critiqué pour avoir ruiné l'industrie de l'aviation au Canada et avoir causé le départ subséquent des scientifiques et des ingénieurs vers les États-Unis. Le seul vestige qui reste de l'*Arrow* est un poste de pilotage et un moteur qui sont conservés au Musée national des sciences et de la technologie.

Fonds de la Société Radio-Canada 1986-0354
22 février 1959
Newsmagazine
V1 8605-0102(1)

. St. Lawrence Seaway Opens

▶ Passing through the St. Lambert locks near Montreal at 10:12 a.m., the coast guard vessel, *d'Iberville*, opened operation of this gigantic U.S.-Canadian waterway. Five years of construction and $630 million gave ocean vessels access to the big cities of central Canada and the mid-western U.S. for the first time. With typical newsreel gusto, Fox Movietone narrator Joe King praises the Seaway as a great example of Canadian-American relations, but it actually took twenty-three years of heated negotiations before the U.S. joined Canada in construction. This was the actual commercial opening of the Seaway (fifty-five ships eagerly waited in line behind the *d'Iberville*). However, promotion was deliberately kept low-key so as not to overshadow the ceremonial opening attended by Queen Elizabeth II and U.S. President Dwight Eisenhower on 26 June.

Twentieth Century Fox Film Corporation Collection 1975-0212 1959
Fox Movietone News — *Opening of St. Lawrence Seaway*
V1 8608-0062

25 April 1959
25 avril 1959

English

. . . Inauguration de la voie maritime du Saint- Laurent

▶ En passant par les écluses de Saint-Lambert, près de Montréal, à 10 h 12, le navire de la garde côtière, le *d'Iberville*, a été le premier navire à utiliser cette gigantesque voie navigable américano-canadienne. Cinq années de construction et 630 millions de dollars ont donné pour la première fois aux long-courriers l'accès aux grandes villes du Centre du Canada et du Centre-Ouest des États-Unis. Avec l'entrain typique aux actualités, le narrateur de Fox Movietone, Joe King, fait l'éloge de la voie maritime en la décrivant comme un grand exemple des relations canado-américaines, mais il a fallu en réalité vingt-trois ans de négociations serrées avant que les États-Unis ne se joignent au Canada pour la construction. Il s'agit là de l'ouverture commerciale de la voie maritime (55 bateaux attendaient impatiemment en ligne derrière le *d'Iberville*). Néanmoins, la publicité a été délibérément contrôlée pour ne pas éclipser la cérémonie d'ouverture officielle à laquelle devaient assister la reine Élisabeth II et le président des États-Unis, Dwight Eisenhower, le 26 juin.

Fonds de Twentieth Century Fox Film Corporation 1975-0212 1959
Fox Movietone News — *Opening of St. Lawrence Seaway*
V1 8608-0062

2 January 1960
2 janvier 1960

Français

.... *Final Message of Paul Sauvé*

▶ The sudden death of Quebec premier Paul Sauvé after only 113 days in office, stunned the nation. This news bulletin, read by Jacques Fauteux, begins with a clip from Sauvé's New Year's television greeting recorded only days before, when he appeared to be in excellent health. At his home on 1 January, he had received some 300 guests who had called to exchange New Year's greetings. Aged fifty-two, the leader of the Union nationale party was successor to the recently deceased Maurice Duplessis, and hopes for a promising future were high in Quebec. He was succeeded as premier by Antonio Barrette.

Société Radio-Canada Collection
1986-0460
2 January 1960
Dernière allocution de Paul Sauvé
V1 8609-0021(1)

... *Dernière allocution de Paul Sauvé*

▶ Après seulement 113 jours à son poste, la mort soudaine du premier ministre du Québec, Paul Sauvé, stupéfia la nation. Ce bulletin de nouvelles, lu par Jacques Fauteux, commence avec les vœux de Paul Sauvé à l'occasion du jour de l'an enregistrés pour la télévision quelques jours avant, alors qu'il semblait être en excellente santé. Le 1er janvier, il avait reçu dans sa résidence près de 300 invités venus échanger leurs vœux du nouvel an. Âgé de cinquante-deux ans, le leader du parti de l'Union nationale était le successeur de Maurice Duplessis, récemment décédé. On fondait sur lui de grands espoirs pour donner au Québec un avenir prometteur. Antonio Barrette a pris la succession du premier ministre.

Fonds de la Société Radio-Canada 1986-0460
2 janvier 1960
Dernière allocution de Paul Sauvé
V1 8609-0021(1)

**Remember when
...1962-1970**

· ·

**Vous souvenez-vous
...1962-1970**

. . . . *Saskatchewan Doctors Strike against Medicare*

► Saskatchewan's legislature was the scene of a three-week battle that brought public medical care to Canada. Starting on 1 July, Saskatchewan's Medicare program made state-funded medical services available to everyone. Claiming it would destroy their professional freedom and erode the quality of medicine, doctors launched a strike to end Medicare. With more than 4,000 people at this 11 July rally, the doctors had substantial public support. Speaking to the crowd was Clyne Harridence, a Prince Albert lawyer. The doctors were not successful in stopping Medicare but they did win the right to practice outside the plan in a settlement reached on 23 July. The rest of Canada soon followed the Saskatchewan lead with similar medical plans. Narrated by John O'Leary, this report comes from news packages flown to CBC stations not connected by microwave.

Canadian Broadcasting Corporation Collection 1972-0222
13 July 1962
Filmpack
V1 8706-0017

1-23 July 1962
1ᵉʳ-23 juillet 1962

English

. . . *Grève des médecins de la Saskatchewan contre l'assurance-santé*

► L'Assemblée législative de la Saskatchewan a été la scène d'une bataille d'une durée de trois semaines qui devait aboutir à la création du premier régime public d'assurance-maladie au Canada. En effet, à compter du 1ᵉʳ juillet 1962, tous les habitants de la Saskatchewan ont pu bénéficier de services médicaux payés par l'État. Prétendant qu'un tel régime allait détruire leur liberté professionnelle et entraîner une diminution de la qualité de la médecine, les médecins ont déclenché une grève pour qu'il y soit mis fin. Plus de 4 000 personnes ont participé au rassemblement du 11 juillet, donnant un appui sans équivoque aux médecins. Clyne Harridence, un avocat de Prince Albert, s'est adressé à la foule à cette occasion. Les médecins n'ont pas réussi à empêcher la mise sur pied du régime d'assurance-maladie, mais ils ont obtenu le droit d'exercer leur profession en dehors du cadre de ce régime, et ce, aux termes d'un règlement conclu le 23 juillet. Le reste du Canada devait peu après emboîter le pas à la Saskatchewan en créant des régimes de soins médicaux semblables. Ce rapport, lu par John O'Leary, provient de bulletins de nouvelles transportés par avion aux stations de la SRC non raccordées par micro-ondes.

Fonds de la Société Radio-Canada 1972-0222
13 juillet 1962
Filmpack
V1 8706-0017

28 September 1962
28 septembre 1962

Français

▪ ▪ *Launching of* Alouette 1

▶ A special report on the launching of Canada's first satellite from the Vandenberg Air Force Base in California was broadcast on 17 October. Naming the satellite *Alouette* was no accident, and commentator Raymond Laplante picks up the national significance of the event by singing a line from the familiar French-Canadian folksong "Alouette." The satellite, which had been sent into orbit to study radio communication in the ionosphere, was one of a series of exploratory satellites to be launched since 1958, when the United States sent its first satellite, *Explorer I* into orbit on 31 January. Jean-Yves Bigras co-hosts this report with Laplante for Radio-Canada coverage of this event.

Canadian Broadcasting Corporation Collection 1986-0460
17 October 1962
Lancement du satellite **Alouette 1**
V1 8609-0019(3)

. . . *Lancement du satellite* Alouette 1

▶ Un reportage spécial sur le lancement du premier satellite canadien de la base des forces aériennes de Vandenberg en Californie a été télédiffusé le 17 octobre. Le fait de nommer le satellite *Alouette* n'a pas été un accident, et le commentateur Raymond Laplante souligne la signification nationale de l'événement en chantant une ligne de la fameuse chanson folklorique canadienne-française. Le satellite, mis en orbite pour étudier la communication radio dans l'ionosphère, faisait partie d'une série de satellites d'exploration qui devaient être lancés à compter de 1958, lorsque les États-Unis ont envoyé leur premier satellite *Explorer I* en orbite le 31 janvier. Jean-Yves Bigras présente ce reportage en collaboration avec Laplante lors de la couverture de cet événement par la Société Radio-Canada.

Fonds de la Société Radio-Canada 1986-0460
17 octobre 1962
Lancement du satellite **Alouette 1**
V1 8609-0019(3)

63

October - November 1962
Octobre - novembre 1962

Français

. . . . *Cuban Missile Crisis*

▶ In this year-end review, Pierre Nadeau recalls the confrontation between the superpowers in October 1962 which brought the world to the brink of war. After the aborted Bay of Pigs incident in 1961, when an attempted invasion of Cuba by U.S.-backed Cuban exiles failed, relations between Cuba and the United States became increasingly hostile. During the war of nerves that followed, Fidel Castro approached the Soviet Union for military and economic aid, and allowed the installation of Soviet missiles and launching sites on the island. President John F. Kennedy responded by ordering a naval blockade on Cuba to halt further arms shipments, and the removal of the Soviet military presence in Cuba. Conflict between the superpowers was only averted when premier Nikita Kruschev agreed to withdraw the missiles. The blockade was lifted on 20 November 1962.

Canadian Broadcasting Corporation Collection 1986-0460
31 December 1962
L'Année 62 dans le monde
V1 8608-0048(1)

. . . *La crise cubaine*

▶ Dans cette revue de fin d'année, Pierre Nadeau rappelle la confrontation qui a eu lieu entre les grandes puissances en octobre 1962 et qui a amené le monde au bord de la guerre. Après l'incident avorté de la baie des Cochons en 1961, alors qu'une tentative d'invasion de Cuba par des exilés cubains appuyés par les États-Unis avait échoué, les relations entre Cuba et les États-Unis sont devenues de plus en plus tendues. Durant la guerre des nerfs qui a suivi, Fidel Castro s'est tourné vers l'Union soviétique pour obtenir une aide économique et militaire et a autorisé l'installation de missiles soviétiques et de rampes de lancement sur l'île. Le président John F. Kennedy a réagi en ordonnant un blocus naval de Cuba pour arrêter d'autres expéditions d'armes et exigé le retrait des militaires soviétiques de Cuba. Le conflit entre les grandes puissances n'a été évité que lorsque Nikita Khrouchtchev a accepté de retirer les missiles. Le blocus a été levé le 20 novembre 1962.

Fonds de la Société Radio-Canada 1986-0460
31 décembre 1962
L'Année 62 dans le monde
V1 8608-0048(1)

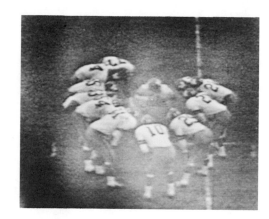

.. *Grey Cup Fog Bowl*

▶ Aptly tagged the Fog Bowl, this shows all that could be seen of the 1962 Canadian Football League Grey Cup Final played at Exhibition Stadium in Toronto on 1 December. Low-lying fog off Lake Ontario rolled onto the field, as the Winnipeg Blue Bombers and Hamilton Tiger Cats groped their way to a 28 to 27 score before the impossible visibility caused the game to be called. The CFL Commissioner declared that the remaining nine minutes and twenty-nine seconds would be played the next day, Sunday, 2 December, starting at 1:30 p.m., and if it was impossible, the cup would 'stay vacant' until the following year. Play did resume as planned, but there was no further scoring and the Blue Bombers won the trophy. The game was broadcast by English CBC radio and tele-vision, CTV, and by TVA — whose transmission was also picked up and rebroadcast by Radio-Canada.

Canadian Broadcasting Corporation Collection
1 December 1962
Grey Cup Fog Bowl
V5 8602-0435(2)

1-2 December 1962
1er-2 décembre 1962

English

... *La coupe Grey dans le brouillard*

▶ La coupe Grey dans le brouillard! Ce film d'actualités mon-tre en effet tout ce qu'il a été possible d'entrevoir de la finale de la coupe Grey de la Ligue canadienne de football qui a eu lieu le 1er décembre 1962, au stade de l'exposition de Toronto. Une couche de brouillard, au ras du sol, en provenance du lac Ontario, a envahi le stade, alors que les Blue Bombers de Winnipeg et les Tiger Cats de Hamilton ont joué à tâtons, la marque étant de 28 à 27 au moment où l'épais brouillard a forcé l'arrêt du match. Le commissaire de la Ligue déclara que les 9 minutes et 29 secondes qui restaient seraient reprises le lendemain, dimanche, le 2 décembre, à partir de 13 h 30. S'il était impossible de jouer la partie, la coupe ne serait décernée que l'année suivante. La partie a repris comme prévu, mais aucun autre score n'a été enregistré et les Blue Bombers ont remporté le trophée. Le match a été télédiffusé par le réseau anglais de radio et de télévision de Radio-Canada, par CTV et par TVA; la transmission du match a été également captée et rediffusée par Radio-Canada français.

Fonds de la Société Radio-Canada
1er décembre 1962
Grey Cup Fog Bowl
V5 8602-0435(2)

20 July 1963
20 juillet 1963

Français

. . . . *Total Solar Eclipse*

▶ The total eclipse of the sun experienced in 1963 was the first seen anywhere in Canada since 1954, and television coverage was extensive. Grand'Mère, Quebec in the St. Maurice valley was determined the best site for observing this phenomenon, and scientific observation posts and CBC television crews were set up here. Studio host Gérald Lachance assists reporter Raymond Laplante in covering this event for Radio-Canada. Concern over possible permanent damage to the eyes from direct viewing of the eclipse was high, and extensive precautions were advised. Even momentary direct viewing was considered potentially dangerous, and it was recommended that everybody watch the eclipse on television instead.

Canadian Broadcasting
Corporation 1986-0460
23 July 1963
Éclipse totale
V1 8608-0091(3)

. . . *Éclipse totale de soleil*

▶ L'éclipse totale de soleil survenue en 1963 a été la première éclipse observée dans tout le Canada depuis 1954 et le phénomène a obtenu une large couverture à la télévision. Grand'Mère au Québec, dans la vallée de la St-Maurice, était le meilleur endroit pour observer ce phénomène. Des postes d'observation scientifique et les caméras de télévision de Radio-Canada ont été installés à cet endroit. L'hôte en studio, Gérald Lachance, aide le reporter Raymond Laplante à couvrir cet événement pour Radio-Canada. Préoccupé d'éventuels dommages permanents causés aux yeux par l'observation directe de l'éclipse, même momentanée, on conseilla aux gens de prendre des précautions. On recommanda aussi de regarder plutôt l'éclipse à la télévision.

Fonds de la Société Radio-Canada 1986-0460
23 juillet 1963
Éclipse totale
V1 8608-0091(3)

. . John F. Kennedy Assassinated

▶ This is how Canadian viewers learned the traumatic news of John F. Kennedy's death. Elected U.S. President in 1960, Kennedy soon proved to be one of the most charismatic leaders of his time. While visiting Dallas he was shot and killed by Lee Harvey Oswald, who also wounded Texas Governor John Connally (but not Vice President Lyndon Johnson as reported here). This hurried and confused CBC bulletin read by Alan Maitland conveys the shock and sense of utter disbelief shared during the crisis. CBC picked up the CBS feed at 2:30 p.m. in time to broadcast a shaken Walter Cronkite with the first official announcement of Kennedy's death. This was the start of thirty-two hours of CBC coverage including reports of the funeral and Oswald's murder on 24 November. Considered by many as broadcasting's finest hour, coverage of the assassination was credited as having an enormous effect on a stunned world.

22 November 1963
22 novembre 1963

English

. . . L'assassinat de John F. Kennedy

▶ Voici comment les téléspectateurs canadiens ont appris la nouvelle traumatisante de la mort de John F. Kennedy. Élu président des États-Unis en 1960, Kennedy s'était révélé l'un des leaders les plus charismatiques de son époque. Alors qu'il visitait Dallas, il a été mortellement atteint d'un projectile tiré par Lee Harvey Oswald qui a blessé également le gouverneur du Texas, John Connally (mais non le vice-président Lyndon Johnson ainsi qu'il est inexactement rapporté ici). Ce bulletin du réseau anglais de Radio-Canada préparé rapidement et dans un certain état de confusion est lu par Alan Maitland qui fait part du « sentiment d'incrédulité totale » partagé par tous durant la crise. Radio-Canada a capté les signaux de CBS à 14 h 30, à temps pour présenter Walter Cronkite ému qui fait officiellement la première annonce du décès de Kennedy. Ce fut pour Radio-Canada le début d'une couverture de 32 heures, y compris les reportages sur les obsèques et sur le meurtre d'Oswald survenu le 24 novembre. Considéré par un grand nombre de téléspectateurs comme « l'événement le plus marquant pour la télévision », la couverture de l'assassinat aurait eu beaucoup d'effet sur un monde stupéfié.

Canadian Broadcasting
Corporation Collection 1984-0124
22 November 1963
CBS News President Kennedy's
Assassination
V1 8404-0086(3)

Fonds de la Société Radio-Canada 1984-0124
22 novembre 1963
CBS News President Kennedy's Assassination
V1 8404-0086(3)

1 December 1963
1er décembre 1963

Français

·········· *Aircrash at Sainte-Thérèse*

▶ The tragic loss of 118 lives in the Air Canada disaster north of Sainte-Thérèse-de-Blainville is reported on radio by Pierre Trudel. The DC-8F passenger plane crashed to the ground at 6:32 p.m. on 30 November 1963 and exploded in flames less than 1,000 feet from buildings. Heavy rains and low visibility were determined as factors in the crash, the impact of which was felt for miles around. Emergency first-aid was quickly organized. Curious on-lookers appeared from nowhere, and the police and army had to cordon off the twenty-three metre crater created by the crash.

Canadian Broadcasting Corporation Collection 1985-0245
30 November 1963
Topos de nouvelles
T 1985-0245/35

...*Catastrophe aérienne à Sainte-Thérèse*

▶ La perte tragique de 118 vies humaines au cours de l'accident d'un avion d'Air Canada au nord de Sainte-Thérèse-de-Blainville est rapportée à la radio par Pierre Trudel. L'avion de transport civil DC-8F s'est écrasé au sol à 18 h 32, le 30 novembre 1963, et a pris feu brusquement à moins de 300 mètres des habitations. Les pluies torrentielles et la visibilité réduite auraient causé l'accident dont l'impact a été entendu à plusieurs kilomètres à la ronde. Les premiers secours ont rapidement été organisés et des spectateurs curieux sont soudainement apparus de nulle part. La police et l'armée ont dû isoler par un cordon le cratère de 23 mètres créé par l'accident.

Fonds de la Société Radio-Canada 1985-0245
30 novembre 1963
Topos de nouvelles
T 1985-0245/35

17 May 1964
17 mai 1964

English

. New Flag Controversy

▶ Lester Pearson's proposed new flag got a hostile reception from this Royal Canadian Legion Convention in Winnipeg. Pearson, bedecked with his World War I medals, was trying to rally the veterans around a blue and white flag with three maple leaves. The next month, the "Great Flag Debate" set Parliament on its ear. Like the Legion, Conservatives under John Diefenbaker wanted to keep the red ensign with its Union Jack and fought the maple leaf design they labeled "Pearson's Pennant." After long and loud debate, closure was invoked in December to pass a modified maple leaf design. Ironically the final choice closely resembled the Legion badge. Finally on 15 February 1965, the new flag was raised over Parliament Hill.

Canadian Broadcasting Corporation Collection
17 May 1964
25th Anniversary TV Clips
V1 8206-0171

. . . Controverse sur l'unifolié

▶ Le nouveau drapeau proposé par Lester Pearson a reçu un accueil hostile de la part de cette assemblée de la Légion royale canadienne à Winnipeg. Pearson, arborant ses médailles de la Première Guerre mondiale, essayait de rallier les anciens combattants autour d'un drapeau bleu et blanc avec trois feuilles d'érable. Le mois suivant, le débat au sujet du drapeau allait semer la dissension au sein du Parlement. Comme la Légion, les Conservateurs, dirigés par John Diefenbaker, voulaient garder le Red Ensign avec son Union Jack et se sont opposés au drapeau avec des feuilles d'érable qu'ils ont appelé le « fanion de Pearson ». Après un débat long et houleux, la clôture a été invoquée en décembre pour adopter un modèle modifié avec une feuille d'érable. Ironie du sort, le choix final ressemblait beaucoup à l'écusson de la Légion. Finalement, le 15 février 1965, le nouveau drapeau a été hissé au-dessus du Parlement.

Fonds de la Société Radio-Canada
17 mai 1964
25th Anniversary TV Clips
V1 8206-0171

69

4 October 1964
4 octobre 1964

English

.... Beatlemania Sweeps Canada

▶ Thousands of Canadians succumbed to Beatlemania as the Fab Four performed at Toronto's Maple Leaf Gardens, 7 September 1964. Beatles John Lennon, Paul McCartney, George Harrison and Ringo Starr set new trends in North America. Their overwhelming success created a North American market for scores of other British bands, as well as British music magazines, fashion and cosmetics. Given that the musicians became the trendsetters of the Sixties, there is some irony in Harrison's assertion that "We don't set examples to people." The band broke up in April 1970 and the artists each pursued solo careers. Footage of their performance and departure was aired on the first of CBC's controversial *This Hour Has Seven Days* programs, introduced here by John Drainie.

Canadian Broadcasting Corporation Collection 1982-0284
4 October 1964
This Hour Has Seven Days
V1 8306-0071(4)

... La Beatlemanie balaie le Canada

▶ Des milliers de Canadiens ont succombé à la Beatlemanie au moment où les quatre fabuleux chanteurs ont donné un concert au Maple Leaf Gardens de Toronto, le 7 septembre 1964. Les Beatles John Lennon, Paul McCartney, George Harrison et Ringo Starr ont lancé une nouvelle mode en Amérique du Nord. Leur immense succès a créé un marché nord-américain pour un grand nombre de groupes britanniques, ainsi que pour les revues musicales, la mode et les produits de beauté britanniques. Étant donné que les musiciens étaient à l'avant-garde de la mode des années 1960, il est assez paradoxal d'entendre Harrison affirmer : « Nous ne voulons pas être des modèles pour les gens. » Le groupe se démembra en avril 1970 et chaque membre poursuivit une carrière individuelle. Le métrage de leur représentation et de leur départ a été diffusé lors des premières émissions de la série controversée *This Hour Has Seven Days* du réseau anglais de Radio-Canada. John Drainie présente le reportage.

Fonds de la Société Radio-Canada 1982-0284
4 octobre 1964
This Hour Has Seven Days
V1 8306-0071(4)

10 January 1965
10 janvier 1965

English

. . . *Vietnam War*

▶ Starting with aid to French colonial forces in 1954, U.S. intervention lasted until the fall of South Vietnam in 1975. Although from relatively early in the war, this report hosted by Laurier Lapierre on *This Hour Has Seven Days* contains many themes that dominated later coverage: small but symbolic defeats and the uncertainty of who the enemy was and even the origins of the body count. We also see the beginnings of dramatic and fast-moving battle footage made possible by new lightweight cameras. Over 58,000 Americans and millions of Vietnamese were killed in this conflict, and by vividly conveying war's brutality for the first time, such images profoundly influenced public opinion and affected the culture and politics of an entire generation.

Canadian Broadcasting Corporation Collection 1982-0284
10 January 1965
This Hour Has Seven Days
V1 8302-0058

. . . *La guerre du Viêt-nam*

▶ Commençant avec l'aide aux forces coloniales françaises en 1954, l'intervention américaine a duré jusqu'à la chute du Viêt-nam du Sud en 1975. Bien qu'enregistré relativement tôt dans la guerre, ce reportage de *This Hour Has Seven Days* présenté par Laurier Lapierre renferme de nombreux thèmes qui ont dominé la couverture subséquente : de petites défaites, mais symboliques, l'incertitude au sujet de l'ennemi réel et même au sujet du nombre de pertes. Nous voyons aussi les débuts du métrage dramatique, à séquences rapides, sur les batailles, rendu possible grâce aux nouvelles caméras légères. Plus de 58 000 Américains et des millions de Vietnamiens ont été tués dans ce conflit. En présentant pour la première fois la brutalité de la guerre d'une manière aussi vivante, ces images ont influencé profondément l'opinion publique et affecté la culture et la politique d'une génération entière.

Fonds de la Société Radio-Canada 1982-0284
10 janvier 1965
This Hour Has Seven Days
V1 8302-0058

. . . . *Winston Churchill's Funeral*

30 January 1965
30 janvier 1965

English

▶ This state funeral of the great British politician, orator and author was called "the most impressive ceremony of the age." British Prime Minister from 1940 to 1945 and again from 1951 to 1955, Churchill was best known for his inspiring leadership of Britain in World War II. The televised funeral, which drew tremendous praise for its sensitivity and dignity, was held a week after his death on 24 January. The actual burial in the Bladon Churchyard, Oxfordshire, was a private ceremony and not broadcast. The *Telstar* satellite available in 1965 could not offer a continuous broadcast, so a race reminiscent of the 1953 coronation developed between the networks, to fly a BBC videotape of the complete ceremonies back to North America. CTV was only four years old, and this is one of the earliest surviving examples of Harvey Kirck as anchorman.

CTV Collection 1985-0642
30 January 1965
Winston Churchill Funeral
V1 8302-0068(1)

. . . *Obsèques de Winston Churchill*

▶ On a dit que ces obsèques nationales du grand politicien, orateur et auteur britannique, ont été « la cérémonie la plus impressionnante de l'époque ». Premier ministre de la Grande-Bretagne de 1940 à 1945 et, de nouveau, de 1951 à 1955, Churchill a surtout été connu pour son leadership énergique lors de la Seconde Guerre mondiale. Les obsèques télévisées, qui ont attiré de grands éloges parce qu'elles ont été remplies d'émotion et de dignité, ont eu lieu une semaine après sa mort le 24 janvier. L'inhumation même dans le cimetière de Bladon, à Oxfordshire, a été une cérémonie simple; elle n'a pas été télédiffusée. Le satellite *Telstar* disponible en 1965 ne pouvait offrir une diffusion continue. Aussi, une course semblable à celle qui s'était déroulée à l'occasion du couronnement de 1953 commença entre les réseaux, pour envoyer par avion en Amérique du Nord une bande magnétoscopique des cérémonies complètes. CTV n'existait que depuis quatre ans et c'est l'un des plus anciens exemples qui restent de Harvey Kirck comme présentateur.

Fonds de CTV 1985-0642
30 janvier 1965
Winston Churchill Funeral
V1 8302-0068(1)

1 July 1967
1er juillet 1967

English

.. Centennial Celebrations

▶ Leading a chorus of children singing "CA-NA-DA," trumpeter Bobby Gimby sets the mood for birthday celebrations on Parliament Hill. Gimby, the "Pied Piper of Canada" wrote the song which became the official Centennial Year theme. The party marked the one hundredth anniversary of Canada's confederation and the day's events were televised live across the nation. Her Majesty Queen Elizabeth and Prince Philip also joined in the merrymaking and were entertained by Gimby and his young singers. The commentary is by Lloyd Robertson.

Canadian Broadcasting Corporation Collection
1 July 1967
25th Anniversary of CBC TV Clips
V4 8206-0042

... Célébrations du centenaire de la Confédération

▶ Dirigeant un chœur d'enfants qui chantent CA-NA-DA, le trompettiste Bobby Gimby donne le ton aux célébrations de la fête du Canada sur la colline du Parlement. Gimby, surnommé le « joueur de fifre du Canada », composa la chanson qui est devenu le thème officiel de l'année du centenaire. La célébration souligne le centième anniversaire de la Confédération canadienne, et les événements de la journée ont été télédiffusés en direct dans tout le pays. Sa Majesté la reine Élisabeth et le prince Philip se sont joints également aux réjouissances et ont assisté au concert donné par Gimby et ses jeunes chanteurs. Le commentateur est Lloyd Robertson.

Fonds de la Société Radio-Canada
1er juillet 1967
25th Anniversary of CBC TV Clips
V4 8206-0042

25 July 1967
25 juillet 1967

Français

. . . . *Vive le Québec libre*

▶ Few speeches in Canadian history have had the impact of Charles de Gaulle's memorable "Vive le Québec libre" speech in Montreal. *Expo '67* was the occasion for the French president's third official visit to Canada; his previous visits were in 1944 and 1960. He had received an ecstatic welcome from the crowds lining the streets in Quebec City and Montreal. On 25 July he spent the morning at *Expo* and then went on to city hall for his balcony appearance. At the height of the Quiet Revolution, the timing of de Gaulle's rallying cry to Quebec created a furor. Officially rebuked by Prime Minister Pearson, de Gaulle cut short his visit. He left the country the next day.

Société Radio-Canada Collection 1986-0654
25 July 1967
Visite du président Charles de Gaulle au Canada
V2 8610-0067

. . . *Vive le Québec libre*

▶ Peu de discours dans l'histoire canadienne ont eu l'impact du mémorable « Vive le Québec libre » de Charles de Gaulle à Montréal. L'*Expo 67* a été l'occasion de la troisième visite officielle du président français au Canada. Ses visites précédentes avaient eu lieu en 1944 et en 1960. Il avait reçu un accueil délirant de la part de la foule rassemblée le long des rues des villes de Québec et de Montréal. Le 25 juillet, il passe la matinée à l'*Expo*, puis il se rend à l'hôtel de ville pour son apparition sur le balcon. À l'apogée de la révolution tranquille, l'actualité du cri de ralliement du général de Gaulle au Québec a fait fureur. Le premier ministre Pearson a officiellement blâmé le général pour son ingérence dans les affaires internes du Canada; la visite du général de Gaulle a donc été abrégée. Il a quitté le pays le lendemain.

Fonds de la Société Radio-Canada 1986-0654
25 juillet 1967
Visite du président Charles de Gaulle au Canada
V2 8610-0067

29 February 1968
29 février 1968

English

. . . Toronto Welcomes Nancy Greene

▶ Toronto turned out en masse to welcome Nancy Greene after she won a gold medal in the giant slalom and a silver medal in the slalom at the 1968 Winter Olympics in Grenoble, France. It was Greene's third Olympics. Raised in Rossland, British Columbia, Greene didn't start skiing until fourteen, but an aggressive style soon brought her notice and she joined Canada's Olympic team after only two years of racing. 1968 was a good year for Greene as she went on to win the World Cup after nine straight victories, and was named Canada's Athlete of the Year.

Canadian Broadcasting Corporation Collection
1 March 1968
CBC Filmpak
8208-1082

. . . Nancy Greene reçoit un accueil délirant à Toronto

▶ Toute la ville de Toronto est sortie dans la rue pour accueillir Nancy Greene après qu'elle a remporté une médaille d'or dans le slalom géant et une médaille d'argent dans le slalom aux Jeux olympiques d'hiver de 1968 à Grenoble, en France. C'était la troisième fois que Nancy Greene participait aux Olympiques. Élevée à Rossland, en Colombie-Britannique, Greene n'a commencé à skier qu'à l'âge de 14 ans, mais un style agressif l'a fait remarquer aussitôt et elle s'est jointe à l'équipe olympique du Canada après seulement deux ans de compétitions. L'année 1968 a été une bonne année pour Nancy Greene; elle a remporté la Coupe du Monde après neuf victoires d'affilée et elle a été nommée l'athlète canadienne de l'année.

Fonds de la Société Radio-Canada
1er mars 1968
CBC Filmpak
8208-1082

75

6 April 1968
6 avril 1968

English

.... *Trudeau Wins Liberal Leadership*

▶ Pierre Trudeau and supporters celebrate victory as one of the most charismatic politicians in Canadian history becomes leader of the Liberal party. A surprise candidate, Trudeau wins on the fourth ballot amid a rising wave of enthusiasm for his seemingly dynamic new ideas and electrifying bachelor image. He coasted on this Trudeau mania to an easy election victory (journalists called it the coronation) on 25 June. Looking a very youthful forty-nine in this clip, Trudeau sports his famous Julius Caesar haircut. The footage comes from a CBC documentary because, as with many conventions, the climactic moment of victory has disappeared from surviving television coverage.

Canadian Broadcasting Corporation Collection
1968
The Style Is The Man Himself
V1 8010-0121

... *Trudeau devient chef du Parti libéral*

▶ Pierre Trudeau et ses partisans célèbrent la victoire au moment où M. Trudeau, l'un des hommes d'État les plus charismatiques de l'histoire du Canada, devient le chef du Parti libéral. Candidat inattendu, M. Trudeau remporte la victoire au quatrième scrutin au milieu d'une vague montante d'enthousiasme pour ses nouvelles idées apparemment dynamiques et pour son image électrisante de célibataire. Cette trudeaumanie l'a entraîné vers une victoire électorale facile (que les journalistes ont appelé le couronnement) le 25 juin. Dans cet extrait, Trudeau, âgé de quarante-neuf ans, a l'air très jeune et il arbore sa fameuse coupe de cheveux à la Jules-César. Le métrage provient d'un documentaire de Radio-Canada parce que, comme c'est le cas avec de nombreuses assemblées politiques, le moment culminant de la victoire est disparu de la couverture télévisée qui nous est restée.

Fonds de la Société Radio-Canada
1968
The Style Is The Man Himself
V1 8010-0121

... Assassin's Bullets Kill Robert Kennedy

5 June 1968
5 juin 1968

English

▶ Triumph turns to terror at Los Angeles' Ambassador Hotel as gunshots fatally wound Senator Robert F. Kennedy. He had just delivered his victory speech for the California primaries in his campaign for the U.S. presidency. As the senator lay in a pool of blood, bodyguards Rafer Johnson and Rosie Greer restrained the gunman who was later identified as Sirhan Bishara Sirhan. Amidst the chaos and mingled shouts of other people in the area, eyewitness Andrew West struggles to deliver his live radio report for Mutual Broadcasting, which was later picked up and aired over the CBC network. Kennedy's death early the next morning was grieved throughout the world and prompted President Lyndon B. Johnson to televise a national plea to end tolerance of violence and hatred.

Canadian Broadcasting Corporation Collection 1976-0077
5 June 1968
Robert Kennedy Assassination
PAC 831 & 832

... L'assassinat de Robert Kennedy

▶ Le triomphe se transforme en terreur à l'hôtel Ambassador de Los Angeles au moment où des coups de fusil blessent mortellement le sénateur Robert F. Kennedy. Il venait tout juste de terminer son discours de victoire pour les primaires de la Californie dans sa campagne à la présidence des États-Unis. Au moment où le sénateur baignait dans une mare de sang, les gardes du corps Rafer Johnson et Rosie Greer ont maîtrisé le tireur que l'on a identifié par la suite comme étant Sirhan Bishara Sirhan. Au milieu du chaos et des cris des autres personnes qui se trouvaient dans les alentours, le témoin oculaire Andrew West lutte pour transmettre son reportage radiophonique en direct pour Mutual Broadcasting, lequel a été repris par la suite et diffusé sur les ondes du réseau de Radio-Canada. Le monde a pleuré la mort de Kennedy, qui est survenu tôt le lendemain matin, et le président Lyndon B. Johnson s'est empressé de téléviser un appel national pour mettre fin à la tolérance de la violence et de la haine.

Fonds de la Société Radio-Canada 1976-0077
5 juin 1968
Robert Kennedy Assassination
PAC 831 & 832

.... *United States Moon Landing*

▶ "The Eagle has landed." Six hours after the Lunar Excursion Module set down in the Sea of Tranquility, astronaut Neil Armstrong became the first human being to — hesitantly — set foot on the surface of the moon. Acutely aware of the moment in history, and the fact that the whole world was watching this live television transmission from space, NASA went to extraordinary lengths to record every detail of the amazing achievement. Armstrong was joined on the surface by fellow astronaut Edwin E. (Buzz) Aldrin for a two-hour moon-walk, taking pictures, collecting soil samples, and planting the U.S. flag. Command Module pilot Michael Collins waited for them to rejoin him for the voyage back to earth. CBC carried the CBS feed, with Walter Cronkite doing the narration for this momentous *Apollo II* mission.

Canadian Broadcasting Corporation Collection
20 July 1969
Moon Landing
V1 8406 0158

20 July 1969
20 juillet 1969

English

... *Alunissage américain*

▶ « L'Aigle a atterri ». Six heures après l'alunissage du module d'excursion lunaire dans la mer de la Tranquillité, l'astronaute Neil Armstrong est devenu le premier homme à mettre — avec hésitation — le pied sur la surface de la lune. Très consciente du moment historique et du fait que le monde entier regardait cette transmission en direct de l'espace à la télévision, la NASA s'est donnée énormément de peine pour enregistrer chaque détail de la merveilleuse réalisation. Armstrong a été rejoint à la surface par son compagnon, l'astronaute Edwin E. (Buzz) Aldrin pour effectuer une marche de deux heures sur la lune, afin de prendre des photos, de recueillir des échantillons de sol lunaire et de planter le drapeau américain. Le commandant du module, le pilote Michael Collins, attendait leur retour avant d'entreprendre le voyage vers la terre. Radio-Canada a retransmis l'émission de CBS; Walter Cronkite était le narrateur de cette importante mission d'*Apollo II*.

Fonds de la Société Radio-Canada
20 juillet 1969
Moon Landing
V1 8406 0158

8 October 1970

8 octobre 1970

Français

.. Front de libération du Québec Manifesto

▶ When the nation heard the text of the FLQ Manifesto being read on Radio-Canada at 10:30 p.m. by Gaétan Montreuil, it knew that some new compromise must have been reached in what later became known as the October Crisis. On 5 October, British diplomat James Cross was kidnapped by members of the Front de libération du Québec. One of the conditions for his release was the broadcasting of the FLQ Manifesto, a diatribe against the established authorities. At first, Parliament in consultation with the Quebec government refused to comply. But finally, on the eve of the FLQ deadline, it capitulated and the Manifesto became public knowledge. However, it was not until 3 December that Cross finally gained his freedom. Many original documents and records from this tensely dramatic period have been destroyed and others are still not available: this copy comes from an unofficially acquired kine, a 16mm film recorded from a television monitor.

Canadian Broadcasting Corporation Collection 1986-0753
8 October 1970
Manifeste du Front de libération du Québec
V2 8612-0039

. . . Manifeste du Front de libération du Québec

▶ Lorsque le texte du manifeste du FLQ a été lu à Radio-Canada à 22 h 30 par Gaétan Montreuil, il apparaissait évident qu'un compromis avait dû être réalisé dans ce qui allait être connu par la suite comme la Crise d'octobre. Le 5 octobre, le diplomate britannique James Cross a été enlevé par les membres du Front de libération du Québec. L'une des conditions de sa libération était la diffusion du manifeste du FLQ, une diatribe contre les autorités établies. Au début, le gouvernement canadien, après avoir consulté le gouvernement du Québec, a refusé de s'y conformer. Mais à la fin, à la veille du délai donné par le FLQ, il a capitulé et le manifeste a été porté à la connaissance du public. Néanmoins, Cross n'allait retrouver la liberté que le 3 décembre. Beaucoup de documents et d'enregistrements originaux datant de cette période mouvementée ont été détruits et d'autres ne sont pas encore accessibles : cette copie provient d'un cinégramme acquis de façon non officielle (film de 16 mm réalisé à partir d'un écran témoin).

Fonds de la Société Radio-Canada 1986-0753
8 octobre 1970
Manifeste du Front de libération du Québec
V2 8612-0039

79

**Remember when
. . . 1970-1982**

. . . .

**Vous souvenez-vous
. . . 1970-1982**

16 October 1970
16 octobre 1970

English

.... War Measures Act *Imposed*

▶ In response to an outbreak of political terrorism and the subsequent abductions of British trade commissioner James R. Cross and Quebec cabinet minister, Pierre Laporte, Prime Minister Pierre Elliott Trudeau proclaimed a state of emergency in Canada under the *War Measures Act* of 1914. Used only twice before during the two world wars, and never in peace time, the Act gave police sweeping power to search and arrest without warrant. Nearly 500 persons were arrested under these emergency regulations, and the controversial action earned the Cabinet considerable criticism from some quarters.

Canadian Broadcasting Corporation Collection
16 October 1970
CBC News Special
V1 8206-0153

... *Imposition de la* Loi sur les mesures de guerre

▶ À cause du terrorisme politique et des enlèvements subséquents du délégué commercial britannique James R. Cross et du ministre du Québec Pierre Laporte, le premier ministre Pierre Elliott Trudeau a proclamé l'état d'urgence au Canada en vertu de la *Loi sur les mesures de guerre* de 1914. Utilisée seulement deux fois auparavant durant les deux guerres mondiales et jamais en temps de paix, la loi a donné à la police le pouvoir absolu de perquisitionner et d'arrêter les gens sans mandat. Près de 500 personnes ont été arrêtées en vertu de ces règlements d'urgence et le fait d'avoir invoqué cette loi a attiré au Cabinet de nombreuses critiques de la part de certains milieux.

Fonds de la Société Radio-Canada
16 octobre 1970
CBC News Special
V1 8206-0153

17 October 1970
17 octobre 1970

English

.. Laporte's Death Heightens FLQ Crisis

... La tension monte à la suite de l'assassinat de Pierre Laporte

▶ CTV's Bruce Phillips reports from Parliament Hill where French and English Canadians gathered spontaneously and remained for many hours to express their grief and unity in a grave moment of national crisis. The day after Prime Minister Trudeau proclaimed the *War Measures Act*, FLQ terrorists struck back by brutally murdering Quebec Labour Minister Pierre Laporte whom they had held hostage since 10 October. His body was found in the trunk of a car near the Canadian Forces military base at Saint-Hubert, south of Montreal. Later charged with the murder were Bernard Lortie, brothers Paul and Jacques Rose and Francis Simard.

CTV Network Collection
17 October 1970
CTV News Special
V1 8302-0005(4)

▶ Bruce Phillips de CTV fait le reportage de la colline du Parlement où des Canadiens français et des Canadiens anglais se sont réunis spontanément et sont restés là pendant des heures pour exprimer leur peine et leur désir d'unité dans un moment grave de crise nationale. Le lendemain, le premier ministre Trudeau a proclamé la *Loi sur les mesures de guerre*. Les terroristes du FLQ ont répondu en assassinant de façon brutale le ministre du Travail du Québec, Pierre Laporte, qu'ils détenaient en otage depuis le 10 octobre. On a découvert son corps dans le coffre d'une voiture, près de la base militaire des Forces canadiennes à Saint-Hubert, au sud de Montréal. Par la suite, Bernard Lortie, les frères Paul et Jacques Rose et Francis Simard ont été accusés de meurtre.

Fonds de CTV Network
17 octobre 1970
CTV News Special
V1 8302-0005(4)

28 September 1972
28 septembre 1972

English

.... **Canada-U.S.S.R. Hockey Final**

▶ The 1972 Canada-U.S.S.R. hockey series was the first in which an all-star team of professionals from the NHL participated, and Canadian interest in the series was high. With one game to go and the series tied, the winner of this final game could clearly claim the hockey supremacy of the world. In this report, a few of the estimated 90 per cent of Canadians following the game are seen, as Paul Henderson scores the winning goal with thirty-four seconds left. Foster Hewitt came out of retirement to do the play-by-play, and former Prime Minister John Diefenbaker and his wife Olive, and Premier of British Columbia Dave Barrett are seen cheering on the action.

Canadian Broadcasting Corporation Collection
1 October 1972
Weekend
V1 7901-0045

... **Finale Canada-URSS au hockey**

▶ La série Canada-URSS de 1972, où les meilleurs professionnels de la Ligue nationale de hockey ont rencontré les Soviétiques pour la première fois, a suscité un vif intérêt chez les Canadiens. Avec une partie à jouer et la série à égalité, le gagnant de la partie décisive pouvait revendiquer la suprématie mondiale au hockey. Environ 90 pour 100 des Canadiens ont suivi le dernier match. Dans ce reportage, on voit quelques-uns de ces fervents spectateurs au moment où Paul Henderson marque le but gagnant 34 secondes avant la fin de la partie. Foster Hewitt est sorti de sa retraite pour commenter la partie et l'on voit l'ancien premier ministre John Diefenbaker et son épouse Olive, ainsi que le premier ministre de la Colombie-Britannique, Dave Barrett, qui ont suivi la partie avec un intérêt enthousiaste.

Fonds de la Société Radio-Canada
1er octobre 1972
Weekend
V1 7901-0045

8 August 1974
8 août 1974

English

. . . *President Nixon Resigns*

▶ President Nixon's resignation was the culmination of probing into events dubbed The Watergate Affair by the media. The involvement and support of the President's office in the break-in at the Democratic Party Headquarters at the Watergate Hotel in 1971 was initially uncovered by *Washington Post* reporters, Bob Woodward and Carl Bernstein in the summer of 1972. The scandal and complicity of the President's office were painfully unravelled by the broadcast on national television of the Senate Committee headed by Sam Ervin, and the House Judiciary Committee debate to impeach the president. President Nixon repeatedly denied any guilt and refused to cooperate with these investigations, but eventually had to accede to the overwhelming public pressure to resign.

Canadian Broadcasting Corporation Collection 1987-0132
8 August 1974
News Special
V1 8703-0029

. . . *Démission du président Nixon*

▶ La démission du président Nixon a été le point culminant d'une enquête relative à des événements que les médias ont appelés l'affaire du Watergate. La participation et l'appui du bureau du président au cambriolage qui a eu lieu au siège de la campagne électorale du parti démocrate à l'hôtel Watergate en 1971 ont été découverts au début par les journalistes du *Washington Post*, Bob Woodward et Carl Bernstein, au cours de l'été 1972. Le scandale causé par la complicité du bureau du président a été péniblement éclairci par la télédiffusion au niveau national des délibérations du comité du Sénat dirigé par Sam Ervin et par celles du comité judiciaire de la Chambre pour récuser le président. Le président Nixon a nié à plusieurs reprises toute culpabilité et a refusé de coopérer aux enquêtes, mais il a dû céder à la pression du public qui l'a obligé à démissionner.

Fonds de la Société Radio-Canada 1987-0132
8 août 1974
News Special
V1 8703-0029

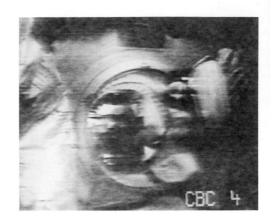

· · · · · · · · Apollo-Soyuz *Link-Up*

▶ Astronaut Thomas Stafford
and cosmonaut Aleksei
Leonov smile for the television
cameras aboard the *Apollo*
as they shake hands com-
memorating the historical
link-up between American and
Soviet space vehicles. The
slight difficulties with the
camera-work are as recorded
and understandable under the
circumstances. Two days
earlier cosmonauts Leonov
and Valery Koubassov, aboard
the *Soyuz 19*, had blasted off
from Russia's Baikonur Cosmodrome with the first live television coverage permitted by
the Soviet Union. Almost eight
hours later, *Apollo* astronauts
Stafford, Vance Brand and
Donald Slayton lifted off from
Cape Canaveral with television
cameras on the spacecraft
recording the journey — another first in space travel coverage. The crews exchanged
their respective flags and
assembled a plaque symbo-
lizing the joint mission.

Canadian Broadcasting
Corporation Collection 1983-0236
17 July 1975
CBC News Special
V2 8309-0005

17 July 1975
17 juillet 1975

English

· · · Arrimage **Apollo-Soyouz** *dans l'espace*

▶ L'astronaute Thomas Stafford et le cosmonaute Aleksei
Leonov sourient pour les caméras de télévision à bord de
l'*Apollo* au moment où ils se serrent la main pour commémorer l'arrimage historique entre les véhicules spatiaux américain
et soviétique. Les petites difficultés de fonctionnement de la
caméra sont celles qui ont été enregistrées et sont compré-
hensibles dans les circonstances. Deux jours plus tôt,
Soyouz-19, transportant à son bord les cosmonautes Leonov
et Valery Koubassov, avait décollé du cosmodrome Baikonur
en Russie. C'était la première fois que l'Union soviétique
autorisait la couverture en direct de l'événement. Environ
huit heures après, les astronautes d'*Apollo*, Stafford, Vance
Brand et Donald Slayton, ont décollé du cap Canaveral avec
des caméras de télévision à bord de l'engin spatial — une
autre primeur dans le domaine de la couverture des voyages
spatiaux. Les équipages ont échangé leur drapeau respectif et
érigé une plaque symbolisant la mission.

Fonds de la Société Radio-Canada 1983-0236
17 juillet 1975
CBC News Special
V2 8309-0005

19 July 1976
19 juillet 1976

English

.. Nadia Comaneci Stuns Montreal Olympics

▶ The high point in international gymnastics to date could be summed up in two words — Nadia Comaneci. By the time her week at the 1976 Montreal Olympics had ended, the lithe, fourteen-year-old Rumanian gymnast had taken the women's individual all-round gold medal, pulled her team up to a second-place finish, and taken a gold medal in the uneven bars and a bronze medal in the floor exercise. In the process, her breath-taking performance earned a total of seven perfect 10.0 scores — something no gymnast in Olympic history had ever achieved!

Canadian Broadcasting Corporation Collection
15 July 1977
25th Anniversary of T.V. Clips
V1 8206-0142

... Nadia Comaneci, reine des Jeux olympiques de Montréal

▶ Nadia Comaneci a atteint de nouveaux sommets en gymnastique internationale. Avant que sa semaine aux Olympiques de 1976 de Montréal n'ait pris fin, la gymnaste roumaine de quatorze ans, remarquable par sa souplesse, avait remporté la médaille d'or dans la finale du concours multiple individuel chez les femmes, elle avait hissé son équipe au deuxième rang à la fin des compétitions et remporté une médaille d'or dans les épreuves individuelles des barres asymétriques et une médaille de bronze dans les exercices au sol. Durant les Olympiques de 1976, sa performance époustouflante lui a mérité un total de sept notes parfaites de 10.0, record qu'aucun gymnaste n'avait réussi à atteindre auparavant dans l'histoire des Olympiques!

Fonds de la Société Radio-Canada
15 juillet 1977
25th Anniversary of T.V. Clips
V1 8206-0142

15 November 1976
15 novembre 1976

Français

. . . . **Parti québécois Victory**

▶ In contrast to the restrained applause from the audience in Montreal's Radio-Canada studio, ecstatic is the only word to describe the crowd packed in the Paul Sauvé Arena the night the Parti québécois was elected in Quebec. With 41 per cent of the popular vote, the Parti québécois now had seventy-one of the 110 seats in the National Assembly. The PQ promised Quebeckers a variety of reforms, the most important of which was independence, and 85 per cent of the electorate turned out to vote them into power. The radio debate on CKAC Montreal between Lévesque and Robert Bourassa twenty-one days before the election contributed to the exceptionally high turn-out. Bernard Derome is the anchorman for this television special.

Société Radio-Canada Collection
1986-0544
15 November 1976
Élection du Parti québécois
V2 8610-0040(4)

. . . **Victoire du Parti québécois**

▶ La joie délirante de la foule rassemblée à l'aréna Paul-Sauvé le soir où le Parti québécois a été élu au Québec faisait contraste avec les applaudissements polis de l'auditoire présent dans le studio de Radio-Canada à Montréal. Avec 41 pour 100 du vote populaire, le Parti québécois avait maintenant 71 des 110 sièges de l'Assemblée nationale. Le P.Q. avait promis aux Québécois de nombreuses réformes, dont la plus importante était l'indépendance, et 85 pour 100 des électeurs ont pris part aux élections. Le débat radiophonique entre René Lévesque et Robert Bourassa qui a eu lieu trois semaines avant l'élection et qui a été diffusé par le poste CKAC de Montréal a sans doute contribué à ce taux de participation exceptionnel. Bernard Derome est l'animateur de cette émission de télévision spéciale.

Fonds de la Société Radio-Canada 1986-0544
15 novembre 1976
Élection du Parti québécois
V2 8610-0040(4)

... *Mississauga Evacuated*

12 November 1979
12 novembre 1979

English

► This report aired during the biggest evacuation in North American history. Midnight explosions rocked the City of Mississauga, Ontario on 11 November as a CPR freight-train carrying propane and liquid chlorine derailed, and several of the propane cars blew up. As the fire raged, deadly chlorine gas leaking from two of the ruptured tank-cars prompted the start of an evacuation that eventually emptied the entire city and parts of adjacent communities: 240,000 people in all. Thousands more in nearby Etobicoke were kept on alert to evacuate the afternoon of this report, but that proved unnecessary. The evacuation went amazingly well, although three people were arrested for looting on 13 November. Police had considerable praise for media cooperation throughout the emergency.

Canadian Broadcasting Corporation Collection
12 November 1979
Mississauga Evacuated
V1 8006-0029(1)

... *Évacuation générale à Mississauga*

► Ce reportage a été diffusé durant la plus grande opération d'évacuation dans l'histoire de l'Amérique du Nord. Le 11 novembre, à minuit, des explosions ont ébranlé la ville de Mississauga, en Ontario, au moment où un train de marchandises du Canadien Pacifique transportant du propane et du chlore liquide a déraillé. Quelques wagons contenant du propane ont explosé. Tandis que le feu faisait rage, des émanations mortelles de chlore gazeux s'échappant de deux des wagons-citernes brisés ont déclenché une évacuation qui a vidé toute la ville et certaines parties des communautés environnantes : 240 000 personnes en tout. Des milliers d'autres personnes de la région avoisinante d'Etobicoke étaient prêtes à être évacuées au cours de l'après-midi du 12 novembre, mais cela n'a pas été nécessaire. L'évacuation s'est bien déroulée, bien que trois personnes aient été arrêtées le 13 novembre pour pillage. La police a fait l'éloge des médias pour leur collaboration durant l'état d'urgence.

Fonds de la Société Radio-Canada
12 novembre 1979
Mississauga Evacuated
V1 8006-0029(1)

.... *Ken Taylor and the Canadian Caper*

▶ Canadian Ambassador to Iran, Kenneth Taylor, became a hero to both Canadians and Americans for his cloak-and-dagger rescue of six American citizens. When Iranian militants seized the United States embassy in Tehran on 2 November 1979, Canadian embassy staff found themselves host to six American Embassy staff members who had escaped capture. Over the next three months, their flight from the country was carefully planned. In the confusion surrounding the Iranian presidential elections, Taylor shut down his embassy, supplied the Americans with false Canadian passports and whisked them out of Iran as part of the Canadian entourage. For his actions he received many awards, including a specially struck gold medal from the U.S. Congress. A proud Canadian government made Taylor an Officer of the Order of Canada, and Americans were delighted when he was appointed the Canadian consul general in New York. Leading into the story is CBC anchorman Knowlton Nash.

Canadian Broadcasting Corporation Collection
28 January 1980
The National
V1 8006-0043

28 January 1980
28 janvier 1980

English

... *Ken Taylor à la rescousse des membres de l'ambassade américaine*

▶ L'ambassadeur canadien en Iran, Kenneth Taylor, est devenu un héros tant pour les Canadiens que pour les Américains à la suite du sauvetage rocambolesque de six citoyens américains. Lorsque les militants iraniens se sont emparés de l'ambassade des États-Unis à Téhéran, le 2 novembre 1979, le personnel de l'ambassade canadienne a recueilli six membres du personnel de l'ambassade américaine qui avaient échappé à la capture. Au cours des trois mois suivants, leur départ du pays par avion a été soigneusement planifié. Dans la confusion entourant les élections présidentielles iraniennes, Taylor a fermé l'ambassade du Canada, fourni aux Américains de faux passeports canadiens et les a fait sortir à toute vitesse de l'Iran en les intégrant au personnel canadien. Il a reçu de nombreuses récompenses pour son acte de bravoure, y compris une médaille en or spécialement frappée que lui a décernée le Congrès des États-Unis. Pour souligner sa fierté, le gouvernement canadien a fait de Taylor un officier de l'Ordre du Canada, et les Américains ont été ravis lorsqu'il a été nommé consul général du Canada à New York. Le présentateur de cette nouvelle est Knowlton Nash du réseau anglais de Radio-Canada.

Fonds de la Société Radio-Canada
28 janvier 1980
The National
V1 8006-0043

18 March 1980
18 mars 1980

English

·· *Mount St. Helens Erupts*

▶ When Mount St. Helens in Washington State erupted, the force, comparable to that of a hydrogen bomb, blew off the upper 390 metres of the mountain, flattened 17,600 hectares of fir trees, showered a blanket of ash for miles and produced boiling mudflows which clogged rivers and swamped homes. Sixty-two people were left dead or missing, wildlife was devastated and damage totalled approximately $3 billion, making this the costliest eruption in U.S. history. Over the next few months, Mount St. Helens experienced a series of smaller eruptions, causing scientists to predict that the activity could continue for twenty years. This report by ABC news was prepared on the first anniversary of the eruption and was included in Global's weekly news program, *Global Newsweek.*

Global Television Network Collection 1982-0066
24 March 1981
Global Newsweek
V1 8106-0035

... *L'éruption du mont St. Helens*

▶ Lorsque le mont St. Helens dans l'État de Washington est entré en éruption, une force comparable à celle d'une bombe à hydrogène a arraché la partie supérieure de la montagne sur une hauteur de 390 mètres. Quelque 17 600 hectares de sapins ont été écrasés, une couche de cendres a recouvert plusieurs kilomètres de terres et des écoulements de boue en fusion ont obstrué les cours d'eau et inondé les maisons. On a dénombré 62 personnes tuées ou portées disparues, la faune a été dévastée et les dommages se sont élevés approximativement à 3 milliards de dollars. C'est l'éruption la plus coûteuse de l'histoire des États-Unis. Au cours des mois suivants, le mont St. Helens a été l'objet d'une série d'éruptions plus petites qui ont amené les scientifiques à prédire que l'activité du volcan pourrait durer encore 20 ans. Ce reportage de la chaîne ABC a été préparé pour commémorer le premier anniversaire de l'éruption du mont St. Helens. La chaîne Global l'a utilisé à l'intérieur de son émission hebdomadaire sur l'actualité, *Global Newsweek.*

Fonds de Global Television Network 1982-0066
24 mars 1981
Global Newsweek
V1 8106-0035

.... *Quebec Referendum*

20 May 1980
20 mai 1980

Français

▶ René Lévesque faces a packed Paul Sauvé Arena. The tears of defeat in many eyes are a striking contrast to the elation on his election night four years earlier. The question posed in the Quebec Referendum on the issue of sovereignty-association (the wording of which had been debated in the National Assembly from 5-20 March) received a firm "No" from the population of Quebec, with 59.5 per cent against to 40.5 per cent in favour. The result of the Referendum denied the Parti québécois government the mandate to negotiate sovereignty-association with the rest of Canada. Under the leadership of Liberal party leader Claude Ryan, opposition to sovereignty-association gained ground, and the momentum which swept the PQ into power three years before seemed somehow to have lost steam.

National Film Board Collection
1986-0563
1978 and 1985
The Champions
V1 8609-0132 and 0133

... *Le référendum québécois*

▶ Ce n'était plus la foule délirante de joie de la soirée des élections de 1976 à laquelle faisait face René Lévesque à l'aréna Paul-Sauvé, mais une foule avec les larmes aux yeux à la suite de la défaite. La question posée dans le référendum du Québec sur la souveraineté-association (dont la formulation avait été discutée à l'Assemblée nationale du 5 au 20 mars) a reçu un « non » ferme de la part de la population du Québec, 59,5 pour 100 votant contre et 40,5 pour 100 votant pour. Le résultat du référendum n'a pas donné au gouvernement du Parti québécois le mandat de négocier la souveraineté-association avec le reste du Canada. Sous la direction du chef du Parti libéral, Claude Ryan, l'opposition à la souveraineté-association a gagné du terrain et l'élan qui avait porté le PQ au pouvoir trois ans auparavant semblait avoir perdu de sa force.

Fonds de l'Office national du film 1986-0563
1978 et 1985
The Champions
V1 8609-0132 et 0133

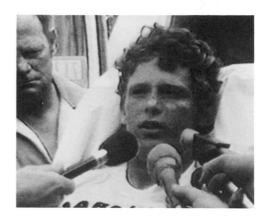

2 September 1980
2 septembre 1980

English

. Cancer Stops Terry Fox

▶ In a moving news conference from his stretcher, Terry Fox announces the end of his Marathon of Hope. The lung cancer which forced Fox to stop eventually resulted in his death on 28 June 1981. His heroic struggle raised $23 million for cancer research and his courageous run, which started in Newfoundland on 12 April turned Fox into a Canadian hero. Fox was awarded the Order of Canada, and his accomplishment is celebrated in countless school names, commemorative stamps, yearly marathons — even a feature film. He also inspired followers such as Steve Fonyo, who ran all the way across Canada in 1985 and Rick Hansen, who completed his journey around the world by wheelchair in 1987 in aid of spinal cord research.

Canadian Broadcasting Corporation Collection
2 September 1980
The National
V1 8010-0103

... Terry Fox ne peut plus continuer

▶ Dans une conférence de presse émouvante donnée à partir de sa civière, Terry Fox a annoncé la fin de son marathon de l'espoir. Le cancer des poumons qui l'a obligé à arrêter a aussi causé sa mort le 28 juin 1981. Jusque-là, son combat héroïque avait rapporté 23 millions de dollars qui ont été versés aux fonds de recherches sur le cancer. Sa course courageuse, qui a commencé le 12 avril à Terre-Neuve, a fait de Fox un héros canadien. L'Ordre du Canada lui a été décerné et son exploit est immortalisé dans beaucoup de noms d'école, de timbres commémoratifs, de marathons annuels, même dans un long métrage. En outre, il a inspiré d'autres personnes comme Steve Fonyo, qui a réussi son marathon à travers le Canada en 1985; et Rick Hansen, qui a terminé son voyage autour du monde en fauteuil roulant en 1987 dans le but de recueillir des fonds pour la recherche sur la moelle épinière.

Fonds de la Société Radio-Canada
2 septembre 1980
The National
V1 8010-0103

9 December 1980
9 décembre 1980

English

.... *John Lennon Murdered*

▶ News of the murder of musician John Lennon in New York City on 8 December, brought sorrow to everyone from presidents and prime ministers to the grieving masses who gathered in front of his apartment building the following day to cry, sing and remember. The outpouring of grief had the same breadth and intensity as the reaction to the killing of a world leader, for Lennon had become the political conscience of an entire generation. As Lennon was returning to his apartment, a young man stepped out of the shadows and shot him. Mark David Chapman was later convicted of second-degree murder and the tragic incident revived the movement for stricter handgun legislation in the United States. The reporter for CBC News is Russ Patrick.

*Canadian Broadcasting
Corporation Collection
9 December 1980*
The National
V1 8101-0001(1)

... *L'assassinat de John Lennon*

▶ À l'annonce du meurtre du musicien John Lennon survenu le 8 décembre, chacun a exprimé sa peine, les présidents et les premiers ministres comme la foule attristée qui s'est rassemblée, le jour suivant, devant l'immeuble résidentiel où il habitait, pour pleurer, chanter et se souvenir. Les manifestations de tristesse ont eu la même ampleur et la même intensité que dans le cas du meurtre d'un grand chef d'État, parce que Lennon était devenu la conscience politique d'une génération entière. Alors que Lennon retournait à son appartement, un jeune homme est sorti de l'ombre et a tiré sur lui. Mark David Chapman a par la suite été condamné pour meurtre et l'incident tragique a ravivé le mouvement en faveur d'une législation plus stricte concernant le port des armes à feu aux États-Unis. Le journaliste du réseau anglais de Radio-Canada est Russ Patrick.

*Fonds de la Société Radio-Canada
9 décembre 1980*
The National
V1 8101-0001(1)

▶ . . . *Charles and Diana Married*

29 July 1981
29 juillet 1981

▶ Charles, Prince of Wales and heir to the British Throne, and Lady Diana Spencer marry at St. Paul's Cathedral before 2,500 invited guests in a ceremony rich with spectacle and romance. Indoor and outdoor public address systems and live television cameras ensured that everyone could listen to or see the royal event as it happened. It drew a huge audience with throngs of revellers along the processional route, and 750 million worldwide television viewers. The occasion not only boosted the fashion industry (Diana's ivory silk taffeta gown was copied by enterprising designers, minutes after its first public appearance), but also the British economy as scores of tourists arrived to celebrate the special day. Among them was commentator Mark Phillips who reports for CBC's *The National*.

English

. . . *Mariage du prince Charles et de lady Diana*

▶ Charles, prince de Galles et héritier du Trône britannique, épouse lady Diana Spencer à la cathédrale de St. Paul devant 2 500 invités lors d'une cérémonie pleine d'éclat et de romantisme. Des systèmes de diffusion publique et des caméras de télévision en direct avaient été installés à l'intérieur et à l'extérieur de la cathédrale pour que chacun puisse écouter ou voir l'événement. La cérémonie a attiré une foule immense et colorée le long du parcours du défilé et quelque 750 millions de téléspectateurs dans le monde entier. Cet événement a stimulé non seulement l'industrie de la mode (la robe de Diana en taffetas de soie ivoire a été copiée par les modélistes entreprenants, quelques minutes après sa première apparition en public), mais aussi l'économie britannique, car un grand nombre de touristes se sont rendus en Angleterre pour célébrer ce jour spécial. Parmi eux se trouvait le commentateur Mark Phillips qui fait le reportage pour l'émission *The National* du réseau anglais de Radio-Canada.

Fonds de la Société Radio-Canada 1983-0059
29 juillet 1981
The National
V2 8303-0019

Canadian Broadcasting Corporation Collection 1983-0059
29 July 1981
The National
V2 8303-0019

12 October 1981
12 octobre 1981

Français

.... Montreal Expos Win Eastern Division Championship

▶ Winning the Eastern Division pennant brought the Montreal Expos within striking distance of the 1981 World Series. In the strike-shortened baseball season that year there were two contenders for the Eastern Division title: the Philadelphia Phillies (who won the first mini-season) and the Expos (who won the second). In a five-game series beginning 7 October, the Expos won the decisive fifth game on 12 October. Playing against the winners of the Western Division pennant, the Los Angeles Dodgers, the Expos were defeated when Rick Monday of the Dodgers hit a homer against Steve Rogers in the final game. Claude Desbiens reports.

Canadian Broadcasting Corporation Collection 1986-0654
12 October 1981
Le Téléjournal
V2 8610-0069

... Les Expos de Montréal remportent le championnat de la division est

▶ En remportant le championnat de la division est de la Ligue nationale, les Expos de Montréal n'avaient plus qu'une étape à franchir pour participer aux séries mondiales de 1981. Au cours de la saison de baseball qui avait été raccourcie cette année-là en raison de la grève, deux équipes aspiraient au titre de champion de la division est : les Phillies de Philadelphie (qui avaient remporté la première saison raccourcie) et les Expos (qui avaient gagné la seconde). Dans une série de cinq parties débutant le 7 octobre, les Expos ont remporté la cinquième partie décisive le 12 octobre. Jouant contre les gagnants du championnat de la division ouest, les Dodgers de Los Angeles, les Expos ont été défaits lorsque Rick Monday des Dodgers a frappé un coup de circuit contre Steve Rogers dans la partie décisive. Claude Desbiens fait le reportage.

Fonds de la Société Radio-Canada 1986-0654
12 octobre 1981
Le Téléjournal
V2 8610-0069

• Clifford Olson Murders

17 January 1982
17 janvier 1982

English

▶ Reports of an RCMP payoff to Clifford Robert Olson sparked outrage and bitter debate across the nation over the ethics of police payment for information and of criminals profiting from their crimes. Olson was arrested in August 1981 for the murder of eleven youngsters and on the third day of his trial, five months later, he entered a surprise plea of guilty. It was soon revealed that the RCMP had paid Olson's family $90,000 for his help in finding seven missing bodies and providing information on four victims discovered earlier. British Columbia's Attorney General, Allan Williams, had approved the deal " . . . in order to put to rest the uncertainty and grief that the parents of the children were experiencing." This outspokenly critical report is by Bruce Garvey.

Global Television Network Collection 1982-0066
17 January 1982
Global Newsweek
V1 8204-0021(2)

. . . Les meurtres de Clifford Olson

▶ La nouvelle d'un pot-de-vin que la GRC aurait offert à Clifford Robert Olson a soulevé l'indignation. Un débat acharné dans tout le pays a suivi au sujet des paiements effectués par la police pour obtenir des renseignements et au sujet des criminels qui profitent de leurs crimes. Olson a été arrêté en août 1981 pour le meurtre de 11 adolescents et, cinq mois plus tard, au cours du troisième jour de son procès, il a plaidé coupable à la surprise de tous. On apprit par la suite que la GRC avait versé à la famille d'Olson 90 000 $ pour qu'il aide les policiers à retrouver les sept corps manquants et pour qu'il fournisse des renseignements sur les quatre victimes découvertes plus tôt. Le procureur général de la Colombie-Britannique, Allan Williams, avait approuvé le marché « . . . afin d'apaiser l'incertitude et le chagrin que les parents des enfants éprouvaient ». Ce reportage franchement critique est fait par Bruce Garvey.

Fonds de Global Television Network 1982-0066
17 janvier 1982
Global Newsweek
V1 8204-0021(2)

**Remember when
. . . 1982-1987**

. . . .

**Vous souvenez-vous
. . . 1982-1987**

. . . . *Ocean Ranger Sinks*

▶ *Global Newsweek* sums up the worst marine disaster since World War II. Drilling for Mobil Oil, the semisubmersible drilling platform, Ocean Ranger capsized and sank with all crew members on board on 15 February. The eighty-four deaths added another chapter to Atlantic Canada's grim heritage of marine tragedies and sparked renewed concern over the safety of offshore oil exploration. A federal-provincial inquiry blamed the tragedy on a combination of severe weather, shoddy design, and an inadequately trained crew. Note the damaged lifeboats. Although crewmen made it to the lifeboats, they died when a badly designed launch system wrecked the boats as they left the Ranger. The night-time sinking forced television stations to illustrate their reports with a collage of stock shots. Everett Banning reports for Global.

Global Television Network
Collection 1982-0066
21 February 1982
Global Newsweek
V1 8204-0024

15 February 1982
15 février 1982

English

. . . *La plate-forme Ocean Ranger coule à pic*

▶ *Global Newsweek* résume le pire désastre maritime survenu depuis la Seconde Guerre mondiale. Dans le cadre de travaux effectués pour Mobil Oil, la plate-forme de forage semi-submersible a chaviré et sombré avec tout le personnel, le 15 février. Les 84 morts ont allongé la lugubre série des tragédies maritimes canadiennes survenues dans l'Atlantique et ont fait ressurgir les inquiétudes au sujet de la sécurité de l'exploration pétrolière en mer. Une enquête fédérale-provinciale a imputé le désastre à une combinaison de causes : des conditions atmosphériques rigoureuses, une piètre conception du système de lancement des canots et une équipe insuffisamment formée. Remarquez les canots de sauvetage endommagés. Bien qu'ayant réussi à atteindre les canots, les membres de l'équipage sont morts lorsque le système de lancement, mal conçu, a fait couler les canots au moment où ils quittaient la plate-forme. L'Ocean Ranger a sombré dans la nuit sans laisser de trace, ce qui a obligé les stations de télévision à illustrer leurs reportages à l'aide d'un collage de métrages d'archives. Everett Banning fait le reportage pour Global.

Fonds de Global Television Network 1982-0066
21 février 1982
Global Newsweek
V1 8204-0024

24 February 1982
24 février 1982

English

.. *Record 77th Goal for Gretzky*

▶ Edmonton Oiler Wayne Gretzky scores his seventy-seventh goal, breaking the National Hockey League record set by Phil Esposito. In front of a crowd of 16,433 at Buffalo's Memorial Auditorium, Gretzky stole the puck at the blue line and scored to give the Oilers a 4-3 lead. The game stopped so Esposito (who held the record of seventy-six goals in seventy-eight games during his 1970-71 season with the Boston Bruins) could step onto the ice to congratulate Gretzky. The twenty-one-year-old centre went on to score two more goals in the game against the Buffalo Sabres and finished the season with a total of ninety goals, winning the scoring championship and the Hart Trophy as most valuable player of the year. Everett Banning introduces the story.

Global Television Network
Collection 1982-0066
February 1982
Global Newsweek
V1 8204-0024(2)

... *Gretzky marque 77 buts, un nouveau record*

▶ Wayne Gretzky des Oilers d'Edmonton marque son 77e but, battant le record de la Ligue nationale de hockey établi par Phil Esposito. Devant une foule de 16 433 personnes au Memorial Auditorium de Buffalo, Gretzky s'est emparé de la rondelle à la ligne bleue et a marqué un but, donnant aux Oilers une avance de 4 à 3. La partie a été interrompue afin que Esposito (qui détenait le record de 76 buts marqués en 78 parties durant la saison 1970-1971 avec les Bruins de Boston) puisse se rendre sur la glace pour féliciter Gretzky. Le centre de 21 ans a marqué encore deux autres buts dans la partie contre les Sabres de Buffalo et a terminé la saison comme champion marqueur avec un total de 90 buts, remportant le trophée Hart à titre de meilleur joueur de l'année. Everett Banning présente la nouvelle.

Fonds de Global Television Network 1982-0066
Février 1982
Global Newsweek
V1 8204-0024(2)

········ *Podborski Captures World Cup Downhill Title*

6 March 1982
6 mars 1982

English

▶ Toronto's Steve Podborski became the first North American to win the World Cup Men's Downhill Skiing Championship. After a run of 1:48.84, Podborski had a tense wait at the finish line to see what Switzerland's Peter Mueller and Austria's Harti Weirather would do. Weirather had to win the race to keep the title from Podborski. When Mueller finished the 3,170 meter course in 1:47.17 with Weirather finishing 11/100ths of a second behind him, Canadian sports fans were jubilant. Podborski finished the season with three first-place, two second-place and two fourth-place finishes, taking the title with a victorious 115 points out of a possible 125. The item is introduced by Everett Banning and reported by Bob McCowan.

Global Television Network
Collection 1982-0066
6 March 1982
Global Newsweek
V1 8211-0093

··· *Podborski, champion mondial de descente*

▶ Steve Podborski de Toronto est devenu le premier Nord-Américain à remporter le championnat de la coupe du monde de descente chez les hommes. Après une descente dans un temps de 1 min 48 s et 84 centièmes, Podborski a dû attendre impatiemment à la ligne d'arrivée pour voir ce qu'allaient faire Peter Mueller de la Suisse et Harti Weirather de l'Autriche. Weirather se devait de remporter la course pour devancer Podborski au classement. Lorsque Mueller termina la course de 3 170 mètres dans un temps de 1 min 47 s et 17 centièmes avec Weirather finissant 11 centièmes de seconde derrière lui, les Canadiens jubilaient. À la fin de la saison, Podborski terminait avec trois premières places, deux deuxièmes et deux quatrièmes, remportant le titre de champion de la coupe du monde de descente avec 115 points sur une possibilité de 125. La nouvelle est présentée par Everett Banning et Bob McCowan fait le reportage.

Fonds de Global Television Network 1982-0066
6 mars 1982
Global Newsweek
V1 8211-0093

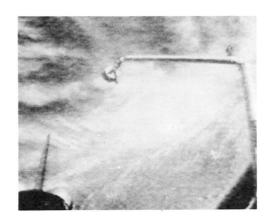

25 March 1982
25 mars 1982

English

⸱⸱ *Canadarm Tests A-OK*

▶ In its first major test, the Canadian built space shuttle arm achieved all design goals. Officially known as the remote manipulator system, the fifteen metre arm is designed to load and unload payloads, such as satellites, from the shuttle's cargo bay. This was the arm's second shuttle flight but the first time it actually deployed a payload. After two more test flights the arm went into operational use. Canada's major contribution to the space shuttle, the arm was built by Spar Aerospace of Toronto, under contract to the National Research Council. Paid for by the Canadian taxpayer, the $110 million dollar system gave Canada an industrial capacity in the high-tech field of robotics and remote manipulators.

Global Television Network
Collection 1982-0280
28 March 1982
Global Newsweek
V1 8211-0095(1)

⸱⸱⸱ *Le bras spatial canadien répond aux attentes*

▶ Dans son premier essai majeur, le bras spatial canadien a atteint tous les objectifs fixés. Officiellement connu comme le télémanipulateur, le bras de 15 mètres est conçu pour placer et retirer des charges utiles, telles que des satellites, dans la soute de la navette. Le bras a été employé au cours du deuxième vol de la navette spatiale, mais c'était la première fois qu'il manœuvrait réellement une charge utile. Après deux autres vols d'essai, le bras a été opérationnel. Construit à contrat par Spar Aerospace de Toronto pour le Conseil national de recherches, il représente une contribution majeure du Canada à la navette spatiale. Payé par les contribuables canadiens, le télémanipulateur de 110 millions de dollars a donné au Canada une infrastructure industrielle dans le domaine de la haute technologie de la robotique et des télémanipulateurs.

Fonds de Global Television Network 1982-0280
28 mars 1982
Global Newsweek
V1 8211-0095(1)

········ *Patriation of the Canadian Constitution*

▶ The signing by Queen Elizabeth of the Canadian Constitution was the culmination of efforts by many successive governments. Amendments to Canada's original constitution, the British North America Act, had always required ratification by the British Parliament. The patriation of the Canadian Constitution was a particular goal of Trudeau's Liberal Government. More than 267 hours of intense parliamentary committee hearings, federal-provincial meetings, and appeals to the courts in 1980-1981 finally led to a constitution, including a Charter of Rights, and an amending formula which required no further appeal to the British Parliament. However, Quebec refused to accept this constitution, and Rodrigue Bérubé notes this in his report for Radio-Canada's television coverage of the ceremonies.

Société Radio-Canada Collection
1986-0544
17 April 1982
Le Téléjournal
V2 8610-0042(2)

17 April 1982
17 avril 1982

Français

··· *Rapatriement de la Constitution canadienne*

▶ La signature par la reine Élisabeth de la Constitution canadienne a marqué l'aboutissement des efforts entrepris par de nombreux gouvernements successifs. Les modifications à la constitution originale du Canada, l'Acte de l'Amérique du Nord britannique, avaient toujours requis la ratification du Parlement britannique. Le rapatriement de la Constitution canadienne était un des chevaux de bataille du gouvernement libéral de Pierre Trudeau. Plus de 267 heures de séances intensives du comité parlementaire, des réunions fédérales-provinciales et des appels aux tribunaux en 1980-1981 ont finalement abouti à un accord sur une constitution, y compris une Charte des droits et une formule d'amendement, qui n'allait plus nécessiter d'appel au Parlement britannique. Néanmoins, le Québec a refusé de signer cet accord, et Rodrigue Bérubé le note dans son reportage lors de la couverture des cérémonies par la télévision de Radio-Canada.

Fonds de la Société Radio-Canada 1986-0544
17 avril 1982
Le Téléjournal
V2 8610-0042(2)

9 May 1982
9 mai 1982

Français

.. Death of Gilles Villeneuve

▶ Gilles Villeneuve was Canada's most successful and promising high-speed race-car driver when he was killed in a qualifying race for the Belgian Grand Prix. He began his racing career winning the Quebec, Canadian and North American snowmobile racing championships in the early 1970s. Thereafter he switched to race-car driving, joining the Ferrari team on the world circuit in 1977. He won six Formula One races and in 1979 was runner-up to teammate Jody Scheckter, the world's finest grand prix racer. Paul André Comeau is heard reporting on this spectacular crash footage, introduced by Louise Arcand.

Canadian Broadcasting Corporation Collection 1986-0544
9 May 1982
Le Téléjournal
V2 8610-0042(3)

... Mort accidentelle de Gilles Villeneuve

▶ Gilles Villeneuve était le coureur automobile le plus célèbre et le plus prometteur du Canada lorsqu'il a été tué dans une course de qualification pour le Grand Prix de Belgique. Il a commencé sa carrière de coureur en remportant les championnats de course de motoneige du Québec, du Canada et de l'Amérique du Nord au début des années 1970. Par la suite, il a opté pour la course automobile; il s'est joint à l'équipe de Ferrari dans le circuit mondial en 1977. Il a remporté six courses de Formule I et, en 1979, il s'est classé juste derrière son coéquipier Jody Scheckter au titre de meilleur coureur de Grand Prix au monde. On entend la voix du reporter Paul-André Comeau dans ce spectaculaire métrage sur l'accident, et c'est Louise Arcand qui en fait la présentation.

Fonds de la Société Radio-Canada 1986-0544
9 mai 1982
Le Téléjournal
V2 8610-0042(3)

5 October 1982
5 octobre 1982

Français

········ *First Canadian to Climb Everest*

▶ Laurie Skreslet of Calgary became the first Canadian to reach the summit of Mount Everest when the Canadian team finally accomplished its objective on 5 October 1982. The project began with considerable publicity that was stimulated by over a million dollars from a variety of sponsors and ambitious plans for live television coverage of the accomplishment. A sophisticated television studio was built in the Nepalese capital of Kathmandu and team members carried special half-kilogram cameras. However a succession of difficulties culminating in the death of three Sherpas and two Canadians, prompted six of the fifteen-man climbing team to abandon the climb and cancel plans for live television coverage of the final ascent. On 7 October another successful ascent was completed with Pat Morrow, a British Columbia photographer, also reaching the summit. Normand Lester reports for *Le Téléjournal* with an introduction by Bernard Derome.

Société Radio-Canada Collection
1987-0127
5 October 1982
Le Téléjournal
V2 8703-0127

... *Première conquête canadienne de l'Everest*

▶ Laurie Skreslet de Calgary devient le premier Canadien à parvenir au sommet du mont Everest lorsque l'équipe canadienne atteint finalement son objectif le 5 octobre 1982. Le projet a commencé à grand renfort de publicité. De nombreux parrains ont donné plus d'un million de dollars pour le financer. On prévoyait aussi faire la couverture en direct, à la télévision. Un studio de télévision élaboré a donc été construit dans la capitale du Népal, Katmandou, et les membres de l'expédition ont transporté des caméras spéciales d'un demi-kilogramme. Néanmoins, une série de difficultés, dont le point culminant a été la mort de troix Sherpas et de deux Canadiens, ont incité six des quinze alpinistes de l'équipe à abandonner le projet et du même coup, la couverture en direct de l'ascension finale. Le 7 octobre, Pat Morrow, un photographe de la Colombie-Britannique, réussit, lui aussi, à atteindre le sommet. Normand Lester fait le reportage pour *Le Téléjournal* après la présentation de Bernard Derome.

Fonds de la Société Radio-Canada 1987-0127
5 octobre 1982
Le Téléjournal
V2 8703-0127

16 February 1984
16 février 1984

Français

... Gaétan Boucher Wins Gold at Olympics

... Gaétan Boucher, champion du patinage de vitesse aux Jeux olympiques

▶ Gaétan Boucher was the Canadian hero of the 1984 Winter Olympics at Sarajevo, winning gold medals in the 1500 meter and 1000 meter speedskating events and a bronze in the 500 meter event. His three medals constituted three of the four won by Canada at Sarajevo. In the 1980 Winter Olympics at Lake Placid he had captured a silver in the 1000 meter race and in 1984 he also won the World Speed-Skating Championship. Julie Miville de Chênes is heard reporting in this Radio-Canada report, following Bernard Derome's introduction.

Canadian Broadcasting Corporation Collection 1986-0544
16 February 1984
Le Téléjournal
V2 8610-0042(4)

▶ Gaétan Boucher, le héros canadien des Jeux olympiques d'hiver de 1984 à Sarajevo, a remporté des médailles d'or pour le patinage de vitesse dans les courses de 1 500 mètres et de 1 000 mètres et une médaille de bronze aux 500 mètres. Il remportait ainsi trois des quatre médailles gagnées par le Canada à Sarajevo. En 1980, aux Jeux olympiques d'hiver de Lake Placid, il avait remporté une médaille d'argent dans la course de 1 000 mètres et en 1984, il a aussi remporté le championnat mondial de sprint. Julie Miville de Chênes fait le reportage pour la Société Radio-Canada après la présentation de Bernard Derome.

Fonds de la Société Radio-Canada 1986-0544
16 février 1984
Le Téléjournal
V2 8610-0042(4)

.... Sylvie Bernier Wins Olympic Gold Medal

6 August 1984
6 août 1984

Français

▶ As Georges Tremmel reports, during the 1984 Olympic Games at Los Angeles, Sylvie Bernier became the first Canadian woman diver to win a gold medal. Having taken an early lead over her competitors in the three metre springboard event, Bernier was assured a gold by her eighth dive. With an accumulated score of 530.70 points, Bernier was well ahead of Americans Kelly McCormick and Chris Seufert, the runners-up. On her return to Canada, along with the other Canadian athletes who won a total of forty-four medals in Los Angeles, the gold medalist was given a hero's welcome. Three months later Bernier announced her retirement from active competition and became an advisor to the Canadian Amateur Diving Association, before taking up a career in broadcasting.

Canadian Broadcasting Corporation Collection 1986-0544
6 August 1984
Le Téléjournal
V2 8610-0042(6)

... Sylvie Bernier remporte la médaille d'or aux Olympiques

▶ Comme Georges Tremmel le rapporte de Los Angeles en 1984, Sylvie Bernier devient la première plongeuse canadienne à gagner une médaille d'or aux Jeux olympiques. Ayant pris une bonne avance sur ses concurrentes dans l'épreuve du tremplin de trois mètres, Sylvie Bernier était assurée, après son huitième plongeon, de remporter une médaille d'or. Avec 530,70 points, elle se trouvait loin devant les Américaines Kelly McCormick et Chris Seufert. À son retour au Canada, la médaillée d'or a été accueillie en héroïne avec les autres athlètes canadiens qui ont remporté en tout 44 médailles à Los Angeles. Trois mois plus tard, Sylvie Bernier a annoncé qu'elle se retirerait de la compétition active et elle est devenu conseillère à l'Association canadienne de plongeon amateur, avant d'entreprendre une carrière dans le domaine de la radio-télédiffusion.

Fonds de la Société Radio-Canada 1986-0544
6 août 1984
Le Téléjournal
V2 8610-0042(6)

11 September 1984
11 septembre 1984

... *Pope Welcomed in Montreal*

Français

▶ Pope John Paul II receives an enthusiastic welcome at Montreal's Olympic Stadium on the third day of the first papal visit to Canada. Head of the Roman Catholic Church since 1978, John Paul II has become the most widely traveled pope in history. Starting on 9 September, his twelve day Canadian tour followed a packed itinerary that included sixty public events before an estimated audience of 3.3 million people. The visit also created a souvenir industry, and its massive promotion and attendance, inspired many comparisons to a pop star's tour. Reporters faced some uncertainty about how to cover the visit — as a secular news event or religious occasion — and many found themselves moved in spite of professional detachment.

Conférence des évêques catholiques du Canada Collection
1985-0033
1984
Stade olympique
V1 8510-0115

... *Montréal accueille le pape*

▶ Le pape Jean-Paul II reçoit un accueil enthousiaste au Stade olympique de Montréal, trois jours après le début de sa première visite au Canada. Chef de l'Église catholique romaine depuis 1978, Jean-Paul II est le pape qui a le plus voyagé dans le monde depuis les débuts de l'Église. Sa visite au Canada, du 9 au 20 septembre, s'est déroulé selon un programme chargé, comprenant 60 événements publics devant quelque 3,3 millions de personnes. La visite a en outre créé une industrie de souvenirs. À cause de la présence des foules et de son énorme publicité, cette visite a très souvent été comparée à la tournée d'une vedette populaire. Les journalistes ont été placés devant un dilemme lorsqu'ils ont dû décider s'il fallait couvrir la visite comme une actualité séculière ou comme un événement à caractère religieux, mais beaucoup ont été émus en dépit du détachement professionnel.

Fonds de la Conférence des évêques catholiques
du Canada 1985-0033
1984
Stade olympique
V1 8510-0115

23 June 1985
23 juin 1985

Français

. . . . *Air India Tragedy*

▶ An Air India Boeing 747, enroute from Canada to Bombay, plummeted suddenly into the Atlantic Ocean about ninety miles off the coast of Ireland, killing all 329 people aboard. At least 279 of the victims were Canadians of Indian heritage. Rescue workers searched the icy waters for bodies, and television coverage of the rescue operations sent shock waves round the world. Although the cause was not confirmed, recovered debris supported the suspicion that the crash was due to an explosion aboard the aircraft. Marie-Claude Lavallée introduces this report by Daniel André.

*Canadian Broadcasting
Corporation Collection 1985-0302
23 June 1985*
Le Téléjournal
V2 8508-0024

. . . *La tragédie du Boeing d'Air India*

▶ Après avoir quitté le Canada à destination de Bombay, un Boeing 747 d'Air India a soudainement plongé dans l'Atlantique, à 145 kilomètres environ des côtes de l'Irlande, tuant les 329 personnes à bord. Au moins 279 des victimes étaient des Canadiens d'origine indienne. Des équipes de secours entreprirent des recherches dans les eaux glacées pour retrouver les corps. La couverture par la télévision des opérations de sauvetage a sidéré les spectateurs du monde entier. Bien que la cause n'ait pas été confirmée, les débris découverts ont appuyé l'hypothèse d'une explosion à bord de l'aéronef. Marie-Claude Lavallée présente ce reportage de Daniel André.

*Fonds de la Société Radio-Canada 1985-0302
23 juin 1985*
Le Téléjournal
V2 8508-0024

. . . Gander Air Crash

12 December 1985
12 décembre 1985

English

▶ Two hundred and fifty American soldiers and eight crew members were aboard the DC-8 jetliner when it crashed moments after lift-off from Gander International Airport. There were no survivors. Bursting into flames, the plane slid about 400 metres through a wooded area near the Trans Canada Highway. The victims were members of the 101st Airborne Division returning home for Christmas after a six-month tour in the Middle East. An airport hangar became a temporary morgue as search crews began the task of recovering bodies from the wreckage. Tapemarked paths visible from the air guided the searchers in their grim task, a job that took months. Police enforced tight control over the crash site and morgue, leading some news crews to sneak surreptitious shots of these areas.

Radio & Television News Directors Association of Canada Collection 1987-0092
December 1985
ATV Evening News
V1 8702-0037

. . . Catastrophe aérienne à Gander

▶ Il n'y a eu aucun survivant parmi les 250 soldats américains et huit membres d'équipage qui se trouvaient à bord d'un DC-8 lorsqu'il s'est écrasé quelques instants après le décollage de l'aéroport international de Gander. L'avion en flammes a glissé sur une distance de 400 mètres à travers une région boisée, située près de la transcanadienne. Les membres de la 101e division aéroportée rentraient chez eux pour Noël après six mois au Proche-Orient. Un hangar de l'aéroport a été transformé temporairement en morgue lorsque les équipes de secours ont entrepris la tâche de retrouver les corps parmi les débris. Des pistes marquées au ruban et visibles du haut des airs ont guidé les secouristes dans leurs opérations qui ont duré des mois. La police a placé des cordons de sécurité autour du lieu de l'accident et de la morgue, ce qui a obligé certains reporters à se dissimuler pour effectuer des prises de vue de ces endroits.

Fonds de Radio & Television News Directors Association of Canada 1987-0092
Décembre 1985
ATV Evening News
V1 8702-0037

28 January 1986
28 janvier 1986

English

. . . . *Shuttle Disaster*

▶ Only seventy-two seconds after a flawless blastoff, the space shuttle *Challenger* exploded in the clear blue skies above Cape Canaveral, Florida, killing seven crew members including the first "common citizen," school-teacher Christa McAuliffe. Shock and disbelief swept the continent as millions of North Americans watched the raging fireball via live television coverage. Journalists and commentators created a media circus covering every detail relating to the disaster. A congressional investigation later determined that a faulty gasket on the solid rocket booster was the main cause of the explosion. The tragedy of the twenty-fifth NASA shuttle launch raised many questions regarding the validity and future of the space program.

Canadian Broadcasting Corporation Collection 1986-0001
28 January 1986
The National
V4 8601-0064(2)

. . . **Challenger** *se désintègre*

▶ Exactement 72 secondes après un décollage parfait, la navette spatiale *Challenger* explose dans un ciel d'azur, au-dessus du cap Canaveral, en Floride, tuant les sept membres d'équipage, y compris le premier « citoyen ordinaire », une institutrice, Christa McAuliffe. Les réactions à travers le continent allaient de la consternation à l'incrédulité pour les millions de Nord-Américains qui avaient vu la boule de feu d'une luminosité intense, étant donné que les réseaux de télévision couvraient l'événement en direct. Les journalistes et les commentateurs ont accordé beaucoup d'attention à la nouvelle et chaque détail se rapportant au désastre a fait l'objet d'une couverture en profondeur. Une enquête du Congrès a déterminé par la suite qu'un joint défectueux sur le moteur d'appoint était la principale cause de l'explosion. La tragédie entourant le lancement de la vingt-cinquième navette par la NASA a soulevé de nombreuses questions sur la validité et l'avenir du programme spatial.

Fonds de la Société Radio-Canada 1986-0001
28 janvier 1986
The National
V4 8601-0064(2)

. . . Chernobyl Reactor Blows

▶ This report brought Canadians the much delayed news of the catastrophic nuclear explosion that spread radiation over half of Europe. Design flaws and human error caused a Soviet nuclear reactor near Kiev in the Ukraine to overheat and explode on 26 April, releasing a plume of radioactive particles that contaminated crops and livestock in Europe and was even detected in minute traces in Canada. The true number of victims will probably never be known. The reality of Chernobyl inspired grave doubts and renewed debate on the safety of nuclear power technology. Incredibly, the Soviets waited two days before warning anyone. Faced with a Soviet refusal to give out virtually any information, including visuals, the CBC turned to still photos, maps, and phoned-in voice reports as well as offering a rare glimpse of the Soviet media tersely announcing the disaster. Elsewhere this silence prompted irresponsible exaggerations of casualties on one hand, and pioneering new use of satellite photos on the other.

Canadian Broadcasting Corporation Collection 1986-0216
28 April 1986
The National
V1 8612-0046

28 April 1986
28 avril 1986

English

. . . Catastrophe nucléaire à Tchernobyl

▶ Ce reportage a renseigné les Canadiens au sujet de la catastrophe nucléaire qui a dispersé des émissions radioactives sur plus de la moitié de l'Europe. Des défauts dans la conception et des erreurs humaines ont entraîné l'explosion d'un réacteur soviétique situé non loin de Kiev, en Ukraine, le 26 avril. Une quantité considérable de produits radioactifs, propulsés dans l'atmosphère, a contaminé les récoltes et le bétail en Europe, et des traces infimes de radioactivité ont été détectées au Canada. On ne connaîtra probablement jamais le nombre exact de victimes. Le grave accident de Tchernobyl a soulevé des doutes sérieux et renouvelé le débat sur la sûreté nucléaire. Aussi invraisemblable que cela puisse paraître, les Soviétiques ont attendu deux jours avant d'avertir qui que ce soit. À cause de ce silence obstiné et du manque de documents visuels, Radio-Canada a dû faire appel à des photographies, des cartes et des reportages téléphoniques, en plus d'offrir un rarissime coup d'œil sur les médias soviétiques annonçant la catastrophe en mots succincts. D'une part, ce silence a laissé libre cours aux rumeurs les plus folles sur le nombre de victimes et, d'autre part, a permis l'utilisation innovatrice des photos obtenues à partir de satellite.

Fonds de la Société Radio-Canada 1986-0216
28 avril 1986
The National
V1 8612-0046

13 October 1986
13 octobre 1986

English

.... Expo 86 Closes

▶ *Expo 86* in Vancouver closed on 13 October 1986 after twenty-two million visitors had been through its gates. It opened to much scepticism and criticism but became the most successful world's fair in North America since *Expo 67*. Its impact on a sagging British Columbia economy continued to be debated but it was undoubtedly a popular success. Knowlton Nash anchors this report by Karen Webb for the CBC *National News*.

Canadian Broadcasting Corporation Collection
13 October 1986
CBC National News
V4 8610-0034(4)

... Fermeture d'Expo 86

▶ *Expo 86*, tenue à Vancouver, s'est terminée le 13 octobre 1986, après avoir reçu 22 millions de visiteurs. Même si l'exposition avait suscité beaucoup de scepticisme et de critiques à ses débuts, elle devait néanmoins se révéler la foire mondiale la plus réussie en Amérique du Nord depuis *Expo 67*. On continue de discuter de ses conséquences sur l'économie chancelante de la Colombie-Britannique, mais qu'elle ait été un succès populaire demeure incontestable. Knowlton Nash présente ce rapport de Karen Webb pour l'émission *National News* de Radio-Canada.

Fonds de la Société Radio-Canada
13 octobre 1986
CBC National News
V4 8610-0034(4)

24 May 1987
24 mai 1987

English

.. *Rick Hansen Completes World Tour*

▶ Rick Hansen completed his Man in Motion world tour, on behalf of spinal cord research, in Vancouver on 23 May 1987, more than two years after he began. Inspired by the runs and success of Terry Fox and Steve Fonyo in raising money for cancer research, Hansen travelled more than 40,000 km by wheelchair through the United States, Europe, Russia, Australia, and China. He barely raised enough contributions to cover expenses until returning to Canada in August 1986. Donations from Canadians mounted steadily and it was estimated that over $18 million had been pledged. Lloyd Robertson introduces this report by Henry Kowalski on the CTV *National News*.

CTV Collection
24 May 1987
CTV National News
V4 8705-0048

. . . *Rick Hansen complète son tour du monde*

▶ Après plus de deux ans, Rick Hansen a terminé à Vancouver, le 23 mai 1987, son voyage autour du monde dans le but de promouvoir la recherche sur la moelle épinière. Inspiré par les exploits de Terry Fox et Steve Fonyo qui avaient recueilli de l'argent pour la recherche sur le cancer, Hansen a parcouru plus de 40 000 kilomètres en fauteuil roulant aux États-Unis, en Europe, en Russie, en Australie et en Chine. Toutefois, jusqu'à son retour au Canada, en août 1986, il avait reçu à peine assez d'argent pour payer ses dépenses. Par la suite, cependant, les dons des Canadiens ont afflué régulièrement et on estime qu'ils se sont élevés à plus de 18 millions de dollars. Lloyd Robertson présente ce reportage d'Henry Kowalski à l'émission *National News* de CTV.

Fonds de CTV
24 mai 1987
CTV National News
V4 8705-0048

115

Newsreels
. . . 1901-1967

Actualités filmées
. . . 1901-1967

1

2

1 *22 October 1901*
22 octobre 1901
Silent, Muet

2 *15 January 1904*
15 janvier 1904
Silent, Muet

. . . . ***Edison – Topical: Duke and Duchess of Cornwall and York Landing at Queenston***

Edison – Topical: Crossing Ice Bridge at Niagara Falls

Edison Topicals 1889-1911
The earliest moving pictures of news events from the turn of the century were called "topicals" or "actualities." Each consisted of a single story. These items would only rarely be considered news-worthy by today's standards – it was sufficient, in those early days, that the picture moved.

These two examples were produced by the Edison Company, one of the most prolific topical producers, founded by the inventor Thomas Edison. The first story shows the royal tour of the Duke and Duchess of Cornwall and York (later King George V and Queen Mary). Using several camera positions, rather sophisticated

for the time, the item was filmed in Queenston, Ontario on 22 October 1901.

The other topical, filmed on 15 January 1904, combines two of the most popular Canadian early news subjects: Niagara Falls and winter activities. The 360 degree pan shows an excursion over the ice bridge, and a huge glacier-like ice mass below the falls. Ice bridges were a popular Niagara attraction until 1912 when one broke up without warning, killing three tourists.

These films owe their survival to paper prints. To prove ownership and protect their work from pirating, filmmakers like Edison filed a copy with the U.S. Copyright Office until a motion picture patent law

was passed in 1912. The copies consisted of long rolls of paper containing a photographic print of every frame in the original film. These paper prints survived long after the original films deteriorated or were destroyed.

Between 1953 and 1965, the Library of Congress in the United States was able to transfer the paper prints back onto film by rephotographing each frame, thus creating a new negative. This produced a priceless collection of 3,000 early film titles, including many Canadian subjects.

...Actualités – Edison : Le duc et la duchesse de Cornwall et York débarquent à Queenston

Actualités – Edison : La traversée du pont de glace aux chutes du Niagara

Actualités – Edison 1889-1911 Les premiers films de nouvelles tournés au début du siècle étaient appelés « actualités ». Chaque film ne décrivait qu'un événement. La plupart de ces événements ne seraient pas jugés assez importants aujourd'hui pour justifier qu'on s'y arrête, mais à l'époque, l'image animée suffisait à susciter l'intérêt.

Ces deux exemples ont été produits par la compagnie Edison, au premier rang des réalisateurs d'actualités, fondée par l'inventeur Thomas Edison. Le premier reportage, qui exploite un sujet populaire, présente la visite royale du duc et de la duchesse de Cornwall et de York (qui allaient devenir le roi George V et la reine Mary). Mettant à profit plusieurs plans de caméra, technique avancée pour l'époque, le reportage a lieu à Queenston, en Ontario, le 22 octobre 1901.

L'autre film d'actualités, tourné le 15 janvier 1904, réunit deux thèmes à succès de cette époque au Canada : les chutes du Niagara et les sports d'hiver. Le panoramique de 360 degrés présente une excursion sur le pont de glace, énorme glacier sous les chutes. Les ponts de glace étaient une attraction populaire à Niagara jusqu'en 1912, lorsque l'un d'entre eux s'est effondré brusquement, causant la mort de trois touristes.

Ces films n'ont survécu que grâce aux épreuves papier. Pour garantir leurs droits de propriété et protéger leurs travaux contre le piratage, les réalisateurs de films comme Edison déposaient une copie auprès du Bureau américain des brevets jusqu'à ce que la loi sur les brevets cinématographiques soit adoptée en 1912. Ces copies étaient de longs rouleaux de papier contenant une épreuve photographique de chaque image du film original. Ces épreuves papier ont survécu alors que les films originaux s'étaient détériorés ou avaient été détruits depuis longtemps.

De 1953 à 1965, la Bibliothèque du Congrès des États-Unis a transféré les épreuves papier sur film en rephotographiant chaque image pour créer un nouveau négatif. Une collection inestimable de 3 000 films anciens, dont plusieurs portaient sur des sujets canadiens, a pu ainsi être reconstituée.

Library of Congress Paper Print Collection 1973-0196
22 October 1901
Duke and Duchess of Cornwall and York Landing at Queenston
7301-1656

15 January 1904
Crossing Ice Bridge at Niagara Falls
7301-3118

Collection Library of Congress Paper Print 1973-0196
22 octobre 1901
Duke and Duchess of Cornwall and York Landing at Queenston
7301-1656

15 janvier 1904
Crossing Ice Bridge at Niagara Falls
7301-3118

1

2

1 *1915*
Silent, Muet

2 *1915-1930*
Silent, Muet

.... *James & Sons: "Beaver's 204th Batallion Sham Battle, High Park, Toronto"*

James & Sons: "40,000 feet of rejected film destroyed by Board of Censors Toronto"

James & Sons 1913-1918

Between 1907 and 1911 the silent newsreel as we think of it today took shape. The formula would remain essentially unchanged until the introduction of sound. These compilations of news items reached the movie-going public at a rate of one or two each week.

The newsreel business eventually became dominated by big international companies, but James & Sons was typical of dozens of independent local newsreel companies which briefly flourished around World War I. William James was a Toronto news photographer who branched out into motion picture news.

The sham battle, a tournament-like military exercise, in the first story is typical of how newsfilm of the time treated war — as a carefree glamourous adventure. Such depictions were utterly unrelated to the grim horrors of the trenches awaiting these enthusiastic recruits.

The second story shows members of the censor board destroying some film footage. While the event was recorded for this James & Sons newsreel, no record of the film-burning could be located in newspapers, trade magazines, or even censor board records. We suggest that the footage being burned was perhaps American neutral footage from early in the war and did not sufficiently support the British-

Canadian war effort. The footage may have been pirated from another newsreel company.

To promote his newsreels, James carried out the daring feat of filming Toronto from the open cockpit of a biplane (in winter), possibly the first time Canada was filmed from the air, but unfortunately this footage has not survived as far as we have been able to determine. His newsreels weren't much of a financial success, and James appears to have shut down the newsreel venture in 1918.

... James & Sons : « *Exercice de combat du 204ᵉ bataillon (les Beavers) à High Park, Toronto* »

James & Sons : « *40 000 pieds de film détruits sur l'ordre de la censure à Toronto* »

James & Sons 1913-1918   Entre 1907 et 1911, une méthode de travail allait s'imposer pour les actualités muettes. La formule devait rester en vigueur sans changement jusqu'à l'avènement du cinéma parlant. Ces journaux filmés étaient présentés aux cinéphiles au rythme de un ou deux par semaine.

L'industrie des actualités finit par être dominée par de grandes sociétés internationales, mais James & Sons illustre bien les douzaines de compagnies indépendantes d'actualités locales qui ont connu une brève existence à l'époque de la Première Guerre mondiale. William James était un photographe de reportage de Toronto qui s'est spécialisé dans les films d'actualités.

Le combat simulé du premier reportage, sorte d'exercice militaire de parade, montre bien comment les actualités fil-mées traitaient la guerre à l'époque, comme une aventure insouciante et prestigieuse. Une telle représentation n'a rien à voir avec les horreurs macabres qu'allaient connaître ces recrues enthousiastes dans les tranchées.

Le deuxième reportage nous montre des membres d'une commission de censure en train de détruire des séquences de film. Cet événement a été enregistré pour un film d'actua-lités de James & Sons, mais à notre connaissance il n'est nulle part ailleurs fait mention de films brûlés, que ce soit dans les journaux, les revues spécialisées ou même les dossiers des commissions de censure. Les séquences que l'on brûle ici se rapportaient peut-être à de banales scènes américaines du début de la guerre qui ne faisaient sans doute pas suffisamment la propagande de la participation anglo-canadienne. La séquence a peut-être été plagiée d'une autre compagnie d'actualités.

Afin de faire la publicité de ses actualités filmées, James a eu l'audace de filmer Toronto du cockpit ouvert d'un biplan (en hiver), peut-être le premier métrage aérien de scènes canadiennes qui, malheureusement, n'a pas survécu, du moins d'après nos recherches. La compagnie d'actualités n'a pas eu le succès financier espéré, de sorte que James aurait fermé boutique en 1918.

Norman James Collection
1974-0144
1913
James & Sons
V1 8206 0160(22)

1915
204th Battalion Sham Battle
V1 8206 0160(2)

1915-1920
Ontario Censors Burn 40,000 Feet of Nitrate Film
V1 8206 0160(22)

Fonds Norman James
1974-0144
1913
James & Sons
V1 8206 0160(22)

1915
204th Battalion Sham Battle
V1 8206 0160(2)

1915-1920
Ontario Censors Burn 40,000 Feet of Nitrate Film
V1 8206 0160(22)

.... *Kinograms —*
The New England Edition:
"Making an Indian
out of a Prince"

1919
Silent, Muet

Kinograms 1918-1931

Founded shortly after World War I, *Kinograms* was regarded as one of the best quality newsreels in the 1920s. Terry Ramsaye, a Canadian-born film historian, was the editor. However, this company didn't survive the transition to sound and went out of business in 1931. This New England Edition was one of several regional issues, and was the one Canada received until a Canadian edition was started in October 1919.

The Prince of Wales story demonstrates substantial image loss due to deterioration of the original, a nitrocellulose print. This image deterioration is a common characteristic of old nitrocellulose, or 'nitrate,' film which was the standard 35mm theatrical release format until 1952 when it was finally phased out by manufacturers. Due to its flammable nature elaborate precautions were necessary, especially in the design and operation of projection booths in cinemas.

Dawson City Museum & Historical Society Collection 1979-0191
1919
Kinograms — New England Edition *(head title and Item 7)*
8006 0419

.. Kinograms —
The New England Edition : « Comment faire d'un prince un Indien »

Kinograms 1918-1931 Créé immédiatement après la Première Guerre mondiale, *Kinograms* était jugé dans les années 1920 comme l'un des meilleurs journaux filmés. Terry Ramsaye, historien du cinéma né au Canada, en était le monteur en chef. Toutefois, la compagnie n'a pas survécu à l'avènement du cinéma parlant et a fermé ses portes en 1931. Cette édition de Nouvelle-Angleterre, l'une des nombreuses livraisons régionales, a été distribuée au Canada jusqu'à ce que l'édition canadienne soit entreprise à partir d'octobre 1919.

Le reportage sur le prince de Galles nous fait voir une image dégradée en raison de la qualité médiocre des épreuves cellulosiques de l'époque. C'est là une caractéristique courante des anciens films en nitrocellulose ou des pellicules « nitrate », utilisés pour les productions commerciales jusqu'en 1952, date à laquelle les fabricants ont cessé de les produire. Comme ce matériau était inflammable, il fallait prendre de nombreuses précautions, notamment dans la conception et le fonctionnement des cabines de projection des cinémas.

Collection Dawson City Museum
& Historical Society
1979-0191
1919
Kinograms — New England
Edition *(head title and Item 7)*
8006 0419

1920
Silent, Muet

.........**British Canadian Pathé News:**
"Now you can use your buzz-
wagon all winter long"

British Canadian Pathé
News 1919-1922   *British*
Canadian Pathé News was
Canada's only private company
producing newsreels of national scope. Created by the
Canadian film pioneer, Ernest
Ouimet, it had its origins in
1915 when Ouimet obtained
the rights to distribute the
newsreels of the international
film conglomerate, Pathé. Taking advantage of a strong wartime appetite for film of Canadians at war Ouimet filmed
Canadian news stories to
show along with Pathé's British
and American newsreels.

In January 1919, Ouimet
created *British Canadian Pathé*
News. At its height, *British*
Canadian was issued twice a
week from Montreal and had
cameramen coast to coast. It
was the only Canadian-
controlled newsreel ever to
blend genuine Canadian news

stories with the best international material available. Unfortunately the newsreel service
didn't survive a severe reces-
sion that swept the entire
Canadian film industry in 1922.

The example included in
the exhibition features the
British Canadian lead title
(combining Pathé's famous
rooster symbol with a Canadian beaver), along with a
story taken from the American
Pathé edition. Such "crazy
invention" stories were
longtime newsreel favourites.

Dawson City Museum & Historical
Society Collection 1979-0191
1920
British Canadian Pathé News
5H (head title and Item 4)
8006 0388

.. *British Canadian Pathé News :*
« Pouvoir utiliser son chariot vrombissant tout l'hiver »

British Canadian Pathé News 1919-1922 Le *British Can-adian Pathé News* est le seul exemple au Canada d'actualités filmées produites par une compagnie privée à l'échelle natio-nale. Ce journal, créé par un des pionniers du cinéma au Canada, Ernest Ouimet, remonte à 1915, date à laquelle Ouimet obtient les droits de distribution des actualités du con-glomérat international du film, Pathé. Misant sur l'engouement des Canadiens pour le cinéma pendant la guerre, Ernest Ouimet ajoutait aux actualités britanniques et américaines de Pathé des reportages tournés au Canada.

En janvier 1919, Ouimet crée les *British Canadian Pathé News*. À ses meilleurs moments, le journal était distribué de Montréal deux fois par semaine et avait des cameramen en poste d'un océan à l'autre. Il s'agit du seul journal filmé con-trôlé par des Canadiens à intégrer des reportages vraiment canadiens aux meilleures informations internationales. Mal-heureusement, le service n'a pas survécu à la dure récession qui a ébranlé l'ensemble de l'industrie cinématographique canadienne en 1922.

L'exemple de l'exposition présente le grand titre *British Canadian* (regroupant le fameux emblème de Pathé, le coq, et le castor canadien), de même qu'un reportage de l'édition américaine du Pathé-journal. Ces reportages « farfelus » ont eu longtemps la faveur du public.

........*Pathescope —*
Canadian National Pictorial:
"Claiming the Colors"

1921
Silent, Muet

**Canadian National Pictorial
1919-1921**   The *Canadian National Pictorial* was an early attempt by the federal government to maintain a distinctive Canadian newsreel. The *Pictorial* was produced from 1919 to 1921 by the private firm of Pathescope but funded and supervised by the Canadian Government Motion Picture Bureau (which preceded the National Film Board). In reaction to a growing domination by American giants like Fox News, the *Pictorial* emphasized Canadian and British stories as well as promoting Canadian industry.

This story highlighted the still fresh memories of World War I. An Ottawa regiment (now the Cameron Highlanders of Ottawa) reclaims its regimental colours in the Dominion Chalmers Church on Cooper Street after the war.

Ernest Belton Collection
1975-0207
1921
Canadian National Pictorial Logo
7903 0073(1)

Moravian Church Collection
1977-0231
1921
Claiming the Colours
8605 0049

Pathescope — Canadian National Pictorial : « Retour du drapeau »

Canadian National Pictorial 1919-1921   Le *Canadian National Pictorial* a été l'une des premières tentatives du gouvernement fédéral pour produire des actualités distinctement canadiennes. Le *Pictorial* a été produit de 1919 à 1921 par la compagnie privée Pathescope mais était subventionné et supervisé par le Bureau de cinématographie du gouvernement canadien, prédécesseur de l'Office national du film. En réaction à l'influence grandissante des géants américains tels que Fox News, le *Pictorial* mettait l'accent sur les nouvelles canadiennes et britanniques et sur l'industrie canadienne.

Ce reportage rappelle des souvenirs de la Grande Guerre. Un régiment d'Ottawa (aujourd'hui les Cameron Highlanders d'Ottawa) récupère le drapeau du régiment après la guerre à l'église Dominion Chalmers, rue Cooper.

Fonds Ernest Belton
1975-0207
1921
Canadian National Pictorial Logo
7903 0073(1)

Fonds de la Moravian Church
1977-0231
1921
Claiming the Colours
8605 0049

.... **Canadian Paramount
News — # 28:
"Governor-General's Body
Guard, Canada's oldest cavalry
troop, rehearse"**

1934
English

**Canadian Paramount News
1927-1957** The form and
content of newsreels remained
fairly constant for almost
twenty years, until after the
widespread introduction of
sound technology beginning
in 1927. The addition of sound
created both new opportuni-
ties and new limitations for
newsreel coverage. Sound
enhanced the impact of the
newsreel but the additional
technical complications of
recording sound on location
resulted in a heavy reliance
on studio narration and sound
effects, particularly for
companies with limited
resources.

The high cost of produc-
ing sound newsreels led to vir-
tual worldwide domination by
huge American newsreel companies, the "big five" of Fox,
Pathé, Paramount, Hearst and
Universal. An attempt to set
up a sound newsreel controlled by Canadians, *Canadian
Sound News*, never got off the
ground and newsreel pro-
duction in Canada became a
branch plant of the American
industry.

To meet Canadian content
quotas imposed in some provinces, token Canadian stories were inserted into American newsreels to produce
Canadian editions. While the
film may have been shot in
Canada, the stories were writ-
ten, edited, and narrated by
Americans. Not until 1942 did
Paramount hire the first Canadian, Winston Barron, to narrate
their Canadian edition,
Canadian Paramount News.

After sound was introduced
the newsreel's structure
remained essentially unchanged until the medium died in
the late 1960s. Introduced by
a rousing musical signature,
each ten minute issue contained five to seven stories
with narration and music. Produced by Hollywood studios
and shown with feature films,
newsreels put a lot of entertainment into their news presentation with enthusiastic and
often flippant narration.

In the heyday of the news-reels there was often cutthroat competition among the "big five." Cameramen roamed the world and companies spared no expense to be the first to exhibit film of a major event, sometimes the day it happened, but usually within the week.

This issue of *Canadian Paramount News* comes from the early 1930s, generally regarded as the peak of newsreel popularity and crafts-manship. This high-speed train story shows extremely fine work. It makes use of day and night shots, interiors, exteriors, aerial shots — even a view of the train rushing towards and over the camera. In contrast, the token Canadian stories appear static and the subject matter unimaginative. The closing title sequences show an interesting view of an Akeley camera. A favourite among newsreel cameramen, the Akeley was affectionately dubbed the "pancake camera." Both a silent and a sound Akeley camera can be viewed on display in the exhibit.

John Rodgers Collection
1983-0352
1934
Canadian Paramount News # 28
8406 0168

1934
English

........Canadian Paramount News — # 28 :
« La garde du gouverneur général, le plus ancien régiment de cavalerie
au Canada, à l'entraînement »

Canadian Paramount News 1927-1957   Le contenu et la forme des actualités sont demeurés sensiblement les mêmes pendant près de vingt ans, jusqu'à la généralisation du cinéma parlant à partir de 1927. L'introduction du son a entraîné à la fois de nouvelles perspectives et des restrictions pour les actualités filmées. Le son dynamisait les journaux filmés mais les difficultés techniques supplémentaires d'enregistrement du son sur place ont abouti à de nombreux tournages en studio, avec effets sonores, notamment dans le cas des compagnies ayant des ressources limitées.

Le coût élevé des productions d'actualités parlantes a favorisé l'oligopole quasi absolu des grandes sociétés d'actualités américaines, les cinq géants Fox, Pathé, Paramount, Hearst et Universal. La tentative de créer un journal parlé contrôlé par des Canadiens, *Canadian Sound News*, n'a jamais abouti, et la production des actualités canadiennes est devenue l'affaire d'une filiale de l'industrie américaine.

Pour respecter le contenu canadien imposé par certaines provinces, des reportages canadiens symboliques étaient insérés dans les actualités américaines destinées au Canada. Même si le tournage pouvait se faire au Canada, les reportages étaient écrits, montés et commentés par des Américains. Il fallut attendre 1942 pour que Paramount engage un Canadien, Winston Barron, comme narrateur de la version canadienne, *Canadian Paramount News*.

Après l'introduction du son, la présentation des actualités est demeurée sensiblement la même jusqu'à ce que cette formule disparaisse complètement à la fin des années 1960. Après une stimulante introduction musicale, chaque séquence de dix minutes comprenait de cinq à sept reportages accompagnés d'une narration et de musique. Produites dans les studios de Hollywood et présentées dans les cinémas en même temps que les longs métrages, les actualités visaient à accrocher le public par une présentation des informations accompagnée d'un commentaire enthousiaste et souvent désinvolte.

À la belle époque des actualités, la concurrence était souvent féroce parmi les « cinq géants ». Les cameramen parcouraient le monde, et les sociétés ne regardaient pas à la dépense pour être les premières à présenter un film sur un événement important, quelquefois le jour même, mais le plus souvent dans la semaine.

Cette livraison de *Canadian Paramount News* date du début des années 1930, époque généralement considérée comme l'apogée de la popularité et de l'art des actualités. Le reportage sur le train à grande vitesse est fort bien réussi. Il présente des plans de jour et de nuit, d'intérieur et d'extérieur, des prises de vue aériennes — et même un gros plan sur le train qui fonce sur la caméra pour passer par-dessus. Par contraste, les reportages canadiens symboliques semblent statiques et le sujet sans imagination. La mention de clôture comprend une vue d'une caméra Akeley. C'était la préférée des reporters-cameramen, qui l'avaient surnommée affectueusement « pancake camera ». Deux caméras Akeley, une caméra muette et une caméra sonore, sont en montre dans cette exposition.

Fonds John Rodgers 1983-0352
1934
Canadian Paramount News *# 28*
8406 0168

1

2

1 *1942*
Français

2 *1943*
Français

. . . . **National Film Board of**
Canada — Les Actualités:
"Our Canadian women in
the army and air force"

National Film Board of Canada — Les Reportages: "Don't Wait!"

National Film Board
American companies, which provided most of the news-reels available in Canada, had largely ignored the country's French-speaking population. The creation of the National Film Board of Canada (NFB) in 1939, attempted to redress this imbalance and serve English and French Canadians equally.

Thus an important aspect of the NFB's newsreel department, created in September 1942, was a French newsreel service. Two series, *Les Reportages* and *Les Actualités cana-diennes* were produced. Issued every week, the French newsreel combined translated English news stories with sto-ries shot especially for a French audience.

The new NFB newsreel was especially welcome since imports of French-language film to Quebec vanished when the Germans occupied France in 1941. In fact the NFB rever-sed the flow in 1944 when liberated France and Belgium provided a considerable, if brief, export market for the NFB's French newsreels until the war-ravaged European film industry got on its feet again.

The series retitled *Coup d'oeil* in 1946, shifted its emphasis gradually from news to more of a feature and documentary style production with the advent of television news in the early 1950s.

The voices heard are the well known narrators Gérard Arthur in the first report and Jean Nolin in the second.

National Film Board Collection
1942
Les Actualités canadiennes
V1 8302 0050(3)

1942
Nos Canadiennes dans l'armée et l'aviation
V1 8210 0088(3)

1943
Les Reportages
8010 0492

1943
Faites vite
8010 0492

.. L'Office national du film du Canada — Les Actualités : « Nos Canadiennes dans l'armée et l'aviation »

L'Office national du film du Canada — Les Reportages : « Faites vite! »

Office national du film   Les sociétés américaines, qui produisaient la plupart des actualités distribuées au Canada, avaient largement ignoré la population canadienne-française. La création de l'Office national du film du Canada (ONF) en 1939 comblait cette lacune. Dès le début, l'ONF adopta le principe de l'égalité et dispensa des services équivalents aux populations de langue française et de langue anglaise du Canada.

C'est ainsi que les actualités en langue française, créées en septembre 1942, devinrent un élément important du service d'information de l'ONF. Deux séries, *Les Reportages* et *Les Actualités canadiennes*, ont été produites. Distribuées chaque semaine, les actualités françaises regroupaient des reportages anglais traduits et des reportages tournés expressément à l'intention de l'auditoire francophone.

Les actualités de l'ONF ont été particulièrement appréciées lorsque les importations de films français ont été bloquées par l'occupation allemande de la France en 1941. En fait, l'ONF a instauré des échanges en sens inverse en 1944 lorsque la France et la Belgique libérées sont devenues pendant un bref moment un vaste marché d'exportation pour les actualités francophones de l'ONF, en attendant que l'industrie cinématographique européenne ravagée par la guerre puisse se réorganiser.

Rebaptisée *Coup d'œil* en 1946, la série a délaissé de plus en plus les informations pour se tourner vers les grands reportages et les documentaires, au moment où les bulletins de nouvelles télévisés ont commencé à lui faire concurrence au début des années 1950.

Les voix que l'on entend sont celles des narrateurs bien connus Gérard Arthur, dans le premier reportage, et Jean Nolin, dans le second.

Fonds de l'Office national du film
1942
Les Actualités canadiennes
V1 8302 0050(3)

1942
Nos Canadiennes dans l'armée et l'aviation
V1 8210 0088(3)

1943
Les Reportages
8010 0492

1943
Faites vite
8010 0492

133

.... *Canadian Army Film Unit —*
Canadian Army Newsreel # 103:
"1945 in Review"

1945
English

Canadian Army Film Unit

1941-1946 World War II shifted control of newsreel production from the private sector to government. The Canadian Army Film Unit was created in October 1941 to promote the army's role in the war effort. They trained their own soldiers as cameramen and attached them to fighting units. These battle films were widely used by civilian companies, and were also incorporated into the *Canadian Army Newsreel* which was shown to Canadian troops overseas.

The short history of the Canadian Army Film Unit was an exciting one. Before the unit was formed, the Canadian Army was almost completely ignored by the big international newsreels. To remedy this, the army searched its own ranks for men who had worked in film before enlisting. The few they found taught the camera trade to scores of soldiers with no previous experience. Still photographers joined the ranks in 1943 when the unit was expanded and renamed the Canadian Army Film and Photo Unit.

Following troops into the thick of battle, the film unit's casualty rate was high, with dozens wounded and three killed. In some of the war's biggest battles, the tough and resourceful film unit not only captured the most dramatic shots, but also got them to homefront audiences long before the larger and better equipped American and British units. Their vivid battle footage thus assured a high profile for the Canadian Army in newsreels around the world.

The unit also made documentaries, but unlike the National Film Board was primarily news oriented. By the time they disbanded when

Canadians left Europe in 1946, the 300 men and women who served in the unit had produced over a half million metres of film. Many members went on to careers with the Canadian Broadcasting Corporation, the National Film Board, or as newsreel cameramen at Associated Screen News.

One of their last productions is included in the exhibit: *Canadian Army Newsreel # 103 — "1945 in Review."* It uses some of the battle footage also used in civilian newsreels. However, since intended solely for army audiences, many of the stories focus on everyday army life (cleaning rifles, cooking, inspections, etc.) or show the less glamorous work of supply and engineering units. Subtle touches such as the window panes shaking from artillery blasts, show the polished work some cameramen had achieved. Crippled or dead Canadians were of course never shown. In fact the brief shot of German corpses in this edition was one of the few times that dead were ever depicted.

J.P. Rigby Collection 1973-0162
1945
Canadian Army Newsreel *# 103*
— "1945 in Review"
13-0155

1945
English

.........*Canadian Army Film Unit —*
  Canadian Army Newsreel # 103: « Revue de l'année 1945 »

L'unité du film de l'armée canadienne 1941-1946   C'est
au cours de la Deuxième Guerre mondiale que le contrôle de
la production des actualités est passé du secteur privé au
secteur public. L'unité du film de l'armée canadienne a été
créée en octobre 1941 pour promouvoir le rôle de l'armée
dans l'effort de guerre. L'armée a formé un certain nombre de
ses membres comme cameramen et les a envoyés en première ligne avec les unités combattantes. Ces films de
bataille ont ensuite été utilisés par les compagnies civiles et
ont été incorporés également dans les actualités de l'armée
canadienne qui étaient présentées aux troupes du Canada
en Europe.

La brève histoire de l'unité du film de l'armée canadienne
est passionnante. Avant la création de l'unité, l'armée canadienne était pour ainsi dire ignorée dans les actualités internationales. Pour remédier à cette situation, l'armée a cherché
dans ses propres rangs des hommes qui, avant de s'enrôler,
avaient travaillé dans l'industrie cinématographique. Elle en
trouva quelques-uns, qui se sont mis à enseigner le métier de
cameraman à des douzaines de soldats sans expérience préa-
lable. Des photographes se sont enrôlés en 1943 lorsque
l'unité a augmenté ses effectifs et est devenue l'unité du
film et de la photographie de l'armée canadienne.

Ces cameramen suivaient les troupes au plus fort de la bataille et les pertes ont été nombreuses : des douzaines de blessés et trois morts. À l'occasion des affrontements les plus violents de la guerre, la rude équipe de l'unité du film, pleine de ressources et se moquant du danger, a non seulement filmé les scènes les plus spectaculaires mais elle a réussi à les retransmettre aux spectateurs bien avant les reportages des unités américaines et britanniques plus nombreuses et mieux équipées. Ces vibrants reportages sur les combats faisaient valoir l'armée canadienne dans les actualités présentées partout dans le monde.

L'unité tournait également des documentaires mais, contrairement à l'Office national du film, s'intéressait surtout à l'information. Au moment de son démantèlement en 1946, date à laquelle les Canadiens ont quitté l'Europe, l'unité avait employé 300 hommes et femmes et produit plus de 500 000 mètres de film. Nombreux sont ceux qui ont poursuivi leur carrière à Radio-Canada, à l'Office national du film ou, comme reporters-cameramen, à l'Associated Screen News.

L'exposition présente l'une des dernières productions du service : *Canadian Army Newsreel* n° 103 — « *1945 in Review* ». Elle reprend des scènes du front, également présentées dans les actualités civiles. Toutefois, étant donné que ces scènes étaient surtout destinées aux militaires, les reportages insistent particulièrement sur la vie militaire quotidienne (nettoyage des fusils, cuisine, inspections, etc.) ou montre le travail peu glorieux des services d'approvisionnement et du génie. De subtiles prises de vue, comme celles des fenêtres secouées par le feu de l'artillerie, montrent de quel travail soigné certains de ces cameramen étaient capables. Naturellement, on ne montrait jamais de Canadiens amputés ou morts. À vrai dire, les quelques images de cadavres d'Allemands de cette édition sont exceptionnelles.

Fonds J.P. Rigby 1973-0162
1945
Canadian Army Newsreel
 # 103 — « 1945 In Review »
13-0155

.... *Associated Screen News —*
Canadian Headlines of 1952:
"1952, year of development,
year of destiny for Canada"

1952
English

Associated Screen News
1920-1952 The only Canadian company to consistently produce newsreel footage on a large scale was Associated Screen News of Montreal. For over 30 years, from 1920 to 1952, Associated Screen News provided most of the Canadian stories to appear in American and British-made newsreels.

ASN was founded in 1920 as a branch of an American company. The parent company soon disappeared, but the Canadian operation remained prosperous, backed by investment from the Canadian Pacific Railway. ASN never issued its own newsreel, but instead supplied news stories to nearly all the big American companies. This was a guaranteed market for ASN, thanks to Canadian content quotas imposed by several provinces, requiring 35 per cent Canadian material in American newsreels entering Canada.

Several famous cameramen worked for ASN, one of the most famous being Roy Tash. Starting with Laurier's funeral in 1919, Tash spent almost fifty years as a Canadian newsreel cameraman. He became famous for his film of the Dionne Quintuplets. As Canadian film historian Peter Morris observed, no Canadian news event was complete without Tash and his movie camera (which is on display in this exhibition), the same camera he used for fifty years. Another popular ASN cameraman was Lucien Roy who filmed the Moose River Mining disaster in 1936. Later, on wartime assignment for ASN, Lucien Roy was killed in an aircrash.

With the coming of sound, ASN purchased several sound trucks in 1931 to record on-location. The company also opened the nation's first sound studio in 1936 to accommodate the documentaries and industrial films it was producing. ASN operated the largest film lab in the country, and during World War II was a centre of film activity second only to the National Film Board. Several members of ASN's staff enlisted to become the core of the Canadian Army Film Unit in the 1940s.

ASN continued to shoot for newsreels until the early 1950s when the advent of television began to dry up demand for newsreel footage. The company later became Associated Screen Industries, and was eventually absorbed by Astral Bellevue Pathé.

The ASN newsreel represented in this exhibit, *Canadian Headlines*, was an annual edition which packaged the year's best news film in a year-in-review format. It used several theatrical devices reminiscent of the popular American documentary series, the *March of Time*. One consistent hallmark was an actor playing some variation of the Father Time role

The *Headlines* series provide an excellent summary of the era's news themes with the post-war economic enthusiasm and cold war rhetoric of this 1952 edition typical of the time. The reference in this edition to Canadians waiting so long for television refers to the years taken up with government studies and political deliberations before television was introduced in the fall of 1952. The coming of television soon spelled the end of the newsreel and this *Canadian Headlines of 1952*, directed by film pioneer Gordon Sparling, is believed to be the last that ASN produced.

Associated Screen News Ltd.
Collection 1973-0127
1952
Canadian Headlines of 1952
V1 8212 0078

1952
English

.... **Asssociated Screen News – Canadian Headlines of 1952 :**
« 1952, année d'évolution, année marquante pour l'avenir du Canada »

Associated Screen News 1920-1952   La seule compagnie canadienne à produire régulièrement des actualités en tant qu'activité importante a été Associated Screen News de Montréal. Pendant plus de trente ans, de 1920 à 1952, cette compagnie a fourni la majorité des nouvelles en provenance du Canada qui étaient intercalées dans les actualités américaines et britanniques.

ASN a été fondée en 1920 comme filiale d'une compagnie américaine. La maison mère est disparue rapidement, mais l'exploitation canadienne est demeurée prospère, soutenue financièrement par le Canadien Pacifique. ASN ne produisait pas son propre journal filmé mais fournissait des reportages à pratiquement toutes les grandes sociétés américaines. Il s'agissait d'un marché garanti, grâce au quota de contenu canadien imposé par plusieurs provinces, qui exigeait 35 pour 100 de reportages canadiens dans les actualités américaines importées au Canada.

Plusieurs cameramen célèbres ont travaillé pour ASN; un des plus connus est sans doute Roy Tash. Ayant fait ses débuts aux funérailles de Laurier en 1919, Tash a consacré près de cinquante ans à son métier de cameraman au Canada. Sa célébrité a été assurée par son film sur les quintuplées Dionne. Comme l'a fait remarquer l'historien du cinéma Peter Morris, les informations canadiennes n'étaient pas complètes sans les prises de vue de Roy Tash, qui conserva la même caméra pendant cinquante ans (elle est en montre à l'exposition). Lucien Roy est un autre cameraman célèbre d'ASN; on lui doit le tournage de la catastrophe minière de Moose River en 1936. Il devait par la suite, comme correspondant de guerre d'ASN, périr dans un accident d'avion.

Avec la généralisation du cinéma parlant, ASN a fait l'acquisition de plusieurs camions d'enregistrement en 1931 afin d'effectuer des prises de son sur place. La compagnie a également ouvert en 1936 le premier auditorium au Canada pour appuyer ses productions de documentaires et de films industriels. ASN exploitait le plus grand laboratoire cinématographique du Canada et, pendant la Deuxième Guerre mondiale, était un centre de production cinématographique qui n'était surpassé en envergure que par l'Office national du film. Un grand nombre d'employés d'ASN se sont enrôlés pour former l'équipe de base de l'unité du film de l'armée canadienne pendant les années 1940.

ASN a continué de tourner des actualités jusqu'au début des années 1950, lorsque la généralisation de la télévision a commencé à saper la demande d'actualités filmées. L'entreprise a par la suite pris le nom d'Associated Screen Industries, pour finir par être absorbée par l'actuelle Astral Bellevue Pathé.

Les actualités d'ASN présentées dans l'exposition, *Canadian Headlines*, étaient une édition annuelle qui réunissait les meilleurs reportages de l'année dans un film de synthèse. Elles font appel à de nombreux éléments spectaculaires, peut-être empruntés à la populaire série documentaire américaine, *March of Time*. L'un de leurs caractères distinctifs est un acteur qui joue une variante du rôle de Father Time.

La série *Headlines* présente un excellent résumé des thèmes d'actualité de l'époque, laissant transparaître l'optimisme économique d'après-guerre et l'escalade de la guerre froide dans cette édition de 1952. La longue attente des Canadiens pour avoir droit à la télévision, dont il est question ici, est due aux années d'études gouvernementales et aux débats politiques qui ont précédé l'introduction de la télévision au Canada à l'automne de 1952. La télévision a sonné le glas des actualités filmées et ce bulletin de *Canadian Headlines* de 1952 est considéré comme la dernière production d'ASN.

Fonds de l'Associated Screen News Ltd. 1973-0127
1952
Canadian Headlines of 1952
V1 8212 0078

.... ***News of the Day # 214 & 260***
"Rodeo goes to the Astrodome"

1967
English

News of the Day 1936-1967

The expansion of television during the 1950s and 1960s slowly made newsreels obsolete, until the introduction of colour transmission in the late 1960s ended their commercial viability. The last newsreel — British Movietone News — ceased production on 27 May 1972. During the final phase, newsreel coverage leaned more and more toward entertainment and to exploiting their one final advantage — the more polished look of the final product.

Newsreel companies flirted with innovations, like wireless transmission of film, more in-depth coverage of news issues and even three-dimension newsreels. However, as newsreel historian Raymond Fielding pointed out, newsreels ultimately remained frozen in the format they took when sound was introduced in 1927.

Early television news copied the newsreel format almost completely, with music and off-screen, often flippant narration — even intertitles. CBC's *Newsmagazine* closely followed newsreel style for its first decade and several early news shows even used the title *Newsreel*.

However, television aggressively developed technology such as lightweight cameras, satellite feeds, TV graphics and colour. Combined with more serious journalistic traditions inherited from radio and print, television's technical edge gave it a huge advantage over the essentially static newsreel.

Faced with this competition, Canadian and American newsreel companies died one by one until the last, Universal News, closed its door in December 1967. The British edition of Fox Movietone

News kept producing until 1972, mainly because of government contracts to produce overseas films.

News of the Day also ceased in 1967, a month before Universal. It had been produced by the Hearst newspaper empire, a maker of newsreels since 1914.

Several features of this issue of *News of the Day* show something of the last days of the newsreel. The opening title sequence capitalizes on the fancy visual effects possible on film, but, at that time, not in television. Although television news may also have broadcast the space story, the newsreel put it to better use on the big screen. The juxtaposing of tragic air crashes and pregnant pandas indicates newsreels were falling back on two of their favourite staples: disaster spectacle and animal fluff. And *News of the Day* still contained a few Canadian stories inserted amidst American material. Many of these were made from film footage supplied by the National Film Board.

Canadian Film Institute Collection
1975-0206
1967
News of the Day *# 214*
V1 8704 0023(1)

1967
News of the Day *# 260*
V1 8704 0023(2)

1967
English

. . . . **News of the Day # 214 & 260 : « Un rodéo à l'Astrodome »**

News of the Day 1936-1967   L'évolution de la télévision pendant les années 1950 et 1960 a rendu peu à peu les actualités désuètes, jusqu'à ce que l'introduction de la couleur, à la fin des années 1960, mette un terme à leur rentabilité commerciale. Les dernières actualités — les British Movietone News — ont cessé d'être produites le 27 mai 1972. Dans les derniers temps, les réalisateurs d'actualités filmées se sont préoccupés de plus en plus du divertissement des spectateurs et se sont appliqués à utiliser à fond leur dernier avantage, la qualité du produit fini.

Les compagnies d'actualités faisaient tout leur possible pour innover, par exemple par des transmissions sans fil de films, des reportages détaillés sur les grandes questions du jour et même des projections en trois dimensions! Toutefois, comme le signale le spécialiste en histoire des actualités Raymond Fielding, en définitive les actualités filmées sont restées figées dans la formule adoptée lors de la généralisation du son en 1927.

Les premiers journaux télévisés ont copié la formule des actualités presque point par point, avec de la musique, un commentateur invisible, souvent désinvolte, et même des titres intermédiaires. Le *Newsmagazine* de CBC imita de près pendant une dizaine d'années le style des actualités et les premières productions portent même le titre de *Newsreel* (actualités).

La télévision, toutefois, n'a pas tardé à mettre au point de nouvelles techniques, comme celle des caméras légères, des transmissions par satellite, des graphiques télévisuels et, bien sûr, la couleur. Bénéficiant en plus de traditions journalistiques plus sérieuses, héritées de la radio et de la presse écrite, la télévision a largement devancé sur le plan technique les anciennes actualités à caractère essentiellement statique.

Devant cette concurrence, les compagnies d'actualités canadiennes et américaines ont disparu l'une après l'autre, la dernière étant Universal News, qui a fermé ses portes en décembre 1967. L'édition britannique de Fox Movietone News est demeurée en production jusqu'en 1972, surtout en raison de contrats gouvernementaux visant la réalisation de films à l'étranger.

News of the Day a cessé d'exister, pour sa part, en 1967, soit un mois avant Universal. Sa production était assurée par le magnat de la presse Hearst, qui finançait des actualités depuis 1914.

Plusieurs éléments de cette édition de *News of the Day* sont caractéristiques des derniers jours des actualités. Le titrage initial tire parti des effets visuels sophistiqués que rendait possible le cinéma. Même si la télévision aurait pu diffuser ce reportage sur l'aéronautique, elle ne pouvait pas compter comme les actualités sur l'avantage du grand écran. La juxtaposition de catastrophes aériennes et de pandas en gestation montre une fois de plus que les actualités en revenaient volontiers à leurs deux formules privilégiées : le spectacle de catastrophes et l'image pathétique d'animaux. Enfin, *News of the Day* présentait encore quelques reportages canadiens insérés parmi les informations américaines. Bon nombre d'entre eux provenaient de séquences fournies par l'Office national du film.

Fonds de l'Institut canadien du film 1975-0206
1967
News of the Day # 214
V1 8704 0023(1)

1967
News of the Day # 260
V1 8704 0023(2)

Newsreels
...Artifacts

Actualités filmées
...Objets

circa 1912
vers 1912

·········*Williamson 35 mm Camera*

▶ This is a typical early 1900s camera using a weighted hand crank transport system to help promote constant film speed. Its teak construction with flush brass bindings was designed for the tropics to reduce expansion and shrinkage in the wood body. The camera has square wooden film cassettes, one above the other, and uses the patented Williamson film transport mechanism. The lens is an Aldis Ensign 50.8 mm f 3.1 lens and is mounted in a focusing mount. This 35 mm camera was manufactured in London, England by the Williamson Kine Co. Ltd.

NMST # 820331

···*Caméra Williamson 35 mm*

▶ Voici une caméra typique du début du siècle actionnée par une manivelle plombée favorisant un déroulement régulier de la pellicule. L'utilisation de teck dans la construction du boîtier à étrier en laiton encastré permettait d'en réduire la dilatation et la contraction en région tropicale. La caméra utilise des cassettes de pellicule carrées en bois, une au-dessus de l'autre, et un mécanisme d'entraînement Williamson. La lentille est une Aldis Ensign de 50,8 mm f 3,1, montée sur le mécanisme de mise au point. Cette caméra 35 mm a été fabriquée à Londres par la compagnie Williamson Kine Co. Ltd.

NMST # 820331

Dimensions	L 32 cm	W 15 cm	H 31 cm
	L 32 cm	La 15 cm	H 31 cm

1912

...*Schneider Junior Professional Camera*

▶ The Schneider Junior Professional 35 mm camera was manufactured by the Eberhart Schneider German-American Cinematograph and Film Company, one of the first manufacturers to market their cinema cameras in the United States. It was made outside of the Edison patent and it, along with others, were subjects of a long and bitter dispute known as the patent wars. The Schneider Junior Professional had an extremely simple yet effective mechanism in which the hand crank, film take up and displacement all worked off one central sprocketed drive roller.

Cinémathèque québécoise loan

...*Caméra Schneider Junior Professional*

▶ La société Eberhart Schneider German-American Cinematograph and Film Company, qui fabriquait la caméra 35 mm Schneider Junior Professional, a été l'une des premières entreprises à commercialiser aux États-Unis des caméras de cinéma. Cette caméra n'était pas fabriquée selon le brevet d'Edison et a fait l'objet, avec plusieurs autres, d'un long et âpre litige, appelé « guerre des brevets ». Le mécanisme de la Schneider Junior Professional était très simple et efficace : la manivelle ainsi que les dispositifs de réception et de déplacement de la pellicule étaient tous reliés à un rouleau d'entraînement central denté.

Prêt de la Cinémathèque québécoise

Dimensions	17 cm	24 cm	29 cm

circa 1920s
vers les années 1920

.........Akeley 35 mm Camera

▶ The Akeley camera was designed by American, Carl Akeley in 1918 to record wildlife on his expeditions to Africa. Its distinctive shape gave it the nickname of the "Pancake-Akeley," and it was a favourite of newsreel and documentary filmmakers well into the late 1930s. In its day, the Akeley would have been considered a lightweight and versatile camera. The close alignment of finder and objective lens, quick lens and film magazine changes, and its smooth pan and tilt tripod make the Akeley a preferred camera for on-location filming. The Akeley on display in the exhibit was used by cameraman William J. Wienand Jr. during his career as a freelance newsreel stringer from the early 1930s until 1948.

NMST # 870111

...Caméra Akeley 35 mm

▶ La caméra Akeley a été réalisée par l'américain Carl Akeley en 1918 pour enregistrer des scènes de la faune lors de ses expéditions en Afrique. Sa forme particulière lui a valu le surnom de « Pancake-Akeley », et les réalisateurs d'actualités et de documentaires jusqu'à la fin des années 1930 en firent leur caméra favorite. À cette époque, la caméra Akeley était considérée légère et adaptable. L'excellente coordination du viseur et de l'objectif, la rapidité de substitution des lentilles et du chargeur de pellicule, de même que son axe lisse et son trépied incliné, faisaient de la caméra Akeley un instrument de choix pour les tournages sur place. La caméra en montre dans cette exposition a été utilisée par William J. Wienand fils au cours de sa carrière comme caméraman indépendant, du début des années 1930 à 1948.

NMST # 870111

Dimensions	18″	10″	18″
	18 po	10 po	18 po

150

1925

...Debrie Parvo 35 mm Camera

► André Debrie began the manufacture of cameras in France in 1908 and this Debrie Parvo from the 1920s was marketed in both wooden and metal models. It was a popular camera in Europe and North America and sold for $1,250 in 1923. Small and lightweight it was normally used on a tripod and could be hand cranked as well as driven by a motor. Its coaxial magazine was space efficient but often difficult to load.

Cinémathèque québécoise loan

...Caméra Parvo 35 mm de Debrie

► André Debrie a commencé à fabriquer des caméras en France en 1908 et cette Parvo, réalisée dans les années 1920, se présentait en deux modèles, l'un en bois et l'autre en métal. Elle se vendait aussi bien en Amérique du Nord qu'en Europe, au prix de 1 250 $ en 1923. Petite et légère, elle était en général montée sur un trépied et pouvait être actionnée par une manivelle ou un moteur. Son magasin coaxial était compact mais souvent difficile à recharger.

Prêt de la Cinémathèque québécoise

Dimensions   *14 cm*   *19 cm*   *26 cm*

151

1926

.... **DeVry Standard
Automatic Camera**

▶ The DeVry was a rugged
newsreel camera whose
square metal body lent itself to
the nickname "the lunch box."
Its small size meant that it could
be operated in a hand-held
position comfortably but it
also could be mounted on a
tripod. Driven by a spring-
wound motor, it held 100 foot
spools of 35 mm film allowing only one minute of shooting before reloading was
necessary.

NMST # 870091

...*Caméra automatique standard DeVry*

▶ La caméra d'actualités DeVry était très solide et son boîtier
métallique carré lui a valu le surnom de « boîte à lunch ». Les
petites dimensions de cette caméra permettaient de la manier
confortablement ou de la monter sur trépied. Cette caméra à
ressort contenait des bobines de film 35 mm de 30 mètres qui
ne permettaient de tourner qu'une minute à la fois avant le
changement de la bobine.

NMST # 870091

Dimensions	L 25.2 cm	W 11 cm	H 18.3 cm
	L 25,2 cm	La 11 cm	H 18,3 cm

152

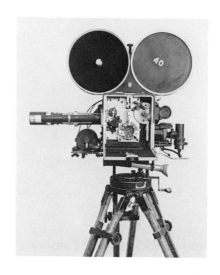

1931

.. Akeley Sound Camera

▶ The Akeley Sound 35 mm camera was one of the first sound newsreel cameras available on the market. A small electrically driven motor provided the constant speed required for synchronous sound recorded directly onto the film. Unlike many larger cameras of the day, the Akeley was still essentially a one-operator camera and was much in demand due to its relative portability. This particular camera was used by Associated Screen News cameraman Roy Tash for over a decade beginning in 1931. Roy Tash was one of Canada's premier newsreel cameramen and his work in sound news film brought him much acclaim. He is often remembered as the cameraman most closely associated with the filming of the Dionne Quintuplets.

Cinémathèque québécoise loan

...Caméra sonore Akeley

▶ La caméra sonore Akeley 35 mm est l'une des premières caméras sonores de reportage vendues sur le marché. Un petit moteur électrique assurait la vitesse constante nécessaire à l'enregistrement synchrone du son. Contrairement à la plupart des grosses caméras de l'époque, le modèle Akeley pouvait être manœuvré par un seul opérateur, ce qui assura son succès. Le cameraman Roy Tash d'Associated Screen News a utilisé l'appareil exposé pendant plus de dix ans à partir de 1931. Roy Tash compte parmi les premiers cameramen d'actualités et ses reportages sonores lui assurèrent la célébrité. On l'associe souvent au filmage des quintuplées Dionne.

Prêt de la Cinémathèque québécoise

Dimensions	25 cm	25 cm	54 cm

153

1938

·········*Mitchell 35 mm BNC Camera*

▶ The California-manufactured Mitchell 35 mm camera was a definite milestone in motion picture camera design when it was first introduced in 1920. It was somewhat similar to an earlier Bell & Howell studio camera but had a simpler pre-viewing system. The Mitchell camera used reciprocal registration pins that held the film perforations with extreme precision during exposure. The BNC (blimped newsreel camera) was introduced in 1934 and although it was very quiet (approximately 21 db) its chief disadvantage was its weight and cumbersomeness (54.5 kg). Accordingly, it was only used as a news camera for speeches, or other planned events, where time allowed the required set up of equipment. The unit on display was used by Crawley Films of Ottawa as a studio soundstage camera. It was used to shoot the television series *RCMP* and the film, *The Luck of Ginger Coffey*.

NMST # 850535

···*Caméra BNC de Mitchell 35 mm*

▶ La caméra Mitchell 35 mm, fabriquée en Californie et commercialisée en 1920, représente une étape importante dans l'évolution des caméras cinématographiques. Elle était de conception analogue à un modèle de studio plus ancien, la Bell & Howell, mais à récepteur-témoin plus simple. La caméra Mitchell avait recours à des contregriffes qui maintenaient avec précision les perforations de la pellicule pendant l'exposition. La BNC (caméra de reportage à blindage insonore) a été commercialisée en 1934 et même si elle est très silencieuse (environ 21 db), elle présente le désavantage d'être lourde et encombrante (54,5 kg). C'est pourquoi elle servait surtout à l'enregistrement de discours ou d'autres manifestations planifiées, où l'on disposait de suffisamment de temps pour installer l'équipement. L'appareil exposé provient de Crawley Films d'Ottawa, qui s'en servait comme caméra de studio. Elle a servi au tournage de la série télévisée *RCMP* et du film *The Luck of Ginger Coffey*.

NMST # 850535

Dimensions	83.5 cm	47 cm	59.5 cm (camera)
	83,5 cm	47 cm	59,5 cm (caméra)

...Eyemo 35 mm Portable Camera

circa 1925-1970
vers 1925-1970

▶ The Eyemo Automatic Portable camera manufactured by Bell & Howell in the United States was perhaps the best-known of all 35 mm newsreel cameras. The ultimate in compact design, the Eyemo was often the camera that got the picture while others were still getting ready. Although a silent camera, images shot by Eyemos were often seen in sound newsreels with a voice-over commentary. During World War II the Eyemo was the front line battle camera used by the Canadian Army Film Unit. Due to its reliability and size, it is said that more Eyemos were built and sold than all other 35 mm cameras combined. It was designed to be used as a hand-held camera or mounted on a tripod and its standard magazine contained a roll of 100 feet of film (enough for a minute of filming) although it could be fitted with much larger magazines.

NMST # 870092

...Caméra portative Eyemo 35 mm

▶ La caméra portative automatique Eyemo, fabriquée par Bell & Howell aux États-Unis, était peut-être la mieux connue de toutes les caméras d'actualités de 35 mm. La plus compacte des caméras sur le marché, l'Eyemo avait une longueur d'avance sur les autres caméras : le temps que les autres soient installées, elle avait fini d'enregistrer les images. Même s'il s'agissait d'une caméra muette, les prises de vue étaient souvent complétées par un commentaire enregistré. Pendant la Deuxième Guerre mondiale, l'Eyemo fut utilisée au front par l'unité du film de l'armée canadienne. Sa fiabilité et son caractère portatif sont les deux facteurs qui expliquent pourquoi l'Eyemo s'est vendue plus que toutes les autres caméras de 35 mm réunies. Utilisée à la main ou sur trépied, elle possédait un magasin standard pouvant contenir une bobine de 30 mètres de pellicule (soit environ une minute de tournage) mais pouvait être munie de chargeurs beaucoup plus importants.

NMST # 870092

Dimensions	L 20.7 cm	W 14 cm	H 31.5 cm
	L 20, 7 cm	La 14 cm	H 31,5 cm

1952

.... *Maurer 16 mm Optical Sound Recorder*

▶ This 16 mm Maurer film sound recorder was used to record photographic optical sound tracks directly onto 16 mm film separate from the camera filming the image. Similar 35 mm optical sound recording existed for 35 mm film. This double system of recording picture and sound separately, although more cumbersome and requiring more people to operate, allowed for better sound quality values and more flexibility in editing.

NMST # 850540

... *Enregistreur de son optique Maurer 16 mm*

▶ Cet enregistreur de son Maurer pour film de 16 mm enregistrait directement le son sur la pellicule tandis qu'une caméra séparée enregistrait l'image. La même technique était utilisée pour le format 35 mm. Ce double système de l'enregistrement de l'image et du son séparément était certes encombrant et exigeait l'intervention de plusieurs personnes pour son maniement, mais permettait des productions de qualité et offrait de plus vastes possibilités pour le montage.

NMST # 850540

Dimensions	L 27.8 cm	W 14.7 cm	H 12.3 cm
	L 27,8 cm	La 14,7 cm	H 12,3 cm

156

Radio
. . . 1927-1984

1 July 1927
1er juillet 1927

English, Français

FROM
SEA TO SEA

. . . . **Broadcasting from Sea to Sea**

► When Canada celebrated its Diamond Jubilee, radio listeners across the country and at various points around the world joined in. Radio stations, telephone and telegraph companies and railways pieced together a national radio transmission, for the first time in Canadian history, to broadcast the ceremonies on Parliament Hill in Ottawa. Speaking slowly and distinctly into the row of bulky microphones, George P. Graham, chairman of the celebration's organizing committee, speaks proudly of this Canadian "attempt at globe-circling broadcasting." Andy Ryan (of CNRO, Canadian National Railway's Ottawa radio station) and Jacques N. Cartier (of CKAC, a Montreal radio station) share the announcer's duties.

William Lyon Mackenzie King Collection 1964-0087
1 July 1927
Diamond Jubilee Celebrations
PAC 0133

. . . *Première radiodiffusion d'un océan à l'autre*

► Lorsque le Canada a célébré son soixantième anniversaire, les auditeurs de la radio partout au pays, et en divers points du monde, se sont mis de la partie. Les stations radiophoniques, les compagnies de téléphone et de télégraphe ainsi que les sociétés ferroviaires ont uni leurs efforts pour retransmettre sur les ondes nationales — une première dans l'histoire du Canada — les cérémonies qui se déroulaient sur la colline parlementaire à Ottawa. Devant une rangée de volumineux micros, George P. Graham, président du comité organisateur des célébrations, parle avec fierté, en détachant bien ses mots, de cet essai canadien de radiodiffusion à l'échelle mondiale. Andy Ryan (de CNRO, station du Canadien National à Ottawa) et Jacques N. Cartier (de CKAC, station radio de Montréal) se partagent les fonctions de présentateur.

Fonds William Lyon Mackenzie King 1964-0087
1er juillet 1927
Diamond Jubilee Celebrations
PAC 0133

20-23 April 1936
20-23 avril 1936

English

.. J. Frank Willis: Moose River Nova Scotia Mine Disaster

▶ The three-day live coverage of the dramatic rescue attempt of three men trapped in an abandoned gold mine near Moose River, Nova Scotia made broadcasting history and won J. Frank Willis international fame. As regional representative for the then Canadian Radio Broadcasting Commission (CRBC) in Halifax, Willis persuaded his employers in Ottawa to send him to Moose River to broadcast live from the disaster site. Already the North American press had swept all other news from its headlines and public interest had spread to Europe. The rivalry that existed between radio and the print media is evident in this excerpt from one of Willis' ninety consecutive broadcasts, relayed via a primitive telephone circuit across the continent. Over his thirty-year career, Willis made an immense contribution to CBC radio and television as a performer, producer and broadcaster.

Canadian Broadcasting
Corporation Collection 1979-0082
21-23 April 1936
Moose River Mine Disaster
T 1979-0082/1

... J. Frank Willis : Catastrophe minière à Moose River, Nouvelle-Écosse

▶ La couverture en direct de l'opération de sauvetage de trois hommes emprisonnés dans une mine d'or abandonnée de Moose River, en Nouvelle-Écosse, qui a tenu le public en haleine pendant trois jours, a fait date dans l'histoire de la radiodiffusion et a mérité à J. Frank Willis une renommée internationale. À titre de représentant régional de la Commission canadienne de la radiodiffusion (CCR) à Halifax, Willis persuade ses employeurs d'Ottawa de le laisser aller suivre l'événement sur place. Déjà la presse nord-américaine s'est emparée de l'affaire, qui fait la une de tous les journaux et suscite même l'intérêt du public européen. La rivalité qui existait entre la radio et la presse écrite apparaît clairement dans cet extrait de l'un des 90 reportages de Willis, relayé par l'intermédiaire d'un circuit téléphonique rudimentaire d'un bout à l'autre du continent. Au cours de sa carrière de trente ans, Willis a apporté une immense contribution à la radio et à la télévision de Radio-Canada en tant qu'artiste, réalisateur et annonceur.

Fonds de la Société Radio-Canada 1979-0082
21-23 avril 1936
Moose River Mine Disaster
T 1979 0082/1

1 December 1937
1ᵉʳ décembre 1937

English

. . . . **Hugh Bartlett: Canadian Press Report**

▶ Before the CBC established its own in-house news gathering service in 1941, Canadian Press supplied news copy to be read over the airwaves. This excerpt is one of two known examples of these complete supplied broadcasts still in existence. News announcer for CBR (CBC's Vancouver radio station), Hugh Bartlett reads this Canadian Press report about a British-United States trade agreement. From Vancouver Bartlett was transferred to CBC in Toronto and joined *The Happy Gang* as announcer in 1938. As a freelance radio broadcaster, Bartlett became associated with a number of popular series including *Saturday Night Review, Canadian Cavalcade* and *Canadian Panorama.*

Provincial Archives of British Columbia (Jack Cullen Collection)
1986-0275
1 December 1937
CBR News Broadcast
R 4530

. . . Hugh Bartlett : Communiqué de la Presse canadienne

▶ Avant que Radio-Canada n'établisse son propre service d'information en 1941, c'est la Presse canadienne qui fournissait les bulletins à lire sur les ondes. Cet extrait fait partie des deux exemples connus de bulletins complets qui aient été conservés. L'annonceur de CBR (station radiophonique du réseau anglais de Radio-Canada à Vancouver), Hugh Bartlett, lit le bulletin de la Presse canadienne qui relate un accord commercial anglo-américain. Radio-Canada devait par la suite le muter à Toronto et, dès 1938, Bartlett s'est joint à *The Happy Gang* comme annonceur. En tant qu'animateur indépendant de la radio, Bartlett a associé son nom à plusieurs émissions populaires, dont *Saturday Night Review, Canadian Cavalcade* et *Canadian Panorama.*

Archives provinciales de la Colombie-Britannique
(Fonds Jack Cullen) 1986-0275
1ᵉʳ décembre 1937
CBR News Broadcast
R 4530

27 January 1938
27 janvier 1938

English

.*Honeymoon Bridge Story*

▶ John Kannawin describes the scene minutes after the Falls View Bridge at Niagara Falls collapsed as a result of heavy ice formations. The story was a CBC scoop thanks to the dedication and enthusiasm of reporter Kannawin and his mobile unit crew, Nairn Mogridge and Willis C. Little. Assured that the bridge would not fall before 7:00 p.m., journalists and photographers broke their long vigil to warm up in the local pub. At 4:12 p.m. the 256 metre span gave way and Kannawin, who witnessed the collapse from his hotel window, was on the air live from the site seven minutes later.

Canadian Broadcasting Corporation Collection 1984-0303
27 January 1938
Honeymoon Bridge Collapse
T 1984-0303/28

. . .*Il était une fois le pont des amoureux*

▶ John Kannawin décrit la scène quelques minutes seulement après que le pont Falls View aux chutes Niagara s'est effondré en raison d'une accumulation de glace. Le reportage est une exclusivité pour Radio-Canada grâce à l'engagement et à l'enthousiasme du reporter Kannawin et de son équipe mobile, Nairn Mogridge et Willis C. Little. Convaincu que le pont n'allait pas s'effondrer avant 19 h, les journalistes et les photographes, après de longues heures d'attente, décident de faire une pause au bar local pour se réchauffer. A 16 h 12, la travée de 256 mètres cède et Kannawin, qui est témoin de l'effondrement depuis la fenêtre de sa chambre d'hôtel, sera sur les lieux sept minutes plus tard pour un reportage en direct.

Fonds de la Société Radio-Canada 1984-0303
27 janvier 1938
Honeymoon Bridge Collapse
T 1984-0303/28

1939

English

········ *Al Vardy: VONF Newscast*

▶ Oliver "Al" Vardy began broadcasting his fifteen-minute world news bulletin on St. John's private radio station VONF in 1936. From 1939 his reports were supplied by Trans-Radio Press, an American-based news agency. Although the service featured mainly American news, in this clip Vardy manages to inject local notes: the Newfoundland leg of the Canadian royal tour and — a subject of perennial interest to Newfoundlanders — the Canadian economy. The Canadian news agency, Canadian Press accused Trans-Radio Press of anti-British, pro-Nazi bias and the CBC Board of Governors withdrew Trans-Radio's licence to operate in Canada in 1940. VONF also dropped the service later in the 1940s. Vardy left broadcasting in 1944, moving on to careers in business and politics.

Canadian Broadcasting Corporation St. John's Collection 1984-0101 1939 Al Vardy Newscast R 5029, 3938

··· *Al Vardy : Bulletin d'information du poste VONF*

▶ Oliver « Al » Vardy commence à émettre son bulletin d'information internationale de 15 minutes en 1936 à la station radio privée de St. John's, VONF. À partir de 1939, le journal parlé devait être alimenté par Trans-Radio Press, agence d'information américaine. Même si cette dernière mettait surtout l'accent sur l'actualité américaine, Vardy réussit dans cette séquence à ajouter de la couleur locale : l'itinéraire terre-neuvien de la visite royale au Canada et — sujet qui ne manquait jamais d'éveiller l'intérêt des Terre-Neuviens — l'économie canadienne. Le service d'information du Canada, la Presse canadienne, accusa Trans-Radio Press d'adopter une attitude antibritannique et pronazie, tandis que le bureau des gouverneurs de Radio-Canada retirait à Trans-Radio sa licence d'exploitation au Canada. VONF devait cesser d'émettre le bulletin plus tard durant les années 1940. Vardy quitte la radiodiffusion en mai 1944 pour entreprendre une nouvelle carrière dans les affaires et la politique.

Fonds de la Société Radio-Canada, St. John's 1984-0101 1939 Al Vardy Newscast R 5029, 3938

18 December 1939
18 décembre 1939

English

.. CBC Radio: Departure of the First Canadian Divison

▶ When CBC Radio broadcast the departure of the First Canadian Division of the Canadian Army from Halifax for overseas service, wartime censorship did not allow it to mention the departure point or other details. Disc recording technology, just then coming into use, enabled CBC to liven up the broadcast of the hurried, secretive operation with vivid dockside sounds of marching soldiers, roll calls, clanging machinery, ships' whistles and a farewell skirl of the bagpipes. The troops set sail on 9 December 1939, but for security reasons this recording was not aired until 18 December 1939, one day after their arrival in England. Observer Bob Bowman and engineer Art Holmes, referred to by narrator J. Frank Willis, recorded the crossing for a special CBC broadcast.

Canadian Broadcasting Corporation Collection 1982-0009
9 December 1939
Departure of Canadian Troops for England
T 1982-0009/40

... SRC Radio : Départ de la 1re division canadienne

▶ Lorsque la radio de Radio-Canada couvrit le départ de la 1re division canadi nne, qui partait de Halifax pour se rendre outre-mer, la censure de guerre ne lui permit pas de mentionner le point de départ ni d'autres détails. La technique du disque, qui commençait tout juste à se répandre, a permis à Radio-Canada d'animer son reportage sur l'opération secrète et précipitée par la cadence des pas de soldats sur les quais, des appels nominaux, des bruits de machines, les cornes de brume et l'adieu au son des cornemuses. Les troupes mirent à la voile le 9 décembre 1939 mais, pour des raisons de sécurité, il fallut attendre jusqu'au 18 décembre 1939, soit le lendemain de leur arrivée en Angleterre, pour diffuser l'enregistrement. L'observateur Bob Bowman et le technicien Art Holmes, dont le nom est mentionné par le narrateur J. Frank Willis, enregistrèrent la traversée en vue d'une émission spéciale de Radio-Canada.

Fonds de la Société Radio-Canada 1982-0009
9 décembre 1939
Departure of Canadian Troops for England
T 1982-0009/40

26 June 1941
26 juin 1941

Français

·········**Miville Couture:**
Wartime Newscast

▶ One of the earliest Radio-Canada news items in existence, this World War II broadcast by Miville Couture tells of "Free France's" General Georges Catroux encouraging his troops in their fight against the Vichy French Army in North Africa. Couture was later known for his humourous radio series, *Chez Miville*, which ran from 1956 to 1970 and he was also one of Radio-Canada's first newscasters. In 1963, Miville was replaced by Henri Bergeron and Raymond Laplante as senior announcers.

Canadian Broadcasting Corporation Collection 1986-0377
26 June 1941
Bulletin de nouvelles durant la Deuxième Guerre mondiale
T 1986-0377/1

···**Miville Couture : Bulletin d'information**
durant la Deuxième Guerre mondiale

▶ Ce bulletin de nouvelles lu par Miville Couture, qui figure parmi les plus anciens qui aient été conservés par Radio-Canada, porte sur le général Georges Catroux de la France Libre, qui encourage ses troupes au combat contre l'armée de Vichy en Afrique du Nord. Surtout connu pour ses émissions humoristiques *Chez Miville*, diffusées de 1956 à 1970, Miville Couture a été l'un des premiers annonceurs de Radio-Canada. En 1963, il a cédé la place à Henri Bergeron et à Raymond Laplante à titre d'annonceurs principaux.

Fonds de la Société Radio-Canada 1986-0377
26 juin 1941
Bulletin de nouvelles durant la Deuxième Guerre mondiale
T 1986-0377/1

9 December 1942
9 décembre 1942

English

Lorne Greene: The Voice of Doom

▶ During the war years, when radios were turned on practically around the clock, the name Lorne Greene was a household word in Canada. His deep, authoritative voice — known as The Voice of Doom — boomed over the airwaves daily, informing Canadians about developments on the front lines. In this clip from a CBC documentary produced for listeners in Britain, Greene describes the role of Canadians in the war effort. The voice of Lorne Greene is not only associated with radio news but it was also the official voice of the National Film Board's wartime series *Canada Carries On.*

Canadian Broadcasting Corporation Collection 1981-0100
9 December 1942
Programme for B.B.C.
D 1981-0100/122-123

...Lorne Greene : La Voix du destin

▶ Pendant la guerre, alors que les postes de radio étaient allumés pratiquement sans arrêt, le nom de Lorne Greene était devenu familier à tous les Canadiens. Sa voix profonde, empreinte d'autorité — baptisée la Voix du destin —, se faisait entendre sur les ondes quotidiennement, pour informer les Canadiens sur ce qui se passait au front. Dans cette séquence tirée d'un documentaire produit par la SRC à l'intention des auditeurs en Grande-Bretagne, Greene décrit la participation des Canadiens à l'effort de guerre. La voix de Lorne Greene a également été la voix officielle de la série *Canada Carries On* produite pendant la guerre par l'Office national du film.

Fonds de la Société Radio-Canada 1981-0100
9 décembre 1942
Programme for B.B.C.
D 1981-0100/122-123

165

23 October 1943
23 octobre 1943

English

. . . . *Matthew Halton: Italian Campaign*

▶ Facing German machine guns and shells, CBC's Matthew Halton captures the sounds of Canadians fighting their way across Italy's Biferno River. His commentaries expressed strong empathy with the soldiers around him. Halton's legendary war reports combined vivid description and stirring location sound to create an intimacy unmatched in newspapers or newsreels.

Canadian Broadcasting Corporation Collection 1982-0043
23 October 1943
War Report by Matthew Halton
T 1982-0043/223

. . . *Matthew Halton : Campagne d'Italie*

▶ Au mépris des mitrailleuses et des obus allemands, Matthew Halton, de la SRC, prend sur le vif le bruit de la bataille alors que les Canadiens essaient de traverser la rivière Biferno en Italie. Ses commentaires étaient toujours empreints d'une vibrante sympathie pour les soldats autour de lui. Les reportages légendaires de Halton alliaient la netteté de la description à un arrière-plan sonore d'un réalisme poignant, créant ainsi une atmosphère intimiste qui tranchait sur les reportages de la presse écrite et des actualités filmées.

Fonds de la Société Radio-Canada 1982-0043
23 octobre 1943
War Report by Matthew Halton
T 1982-0043/223

1944

Français

►... *Roger Baulu: Actualités canadiennes*

► In this clip from the weekly series *Actualités canadiennes*, Roger Baulu broadcasts live from the Molson Stadium in Montreal reporting on a display by the Royal Canadian Air Force Air Cadets. Baulu, known as "the prince of announcers," began his career as a radio announcer for CKAC in Montreal in 1934. In a variety of roles from host to chief announcer, he worked more than fifty years in radio and over thirty years in television. During the war his name became associated with the sale of Victory Bonds.

Canadian Broadcasting Corporation Collection 1976-0200
1944
Revue des cadets de l'air au stade Molson à Montréal
C 1628

...► *Roger Baulu : Actualités canadiennes*

► Dans cet extrait de l'émission hebdomadaire *Actualités canadiennes*, Roger Baulu présente un reportage en direct du stade Molson à Montréal sur la revue des cadets de l'air des Forces armées canadiennes. Surnommé « le prince des annonceurs », Roger Baulu a entrepris sa carrière comme annonceur à la radio de CKAC dès 1934. Il a travaillé plus de cinquante ans à la radio et plus de trente ans à la télévision en grimpant tous les échelons de la hiérarchie dans son métier. Pendant la guerre, son nom a été associé à la vente des obligations de la Victoire.

Fonds de la Société Radio-Canada 1976-0200
1944
Revue des cadets de l'air au stade Molson à Montréal
C 1628

167

23 March 1944
23 mars 1944

Français

⋯⋯⋯ *Benoît Lafleur:*
Italian Campaign

▶ The Italian Campaign and the part played by the Allies' observation planes, is the subject of this war report by Benoît Lafleur. Lafleur, a former journalist for the newspaper, *Le Canada* joined Radio-Canada in 1939 and became a leading war correspondent along with Marcel Ouimet and Paul Barette. He is known for his coverage of the Italian Campaign and the Nuremberg Trials after the war, and for being the first reporter to record an interview with Pope Pius XII.

Canadian Broadcasting Corporation Collection 1968-0033
23 March 1944
Les avions d'observation
C 187

⋯ *Benoît Lafleur : Campagne d'Italie*

▶ La campagne d'Italie et le rôle des avions d'observation des Alliés sont l'objet de ce reportage de guerre de Benoît Lafleur. D'abord journaliste au quotidien *Le Canada*, Benoît Lafleur entre en 1939 à Radio-Canada pour bientôt devenir l'un des grands correspondants de guerre avec Marcel Ouimet et Paul Barette. Il est connu pour avoir été le premier reporter à enregistrer une entrevue avec le pape Pie XII et, surtout, pour avoir couvert la campagne d'Italie de même que le procès de Nuremberg à la fin des hostilités.

Fonds de la Société Radio-Canada 1968-0033
23 mars 1944
Les avions d'observation
C 187

6 June 1944
6 juin 1944

English

. . . . *Gordon Sinclair: D-Day Newscast*

▶ This report by Gordon Sinclair, sponsored by Acme Farmer's Dairy, on the landing of Canadian troops in Normandy was made on his first day as a CFRB news reporter. Although Sinclair made the broadcast from CFRB's Toronto studio, a long way from the action, his descriptions are vivid. The newscast's sponsor disliked Sinclair's voice and style, but he managed to keep his job — with a new sponsor and a hike in salary — and went on to become one of Canada's best known radio and television personalities.

CFRB Collection 1977-0158
6 June 1944
News Report With Gordon Sinclair
PAC 2037

. . . *Gordon Sinclair : Bulletin d'information du Jour « J »*

▶ Ce reportage sur le débarquement des troupes canadiennes en Normandie, commandité par Acme Farmer's Dairy, a été fait par l'annonceur Gordon Sinclair à sa première journée comme reporter pour CFRB. Cette émission a été diffusée à partir du studio de Toronto, c'est-à-dire très loin de l'action, mais la description de Sinclair n'en demeure pas moins saisissante. Le commanditaire du bulletin de nouvelles n'aimait ni la voix ni le style de Sinclair, mais celui-ci réussit à conserver son emploi — changeant de commanditaire et se méritant une augmentation de salaire. Gordon Sinclair allait devenir l'une des personnalités les mieux connues de la radio et de la télévision canadiennes.

Fonds de CFRB 1977-0158
6 juin 1944
News Report With Gordon Sinclair
PAC 2037

6 June 1944
6 juin 1944

English

▸ ....*Earl Cameron: D-Day Newscast*

▶ Earl Cameron reads this CBC national news item on D-Day. Wartime news was a responsibilty CBC took very seriously and stories had to be factual, reliable and unbiased; newscasters had to refrain from editorial comment. Cameron, whose name became synonymous with CBC television news in the 1950s, was new to broadcasting when he read this bulletin, but his delivery fits the CBC model to perfection. (Note contrast with Gordon Sinclair's D-Day Report.)

Canadian Broadcasting Corporation 1982-0043
6 June 1944
D-Day Newscast
T 1982-0043/278

... *Earl Cameron : Bulletin d'information du Jour « J »*

▶ Earl Cameron lit un extrait du bulletin d'information national de la radio anglaise de Radio-Canada qui porte sur le jour « J ». Les actualités de guerre étaient prises très au sérieux par Radio-Canada. Les informations devaient être fiables et objectives, en s'en tenant aux faits, et les annonceurs étaient tenus d'éviter tout commentaire. Earl Cameron, dont le nom s'associa étroitement au journal télévisé de la SRC dans les années 1950, en était encore à ses premières armes lorsqu'il lut ce bulletin, qui se conforme pourtant parfaitement au modèle de Radio-Canada. (À noter le contraste avec le reportage du jour « J » de Gordon Sinclair.)

Fonds de la Société Radio-Canada 1982-0043
6 juin 1944
D-Day Newscast
T 1982-0043/278

4 July 1944
4 juillet 1944

Français

.... Marcel Ouimet: Battle of Caen Carpiquet

▶ In the heat of the battle, war correspondent Marcel Ouimet relays this account of Canadian troops (Canadian 3rd Division) taking the village of Carpiquet west of Caen, France. The Germans had used the port city of Caen as the hinge of their resistance to the Canadian-British advance following the Normandy invasion. Later, on 9 July Canadian and British Divisions took Carpiquet Airfield and most of the city of Caen north of the Orne. The best-known French language Canadian reporter during the war, Ouimet began working for Radio-Canada news in 1939.

Canadian Broadcasting Corporation Collection 1968-0033
4 July 1944
Reportage sur la bataille de Caen et Carpiquet
C 2582

... Marcel Ouimet : Bataille de Caen Carpiquet

▶ Dans le feu de la bataille, le correspondant de guerre Marcel Ouimet transmet ce reportage sur les troupes canadiennes (3ᵉ division canadienne) prenant d'assaut le village de Carpiquet, à l'ouest de Caen, en France. Après l'invasion de la Normandie, les Allemands utilisent la ville portuaire de Caen comme plaque tournante de leur résistance à l'avance canado-britannique. Le 9 juillet, les divisions canadiennes et britanniques s'emparent de la piste d'atterrissage de Carpiquet ainsi que de la plus grande partie de la ville de Caen au nord de l'Orne. Marcel Ouimet, qui est le plus connu des correspondants de guerre de langue française, a commencé à travailler pour Radio-Canada en 1939.

Fonds de la Société Radio-Canada 1968-0033
4 juillet 1944
Reportage sur la bataille de Caen et Carpiquet
C 2582

5 September 1944
5 septembre 1944

English

........**Peter Stursberg: The Italian Front**

▶ CBC Radio overseas correspondent Peter Stursberg gives listeners insight into the working conditions of war correspondents in this dispatch from the Italian front. Here he describes the northward advance of the Canadian army in the wake of the retreating German forces. He also talks about gathering information from Italian civilians in the countryside and the need for censorship of correspondents' reports to keep troop movements secret. Stursberg had gone with the Canadian army into Sicily in 1943 and was the only Canadian correspondent to enter Rome and Berlin when those cities fell to the Allies.

Canadian Broadcasting Corporation Collection 1982-0043
5 September 1944
War Report by Peter Stursberg
T 1982-0043/296

...**Peter Stursberg : Le front d'Italie**

▶ Le correspondant de Radio-Canada, Peter Stursberg, initie ses auditeurs aux conditions de travail des correspondants de guerre dans ce reportage sur le front d'Italie. Il décrit ici l'avance de l'armée canadienne vers le nord par suite du retrait des forces allemandes, avec des parenthèses sur l'art de réunir de l'information auprès des paysans italiens et sur la nécessité de garder le secret sur le mouvement des troupes. Peter Stursberg accompagne l'armée canadienne en Sicile en 1943 et est le seul correspondant canadien à pénétrer dans Rome et dans Berlin lorsque ces villes tombent aux mains des Alliés.

Fonds de la Société Radio-Canada 1982-0043
5 septembre 1944
War Report by Peter Stursberg
T 1982-0043/296

2 November 1946
2 novembre 1946

Français

▶ . . . . *Raymond Laplante: S-51 Helicopter Trial Flight*

▶ This report tells us of the first Canadian trial flight of the S-51 helicopter designed by the Russian-born pioneer in aircraft design, Igor Sikorsky. With considerable enthusiasm, reporter Raymond Laplante describes the excitement of this historic flight from Dorval airport. Throughout his career in radio and in television, stories of human endeavour became Laplante's speciality.

*Canadian Broadcasting
Corporation Collection 1983-0002
2 November 1946
Reportage sur l'hélicoptère Sikorsky
S-51 à Dorval
C 3607*

. . . *Raymond Laplante : Vol d'essai de l'hélicoptère S-51*

▶ Ce reportage nous renseigne sur le premier essai canadien de l'hélicoptère S-51 réalisé par Igor Sikorsky, pionnier d'origine russe de la construction aéronautique. Débordant d'enthousiasme, le reporter Raymond Laplante décrit les moments palpitants de ce vol historique au départ de Dorval. Pendant toute sa carrière à la radio et à la télévision, il s'est intéressé tout spécialement aux reportages sur les réalisations humaines.

*Fonds de la Société Radio-Canada 1983-0002
2 novembre 1946
Reportage sur l'hélicoptère Sikorsky S-51 à Dorval
C 3607*

15 January 1949
15 janvier 1949

English

.... *Jim Hunter: CFRB News*

▶ Introduced with the jaunty sound of a hunter's horn, this is a typical Jim Hunter newscast. Both the horn and Hunter's newscasts at 8:00 a.m. and 6:30 p.m. were popular fixtures on Toronto's radio station CFRB from 1932 to Hunter's death in June 1949. Hunter was also famous for his news reports on the Moose River Mine Disaster in 1936.

CFRB Collection 1977-0158
1955
The Passing Years
R 2089

Canadian Broadcasting Corporation Collection 1986-0424
1949
Jim Hunter
T 1986-0424/67

Jim Hunter : Bulletin d'information de CFRB

▶ Ce bulletin de nouvelles, présenté au son enjoué du cor de chasse, est typique de Jim Hunter. Le cor et les bulletins de Hunter de 8 h et de 18 h 30, diffusés par la station de radio de Toronto CFRB à partir de 1932, ont mérité la faveur populaire jusqu'à la mort de Hunter, en juin 1949. Jim Hunter s'est également rendu célèbre par ses reportages sur la catastrophe minière à Moose River en 1936.

Fonds de CFRB 1977-0158
1955
The Passing Years
R 2089

Fonds de la Société Radio-Canada 1986-0424
1949
Jim Hunter
T 1986-0424/67

174

19 March 1949
19 mars 1949

Français

. . .*Henri Pinvidic: Newscast on Le Ranch 1250*

▶ *Le Ranch 1250* was a popular program on the first French station in western Canada, CKSB Saint-Boniface, established in 1946. Here the 3:00 p.m. news is heard along with a commercial for the sponsor: The Fashion Shop. A private station affiliated with Radio-Canada, CKSB originally broadcast CBC programs, CKAC productions from Montreal, as well as its own local shows. Of the latter, *Le Ranch 1250* was one of the most popular. It was on the air from the summer of 1947 to the autumn of 1949 and was produced and hosted by Henri Pinvidic.

Canadian Broadcasting Corporation Collection 1984-0512
19 March 1949
Le Ranch 1250: *Extrait de bulletin de nouvelles*
D 1984-0512/596b

. . .*Henri Pinvidic : Bulletin d'information de l'émission Le Ranch 1250*

▶ L'émission *Le Ranch 1250* ralliait un vaste auditoire à la toute première station de radio de langue française de l'Ouest du Canada, CKSB Saint Boniface, créée en 1946. On entend ici le bulletin de 15 h accompagné d'une annonce du commanditaire, le Fashion Shop. Cette station privée, affiliée à Radio-Canada, présentait au début des émissions de Radio-Canada, des productions de CKAC Montréal ainsi que ses propres réalisations locales. Parmi ces dernières, *Le Ranch 1250* était une des plus populaires. Produite et animée par Henri Pinvidic, elle fut diffusée de l'été 1947 à l'automne 1949.

Fonds de la Société Radio-Canada 1984-0512
19 mars 1949
Le Ranch 1250: *Extrait de bulletin de nouvelles*
D 1984-0512/596b

13 May 1949
13 mai 1949

English

. . . . **Kate Aitken: Your Good Neighbour**

▶ Broadcast daily from the CBC studios in Vancouver, *Your Good Neighbour* was innovative for its day because its intention was to treat its audience of women seriously. In her familiar, chatty style Kate Aitken (or "Mrs A" as she was known), provided her listeners with a mixture of household hints, gossip and current events. In this excerpt she shows typical gushy enthusiasm for the manly qualities of a newly-appointed Navy chaplain in British Columbia. One of Canada's best-known women broadcasters, Aitken began her career at CFRB, a Toronto radio station. The clip opens with a plug for the show's sponsor: Ogilvy Flour Mills.

Canadian Broadcasting Corporation Collection 1976-0066
13 May 1949
Your Good Neighbour
PAC 1590

. . . **Kate Aitken : Your Good Neighbour**

▶ L'émission *Your Good Neighbour*, diffusée tous les jours au studio de la SRC à Vancouver, innovait en son genre car elle essayait de prendre l'auditoire féminin très au sérieux. Familière et chaleureuse, Kate Aitken (ou « Mrs A » comme on l'appelait) communiquait à ses auditrices des conseils ménagers, des potins et des détails sur l'actualité. Dans cet extrait, elle déborde de compliments à sa façon habituelle au sujet des qualités viriles d'un aumônier de la marine nouvellement nommé en Colombie-Britannique. Kate Aitken, qui entreprit sa carrière à CFRB, station radiophonique de Toronto, figure parmi les mieux connues des animatrices de la radio. La séquence commence par une publicité du commanditaire de l'émission, Ogilvy Flour Mills.

Fonds de la Société Radio-Canada 1976-0066
13 mai 1949
Your Good Neighbour
PAC 1590

1948-1949

English

... *Gerald S. Doyle News Bulletin*

▶ When Newfoundland joined Canada in 1949, there was one thing it wouldn't give up—the *Gerald S. Doyle News Bulletin*. CBC, on moving into the Newfoundland broadcasting system, made an exception to its rule against sponsored newscasts and allowed the *Bulletin* to remain on the air. From its debut on 18 November 1932 to its final broadcast on 30 April 1966, the *Bulletin* gave radio listeners reports on weather, train and ship schedules, personal messages and news. Sponsor Gerald S. Doyle, whose St. John's company distributed and sold patent medicines, wanted to unite Newfoundlanders in isolated areas where newspapers, telephones and telegraph lines were rarely available. The personal messages gained a reputation for being quaint, poignant and often unintentionally funny.

Canadian Broadcasting Corporation Corner Brook Collection 1984-0472
23 August 1948
The Gerald S. Doyle News Bulletin
R 5555

Canadian Broadcasting Corporation St. John's Collection 1981-0101
1949
The Gerald S. Doyle News Bulletin
R 5087

... *Gerald S. Doyle : Bulletin d'information*

▶ Lorsque Terre-Neuve s'est joint au Canada en 1949, il n'était pas question pour la nouvelle province de renoncer au journal parlé de Gerald S. Doyle. Radio-Canada, qui prenait en charge le système de radiodiffusion de Terre-Neuve, consentit à déroger à sa règle contre les émissions commanditées et permit au bulletin de Doyle de demeurer sur les ondes. Dès ses débuts le 18 novembre 1932 jusqu'à sa dernière émission le 30 avril 1966, les auditeurs du radiojournal ont eu droit à des bulletins météo, à des renseignements sur les horaires de chemins de fer et de bateaux, à des messages personnels et à des actualités. Le commanditaire, Gerald S. Doyle, dont la compagnie de St. John's fabriquait et vendait des médicaments brevetés, voulait établir un contact entre les Terre-Neuviens des secteurs isolés où les journaux, le téléphone et les lignes télégraphiques faisaient défaut. Les messages personnels sont devenus célèbres par leur cocasserie, leur pathétique et leur comique non intentionnel.

Fonds de la Société Radio-Canada,
Corner Brook 1984-0472
23 août 1948
The Gerald S. Doyle News Bulletin
R 5555

Fonds de la Société Radio-Canada, St. John's
1981-0101
1949
The Gerald S. Doyle News Bulletin
R 5087

177

6 September 1951
6 septembre 1951

Français

. . . . *René Lévesque: Korean War*

▶ Radio-Canada correspondent René Lévesque delivers this breathless account at the high point of a reconnaissance mission on the Imjin River by the Royal 22nd Regiment. On quitting university, Lévesque joined the U.S. Office of War Information in 1944, and went overseas for them as a war correspondent. He joined Radio-Canada International in 1946 in Montreal and in 1951 went to Korea as chief correspondent for Radio-Canada and also as a freelancer for the broader CBC network. From radio he moved to television and hosted (most notably) *Point de mire* from 1956-1959.

Canadian Broadcasting Corporation Collection 1968-0033
6 September 1951
Guerre de Corée : La rivière Imjin
C 2610

. . . *René Lévesque : Guerre de Corée*

▶ C'est en participant à une patrouille du Royal 22ᵉ Régiment sur l'Imjin que René Lévesque, alors correspondant de guerre de Radio-Canada, nous fait parvenir ce reportage palpitant. Après des études universitaires, René Lévesque se joint au U.S. Office of War Information en 1944, et devient correspondant de guerre en Europe. Il entre ensuite au Service international de Radio-Canada à Montréal en 1946 et, en 1951, va en Corée à titre de correspondant principal pour la radio de Radio-Canada et comme pigiste pour le réseau de la SRC. Il a par la suite travaillé à la télévision où il a notamment animé *Point de mire* de 1956 à 1959.

Fonds de la Société Radio-Canada 1968-0033
6 septembre 1951
Guerre de Corée : La rivière Imjin
C 2610

6 September 1952
6 septembre 1952

Français

. . Judith Jasmin: Inauguration of Canadian Television

▶ The birth of Canadian television in Montreal is reported here on radio by Judith Jasmin. Broadcast live on CBC's French network, the program also went out on short-wave through Radio-Canada International. Jasmin was the second woman reporter to be hired by Radio-Canada (the first was Marcelle Barthe) and she became its first woman correspondent at the United Nations and in Washington. Founder of the "Cercle des femmes journalistes," Jasmin worked closely with René Lévesque in both radio and television.

Canadian Broadcasting Corporation Collection 1984-0512
6 September 1952
Reportage radiophonique de l'inauguration de la télévision à Montréal
D 1984-0512/38

. . . Judith Jasmin : Inauguration de la télévision canadienne

▶ Dans ce reportage radiophonique, Judith Jasmin relate la naissance de la télévision canadienne à Montréal. Diffusée en direct sur le réseau français de Radio-Canada, l'émission est également présentée en différé sur les ondes courtes de Radio-Canada International. Judith Jasmin est la seconde femme reporter embauchée par la SRC (Marcelle Barthe fut la première) et la première correspondante aux Nations unies et à Washington. Fondatrice du Cercle des femmes journalistes, elle est souvent associée à René Lévesque avec qui elle travaille tant à la radio qu'à la télévision.

Fonds de la Société Radio-Canada 1984-0512
6 septembre 1952
Reportage radiophonique de l'inauguration de la télévision à Montréal
D 1984-0512/38

179

2 April 1953
2 avril 1953

English

. . . . *Don Jamieson: Sponsored Newscast*

. . . *Don Jamieson : Bulletin d'information commandité*

► This extract by Don Jamieson, from a sponsored newscast on CJON (St. John's), is about the threatened closure of American military bases in Newfoundland. CJON, a private radio station co-owned by Jamieson, first went on the air in 1951 and expanded to television in 1955. Now legendary are Jamieson's nightly television performances on *News Cavalcade*. In the half-hour program he ad-libbed a news commentary and weather report, conducted an interview with a prominent personality and narrated a commercial.

Canadian Broadcasting Corporation Collection 1984-0101
2 April 1953
Bowring's News
D 1984-0101/636

► Cet extrait d'un radiojournal commandité, lu par Don Jamieson à CJON (St. John's), porte sur la menace de fermeture des bases militaires américaines à Terre-Neuve. CJON, station radiophonique privée dont Jamieson était copropriétaire, commença à émettre en 1951 pour ensuite se doter d'une station de télévision en 1955. Les prestations de Jamieson le soir à la télévision, à l'émission *News Cavalcade*, sont aujourd'hui légendaires. Il s'agissait d'une émission d'une demi-heure où il improvisait un commentaire sur l'actualité, présentait la météo, menait une interview avec une personnalité en vue et présentait une annonce publicitaire!

Fonds de la Société Radio-Canada 1984-0101
2 avril 1953
Bowring's News
D 1984-0101/636

23 June 1955
23 juin 1955

English

▸ . . . *Jack Webster: City Mike*

▶ Jack Webster, who gained fame as an irascible, crusading open-line radio and television host, reports here for Vancouver radio station CJOR on a police corruption scandal. In his characteristic style, Webster recounts the developments to date, based on the investigations of Vancouver newspaper reporter Ray Munro. During the six-month trial which followed, Webster riveted audiences of *City Mike* with nightly verbatim reports of the proceedings. The investigation proved the Vancouver police chief to be the source of the corruption.

Provincial Archives of British Columbia (CJOR Collection) 1986-0274
23 June 1955
City Mike
R 4531

. . . *Jack Webster : City Mike*

▶ Devenu célèbre à titre d'animateur aussi emporté que militant de ligne ouverte à la radio, puis à la télévision, Jack Webster analyse ici, pour la station radiophonique CJOR de Vancouver, un scandale de corruption au sein de la police. Dans son style caractéristique, il fait le point sur la situation en se fondant sur l'enquête menée par le reporter Ray Munro d'un journal de Vancouver. Au cours du procès de six mois qui devait suivre, Jack Webster a tenu les auditeurs de *City Mike* en haleine en leur donnant tous les soirs un compte rendu détaillé du procès. L'enquête a pu déterminer que c'était le chef de la police de Vancouver qui était à l'origine de la corruption.

Archives provinciales de la Colombie-Britannique (Fonds de CJOR) 1986-0274
23 juin 1955
City Mike
R 4531

20 March 1958
20 mars 1958

English

.... **CBC News Roundup: Kingsley Brown**

▶ With the accent on actuality reporting, *CBC News Roundup* provided listeners with a kaleidoscopic sound picture of the world. Here, Kingsley Brown reports via telephone from Camp Borden, where an explosion has just occurred. Notice the familiar "beep" sound, which was once a legal requirement when telephone conversations were being recorded. Introducing the item is Bill Herbert, who was a war-time reporter on *CBC News Roundup* when the series started out in 1943. Another CBC old-timer, Lamont "Monty" Tilden is the announcer. Famous for his rich, resonant voice, Tilden announced many of CBC's best-known prestige programs, including royal visits, election night specials and famous people profiles.

Canadian Broadcasting Corporation Collection 1983-0014
20 March 1958
CBC News Roundup
T 1983-0014/408

... **CBC News Roundup : Kingsley Brown**

▶ S'intéressant surtout aux dossiers de l'heure, *CBC News Roundup* présentait aux auditeurs une image sonore kaléi-doscopique du monde. Kingsley Brown rend compte ici par téléphone du camp Borden d'une explosion qui vient de s'y produire. On remarquera le signal sonore qui était alors une exigence réglementaire pour l'enregistrement de conversations téléphoniques. Le présentateur est Bill Herbert, ancien correspondant de guerre de *CBC News Roundup* aux premiers temps de l'émission en 1943. L'annonceur est un autre vétéran de la SRC, Lamont « Monty » Tilden. Célèbre pour sa voix à la fois riche et profonde, Tilden était le présentateur de choix de bon nombre des émissions prestigieuses de la SRC, dont les visites royales, les soirées d'élections et les profils de grandes personnalités.

Fonds de la Société Radio-Canada 1983-0014
20 mars 1958
CBC News Roundup
T 1983-0014/408

1960-1969

Français

. CJMS News Commercial

▶ Although not a single CJMS newscast has survived from the 1960s, commercials like this are vivid reminders of the characteristic style and tone of Radiomutuel's news broadcasts. These musical commercials were used throughout the day on CJMS Montreal radio to advertise and introduce the newscasts.

CJMS Collection 1986-0359
1960-1969
Auto-publicité des nouvelles
C 4539

. . . Auto-publicité des nouvelles à CJMS Montréal

▶ Bien qu'il ne reste plus un seul bulletin de nouvelles des années 1960 à CJMS, une annonce publicitaire comme celle-ci ne manque pas de rappeler le style et le ton caractéristiques des journaux parlés de Radiomutuel. Ce genre d'annonce musicale était diffusé tout au long de la journée à CJMS pour faire la publicité des bulletins d'information et comme prélude des bulletins eux-mêmes.

Fonds de CJMS 1986-0359
1960-1969
Auto-publicité des nouvelles
C 4539

183

19 November 1961
19 novembre 1961

English

. . . . **Norman DePoe: Sunday Morning Magazine**

▶ Norman DePoe gives this report on *Sunday Morning Magazine* following exercise "Tocsin B," a dry-run test of emergency procedures across Canada in the event of a nuclear war. DePoe describes the effects of this hypothetical attack on cities across Canada so solemnly and with such a sense of reality that his report is entirely believable. The story is powerful evidence of the spectre of nuclear war during the cold war period.

Canadian Broadcasting Corporation Collection 1983-0193
19 November 1961
Sunday Morning Magazine
T 1983-0193/174

. . . **Norman DePoe : Sunday Morning Magazine**

▶ Ce reportage de Norman DePoe au *Sunday Morning Magazine*, fait suite à « Tocsin B », un essai des mesures d'urgence en cas de guerre nucléaire au Canada. DePoe décrit les conséquences d'une attaque hypothétique à plusieurs endroits au Canada et il parle d'un ton si convaincant et solennel qu'on est bien près d'y croire. Ce reportage témoigne avec force des dangers d'un conflit nucléaire à l'époque de la guerre froide.

Fonds de la Société Radio-Canada 1983-0193
19 novembre 1961
Sunday Morning Magazine
T 1983-0193/174

19 May 1966
19 mai 1966

Français

Jean-Marc Poliquin: The Gerda Munsinger Affair

▶ Allegations of a security risk involving Pierre Sévigny, Minister of National Defence in John Diefenbaker's Conservative government, because of his relations with a German prostitute, Gerda Munsinger, were brought to light five years after the fact by the Liberal government. The media revelled in Canada's first major parliamentary sex scandal, and Jean-Marc Poliquin presents this commentary on the Munsinger affair. Known as "the senator," Poliquin's incisive reporting style conveys an objective, factual view of this highly charged issue. Poliquin was closely associated with the current political scene as chief parliamentary correspondent for *Le Droit, Le Nouveau Journal, L'Action* and *Le Soleil* of Quebec and for Radio-Canada.

Canadian Broadcasting Corporation Collection 1979-0004
19 May 1966
Commentaire sur la conclusion du juge O'Brien sur l'affaire Munsinger
T 1979-0004/58

... Jean-Marc Poliquin : L'affaire Gerda Munsinger

▶ Le gouvernement libéral a révélé, cinq ans après l'incident, que Pierre Sévigny, ministre associé de la Défense nationale sous le gouvernement conservateur de John Diefenbaker, aurait mis en danger la sécurité nationale à cause de ses rapports avec une prostituée allemande, Gerda Munsinger. Les médias ont pris plaisir à parler de ce premier scandale canadien important mêlant la politique et le sexe, et Jean-Marc Poliquin, dit « le Sénateur », nous présente ce commentaire concernant l'affaire Munsinger. À sa manière incisive habituelle, il nous donne ici un compte rendu objectif et percutant de cette affaire chargée d'émotion. Jean-Marc Poliquin a été étroitement associé à la vie politique de son époque à titre de correspondant parlementaire en chef pour *Le Droit, Le Nouveau Journal, L'Action* et *Le Soleil* de Québec, ainsi que pour Radio-Canada.

Fonds de la Société Radio-Canada 1979-0004
19 mai 1966
Commentaire sur la conclusion du juge O'Brien sur l'affaire Munsinger
T 1979-0004/58

185

1967-1969

Français

.... ***Pierre Lambert: Jeunesse***
à la une

▶ Directing news stories
towards youthful audiences,
Jeunesse à la une was among
Radiomutuel's principal
productions in the late 1960s,
and their only series conserved
for posterity. In this excerpt,
which opens with station identification for CJMS "le poste du
Canada français," the atmos-
phere in Quebec prior to the
October Crisis is recalled. Host
Pierre Lambert presents an
item on the Front de libération du Québec in which an
FLQ informant, who refuses
to be identified, is interviewed.
Lambert was co-producer of
Jeunesse à la une with Paul-
Émile Beaulne. After working
for several Quebec radio stations, Lambert went to join
Radio-Canada in 1969. Among
his most notable productions
was the series *Présent*.

CJMS Collection 1986-0359
1967-1969
Jeunesse à la une
C 4538 & 4539

... ***Pierre Lambert : Jeunesse à la une***

▶ Émission d'information pour les jeunes, *Jeunesse à la une*
compte parmi les principales productions de Radiomutuel à
la fin des années 1960 et est la seule série à avoir été préser-
vée pour la postérité. Dans cet extrait, précédé d'une
identification du poste CJMS, « le poste du Canada français »,
on revit l'atmosphère du Québec avant la Crise d'octobre.
L'animateur Pierre Lambert présente un reportage sur le Front
de libération du Québec au cours duquel un informateur du
FLQ, qui refuse de s'identifier, est interviewé. *Jeunesse à la une*
était produit par Pierre Lambert en collaboration avec Paul-
Émile Beaulne. Après avoir travaillé dans plusieurs stations de
radio du Québec, Pierre Lambert devait passer à l'emploi de
Radio-Canada en 1969, où il s'est illustré notamment par la
série *Présent*.

Fonds de CJMS 1986-0359
1967-1969
Jeunesse à la une
C 4538 & 4539

4 March 1970
4 mars 1970

Français

Le Monde maintenant: Roger Bouchard

▶ A typical example of *Le Monde maintenant*, Radio-Canada's daily newscast, this excerpt includes a live report by Guy Ferron from the Montreal Expos' training camp at West Palm Beach, Florida. Newscaster Roger Bouchard receives the report via telephone in the Montreal studio. One of Radio-Canada's regular news readers, Bouchard was one of the team of announcers on both television and radio. Ferron had a varied career in private radio and on stage as an actor before he joined Radio-Canada in 1964. Two years later he began covering baseball events until his death in 1981.

Canadian Broadcasting Corporation Collection 1986-0377
4 March 1970
Le Monde maintenant
T 1986-0377/6

. . . Le Monde maintenant : Roger Bouchard

▶ Dans cet extrait du *Monde maintenant*, on peut voir un reportage en direct de Guy Ferron sur le camp d'entraînement des Expos de Montréal à West Palm Beach, en Floride. L'animateur Roger Bouchard reçoit le compte rendu par téléphone au studio de Montréal. Roger Bouchard a été affecté régulièrement à l'équipe de lecteurs à la télévision et à la radio de Radio-Canada. Guy Ferron a débuté comme annonceur à la radio privée et comme comédien au théâtre avant d'entrer à Radio-Canada en 1964. Deux ans plus tard, il se consacre au baseball, dont il couvrira les événements jusqu'à sa mort en 1981.

Fonds de la Société Radio-Canada 1986-0377
4 mars 1970
Le Monde maintenant
T 1986-0377/6

187

12 October 1970
12 octobre 1970

Français

. . . . *Vingt-quatre heures*

▶ Bernard Derome reads this last newscast of the day directly from the special crisis studio in Radio-Canada's Montreal news room on *Vingt-quatre heures*. At the height of the October Crisis, the report concerns the kidnapping of British diplomat, James Cross by the Front de libération du Québec. Having started out in radio first with CKAC Montreal, then CJBR Rimouski and later CBOF Ottawa, Derome joined Radio-Canada Montreal in 1966, where he worked in both radio and television on the national network. It was during the October Crisis that Derome appeared more frequently on television and he was assigned to *Le Téléjournal* in 1972.

Canadian Broadcasting Corporation Collection 1979-0123
12 October 1970
Bulletin de nouvelles de la Crise d'octobre
T 1979-0123/438

. . . *Vingt-quatre heures*

▶ Bernard Derome présente les dernières informations de la journée à *Vingt-quatre heures*, en direct d'un studio de fortune aménagé dans la salle des nouvelles de Radio-Canada, au plus fort de la Crise d'octobre. Il s'agit ici de l'enlèvement du diplomate britannique, James Cross, par le Front de libération du Québec. Bernard Derome a fait ses premières armes à CKAC de Montréal, puis à CJBR de Rimouski et plus tard à CBOF d'Ottawa, avant d'entrer à Radio-Canada à Montréal en 1966, où il travaille à la radio et à la télévision pour le réseau national. C'est pendant la Crise d'octobre que le visage de Bernard Derome deviendra familier à la télévision avant qu'il devienne titulaire du *Téléjournal* en 1972.

Fonds de la Société Radio-Canada 1979-0123
12 octobre 1970
Bulletin de nouvelles de la Crise d'octobre
T 1979-0123/438

23 January 1973
23 janvier 1973

English

Bruce Rogers: The World At Six

▶ In this clip Bruce Rogers reads the day's headlines on *The World At Six* introduced by the once-familiar musical signature, a distinctive part of the daily CBC broadcast from its inception in 1966. The lead story is the expected announcement by President Nixon of a cease-fire in Vietnam. Apart from the innovation of using two news readers — which remained in place into the 1980s — the actual presentation of news has changed very little over the years. Rogers was one of the first announcers assigned to *The World At Six* when it went on the air. He also hosted a number of public affairs shows on both radio and television.

Canadian Broadcasting Corporation Collection 1986-0390
23 January 1973
The World At Six
T 1986-0390/2

. . . *Bruce Rogers : The World At Six*

▶ Dans cette séquence, Bruce Rogers lit les manchettes de la journée au radiojournal *The World At Six*. On peut entendre l'indicatif électronique, caractéristique de cette émission quotidienne du réseau anglais de Radio-Canada depuis son lancement en 1966. La première information porte sur l'annonce probable par le président Nixon d'un cessez-le-feu au Viêt-nam. On se rend compte qu'à part la présence de deux annonceurs, innovation qui est demeurée en vigueur dans les années 1980, le mode de présentation des informations n'a guère changé avec les années. Bruce Rogers était l'un des premiers annonceurs affectés à *The World At Six* à ses débuts. Il a également animé plusieurs émissions d'affaires publiques tant à la radio qu'à la télévision.

Fonds de la Société Radio-Canada 1986-0390
23 janvier 1973
The World At Six
T 1986-0390/2

189

12 February 1975
12 février 1975

English

.... *As It Happens: Barbara Frum and Alan Maitland*

▶ *As It Happens* began in 1968 as a neat reversal of the popular "hot-line" show where listeners phoned in. *As It Happens* used the telephone to put audiences in touch with newsmakers around the world — finding that even the most notable among them answered their telephone. The show went through a lot of changes to reach the tough, driving, often irreverent approach heard in this clip. Teamed up here with Alan Maitland, who replaced Harry Brown in 1974, Barbara Frum enjoys the lead story about women sports writers being refused access to a National Hockey League dressing-room.

Canadian Broadcasting Corporation Collection 1986-0390
12 February 1975
As It Happens
T 1986-0390/3

... *As It Happens : Barbara Frum et Alan Maitland*

▶ À ses débuts en 1968, *As It Happens* a adapté de façon intéressante la technique populaire des lignes ouvertes. Le téléphone servait ici à mettre l'auditoire en contact avec les vedettes de l'actualité un peu partout dans le monde, montrant que même les plus illustres répondaient au téléphone. L'émission a rapidement évolué pour adopter le ton percutant, dynamique et même irrévérencieux que l'on constate dans cette séquence. Jumelée à Alan Maitland, qui a remplacé Harry Brown en 1974, Barbara Frum s'amuse en racontant comment les commentatrices sportives se sont vu refuser l'accès au vestiaire des joueurs de la Ligue nationale de hockey.

Fonds de la Société Radio-Canada 1986-0390
12 février 1975
As It Happens
T 1986-0390/3

29 January 1976
29 janvier 1976

Français

. . De tous les points du monde:
Paul-Émile Tremblay

. . . De tous les points du monde : Paul-Émile Tremblay

▶ Paul-Émile Tremblay reads the news headlines on *De tous les points du monde* followed by an item concerning Radio-Canada's winning of the special award for community broadcasting from the Communauté radiophonique des programmes de langue française. Tremblay began his career in broadcasting as a reporter/announcer and host of news and public affairs programs in 1954. One of his specialties was to read the 8:00 a.m. national news. Later he was assigned to the afternoon bulletin, where he remained into the 1980s.

Canadian Broadcasting Corporation Collection 1986-0377
29 January 1976
De tous les points du monde
T 1986-0377/10

▶ Paul-Émile Tremblay lit les manchettes à *De tous les points du monde* avant d'annoncer que Radio-Canada a gagné le prix de la Communauté radiophonique des programmes de langue française pour ses émissions communautaires. Paul-Émile Tremblay a fait ses débuts à la radio comme reporter-annonceur et animateur d'émissions d'information et d'affaires publiques en 1954. On le retrouvait en particulier au micro du radiojournal national de 8 h. Il devait par la suite être affecté au bulletin de l'après-midi jusque dans les années 1980.

Fonds de la Société Radio-Canada 1986-0377
29 janvier 1976
De tous les points du monde
T 1986-0377/10

1977

English

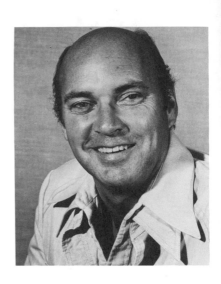

.... *CFRB Newsman Taken Hostage*

▶ As eye-witness to a bank robbery, reporter Charles Doering gets a taste of being part of the news as well as reporting it. In a telephone interview with Betty Kennedy, Doering describes his nerve-wracking experience of being held hostage by an armed robber. Doering remains the observant, opportunistic journalist throughout the ordeal. He was known for his astute and provocative commentaries following the *CFRB News*.

CFRB Collection 1979-0048
1977
CFRB Newsman Taken Hostage
T 1979-0048/6

...*Reporter de CFRB pris en otage*

▶ Témoin oculaire d'un vol de banque, le reporter Charles Doering se retrouve à la fois auteur et sujet d'un reportage d'actualité. Dans une entrevue téléphonique avec Betty Kennedy, il décrit l'expérience traumatisante que vit l'otage d'un bandit armé. Bien connu pour ses commentaires pénétrants et provocateurs diffusés après le bulletin de nouvelles de CFRB, Doering demeure égal à lui-même, observateur et opportuniste, pendant toute la durée de l'épreuve.

Fonds de CFRB 1979-0048
1977
CFRB Newsman Taken Hostage
T 1979-0048/6

192

23 January 1984
23 janvier 1984

Français

.. . Alain Gravel: Loto 6/49

▶ This news report on the prize-winners of Loto-Québec's "Loto 6/49" is read by CKAC newscaster Alain Gravel. Of interest in this clip is the use of English, a trend which is growing in French language broadcasts. After a variety of broadcasting experience in private radio stations in Montreal and elsewhere in Quebec, Gravel joined the Télémédia Network and CKAC in 1980.

CKAC Collection 1985-0077
23 January 1984
Reportage: La Loto 6/49
T 1985-0077/21

. . . Alain Gravel : Loto 6/49

▶ Cet extrait de reportage sur les gagnants de la loto 6/49 de Loto-Québec est animé par Alain Gravel, journaliste de CKAC. Ce document est caractérisé par l'utilisation de propos anglais, coutume de plus en plus répandue dans les émissions de langue française. À l'emploi du réseau Télémédia et de CKAC depuis 1980, Alain Gravel compte à son actif diverses expériences à la radio privée tant à Montréal qu'ailleurs au Québec.

Fonds de CKAC 1985-0077
23 janvier 1984
Reportage : La Loto 6/49
T 1985-0077/21

8 May 1984
8 mai 1984

Français

. . . . *Télémédia: Shooting at the Quebec National Assembly*

► Michel Viens interrupts the morning news bulletin on the Télémédia Network with this special report. The grisly disruption caused by Corporal Denis Lortie of the Canadian Armed Forces at the Quebec National Assembly was promptly reported minutes after it had occurred by Télémédia Parliamentary reporters Michel Saint-Louis and Jacques Millette. Four people were killed and eleven injured by Lortie during the shooting.

CKAC Collection 1985-0077
8 May 1984
Reportage sur la fusillade à l'Assemblée nationale du Québec
T 1985-0077/30

. . . *Télémédia : Fusillade à l'Assemblée nationale du Québec*

► Michel Viens interrompt ici le radiojournal du matin au réseau Télémédia pour un communiqué spécial. Le bouleversement causé par le caporal Denis Lortie des Forces armées canadiennes à l'Assemblée nationale du Québec est annoncé quelques minutes seulement après l'événement, grâce aux courriéristes parlementaires de Télémédia, Michel Saint-Louis et Jacques Millette. Quatre personnes sont tuées et onze autres sont blessées par Lortie pendant la fusillade.

Fonds de CKAC 1985-0077
8 mai 1984
Reportage sur la fusillade à l'Assemblée nationale du Québec
T 1985-0077/30

6-7 October 1984
6-7 octobre 1984

Français

.. *Le Radio-journal: Marc Garneau in Space*

▶ This Radio-Canada news-cast in the daily series, *Le Radio-journal*, includes a telephone report direct from NASA in Houston, Texas, by Réal D'Amours, on the space mission of Canada's first astronaut, Marc Garneau. A nice addition to the report is Garneau's humourous communication with earth as the spaceship *Challenger* lifts off from Cape Canaveral, Florida. Assigned scientific, technical and religious reporting, D'Amours began his career with Radio-Canada in 1981. Prior to that he worked for ten years in television across the country, but began his career in private radio in 1965.

Canadian Broadcasting Corporation Collection 1986-0377
6-7 October 1984
Marc Garneau dans l'espace
T 1986 0377/11

...*Le Radio-journal : Marc Garneau dans l'espace*

▶ Cet extrait du *Radio-journal* inclut un reportage téléphonique en direct par Réal D'Amours auprès de la NASA à Houston, au Texas, sur le vol spatial du premier astronaute canadien Marc Garneau. Les propos humoristiques de Marc Garneau dans sa communication avec la terre au moment où la navette spatiale *Challenger* s'éloigne du cap Canaveral, en Floride, ajoutent du piquant au reportage. Réal D'Amours est entré à Radio-Canada en 1981 comme reporter attitré dans les domaines scientifique, technique et religieux. Il possédait dix ans d'expérience à la télévision un peu partout au Canada mais c'est à la radio qu'il a fait ses premières armes en 1965.

Fonds de la Société Radio-Canada 1986-0377
6-7 octobre 1984
Marc Garneau dans l'espace
T 1986-0377/11

Radio
...Artifacts

Radio
...Objets

circa 1930s
vers les années 1930

········ Northern Electric Control Console

▶ This type 23B control console had a capacity to connect four input lines and five microphones (including one in the control booth) to either of two output lines. This particular control was used in station CBR, Vancouver and is typical of that used in radio stations in Canada throughout the 1930s and 1940s.

NMST # 70295

··· Pupitre de commande Northern Electric

▶ Ce pupitre de commande, modèle 23B, pouvait raccorder quatre lignes d'entrée et cinq microphones (dont un de la cabine de commande) à deux lignes de sortie. Ce pupitre provient de la station CBR, à Vancouver, et est caractéristique de ceux utilisés dans les stations radiophoniques du Canada dans les années 1930 et 1940.

NMST # 70295

Dimensions	*L 86.2 cm*	*W 41.5 cm*	*H 24.7 cm*
	L 86,2 cm	*La 41,5 cm*	*H 24,7 cm*

circa 1940
vers 1940

... *Presto Recording Turntable*

▶ This Presto model 8.B ace-
tate disc cutter was used in
broadcasting studios before
the advent of the tape
recorder. It operated at either
78 or 33 1/3 r.p.m. depending
on the sound quality and
recording time required. Disc
blanks of either 30 or 40 centimetres diameter were supplied
by the equipment manufac-
turer and radio commercials,
political talks, auditions and
historic occasions were recorded for later broadcast. This
unit was used for many years
in the Hull Studios of the CBC
and similar equipment was
used by CBC Toronto until
1965.

NMST # 70095

... *Platine d'enregistrement Presto*

▶ Cette machine à graver les disques « acétate », Presto modèle
8.B, était utilisée dans les studios de radiodiffusion avant l'a-
vènement du magnétophone. On la réglait à 78 ou à 33 1/3
tr/min en fonction de la qualité du son et du temps
d'enregistrement nécessaire. Les disques vierges, d'un diamètre de 30 ou de 40 centimètres, étaient fournis par le fabricant.
Les annonces publicitaires, les causeries politiques, les auditions
et les événements historiques étaient enregistrés pour être
retransmis plus tard à la radio. Cet appareil a servi pendant
de nombreuses années au studio de Hull de Radio-Canada,
qui en avait d'autres du même genre à ses studios de Toronto
jusqu'en 1965.

NMST # 70095

Dimensions	L 86.2 cm	W 66 cm	H 162.3 cm
	L 86,2 cm	La 66 cm	H 162,3 cm

199

circa 1940
vers 1940

········ **Presto Portable Disc Record Cutter**

▶ This Presto model 6-N portable disc cutter was used for sound recording on location which could be played back and broadcast from the radio station. Although it was considered portable it required the standard 110 volt A.C. power supply and thus could not be moved farther than a power cord allowed. For World War II reporting by the CBC, disc cutters such as this were mounted in the back of vans together with a generator and allowed reporters to provide actuality reports from wherever the vans could travel. This particular unit was used by the Canadian Association of Broadcasters from 1942 to 1962 to record the *Report from Parliament Hill* series whereby Members of Parliament could be heard over radio stations in their constituencies.

NMST # 74689

··· **Découpeuse de disque portative Presto**

▶ Cette machine à graver les disques, modèle portatif Presto 6-N, servait à l'enregistrement sonore pour diffusion ultérieure à partir d'une station radiophonique. Malgré sa désignation de portative, il fallait l'alimenter par courant alternatif de 110 volts, car elle ne pouvait être déplacée au-delà de la longueur du câble. Les reportages de la Deuxième Guerre mondiale réalisés par Radio-Canada au moyen de cette machine à graver se faisaient à partir de fourgonnettes munies d'une génératrice qui permettaient aux reporters de transmettre leurs messages de l'endroit où ils se trouvaient. L'appareil exposé a été utilisé par l'Association canadienne des radiodiffuseurs de 1942 à 1962 pour enregistrer la série *Report from Parliament Hill* pendant laquelle les députés pouvaient parler à la radio à l'intention de leurs électeurs.

NMST # 74689

Dimensions	L 61.7 cm	W 56 cm	H 34 cm
	L 61,7 cm	La 56 cm	H 34 cm

circa 1948
vers 1948

... Magnatone Wire Recorder

▶ This Magnatone model BK 303 wire recorder was manufactured by Brush Development Company of the United States. The recording medium was a steel wire of 0.01 centimetre diameter and its principles were the same as modern magnetic recording on tape. Up to three hours of continuous recording were possible on one spool of wire. Recordings could only be made in one direction, and since only one spool is removeable, the entire length had to be rewound, taking up to twelve minutes, before another spool could be put on the machine. Also any breaks in the wire had to be mended by a simple knot before recording or playback could continue. Similarly, editing was only possible by cutting and knotting the wire together again.

NMST # 69726

... Magnétophone Magnatone

▶ Ce magnétophone à fil Magnatone modèle BK 303 a été fabriqué par la Brush Development Company des États-Unis. Le support d'enregistrement était un fil d'acier de 0,01 centimètre de diamètre mais il fonctionnait sur le même principe qu'un enregistrement moderne sur bande. Il était possible d'obtenir près de trois heures d'enregistrement continu au moyen d'une seule bobine de fil. L'enregistrement ne pouvait se faire que dans un seul sens et comme une seule bobine est amovible, il fallait rembobiner le fil sur toute sa longueur, ce qui prenait jusqu'à douze minutes, avant de pouvoir insérer une autre bobine sur la machine. Si le fil se brisait, un simple nœud suffisait à le réparer et l'enregistrement ou la restitution pouvait continuer. On procédait de la même manière pour les montages, c'est-à-dire par découpage et par des nœuds.

NMST # 69726

Dimensions	*L 53.5 cm*	*W 33.5 cm*	*H 21.5 cm*
	L 53,5 cm	*La 33,5 cm*	*H 21,5 cm*

201

circa 1949
vers 1949

.... *Magnacord Tape Recorder with Matching Amplifier*

▶ This Magnacord model PT 6-A tape recorder was an early example of magnetic tape recorders. It used the 1/4" tape and had speeds of seven and a half or fifteen inches per second. These recorders had a thirty minute full track recording capacity at seven and a half inches per second but this could be increased as the development of magnetic tape allowed for more tape to be wound on to the same seven-inch reel. This unit is typical of the type used within stations and at remote locations if an AC power source were available.

NMST # 70102

... *Magnétophone Magnacord et amplificateur*

▶ Ce magnétophone Magnacord, modèle PT 6-A, compte parmi les plus anciens. Il utilisait des bandes de ¼ pouce et sa vitesse de déroulement était de 7,5 ou de 15 po/s. La capacité d'enregistrement pleine piste était de 30 minutes à 7,5 po/s, mais le perfectionnement des bandes magnétiques allait bientôt offrir la possibilité d'installer des bandes plus longues sur la même bobine de 7 pouces. Cet appareil est caractéristique de ceux utilisés dans les stations et les endroits éloignés équipés de prises de courant alternatif.

NMST # 70102

Dimensions	L 53 cm	W 44.5 cm	H 20.8 cm (amplifier)
	53 cm	31.5 cm	37.7 cm (recorder)
	L 53 cm	La 44,5 cm	H 20,8 cm (amplificateur)
	53 cm	31,5 cm	37,7 cm (magnétophone)

202

circa 1952
vers 1952

... Ampex Studio Tape Recorder

▶ This Ampex model 300 is an example of a machine that would have been used in a well-equipped radio or sound recording studio from the early 1950s through to the 1980s. It cost over $2,000 and recorded at either fifteen or seven and a half inches per second. Start and stop were almost instantaneous and it could rewind a 730-metre reel in one minute. Such features as push-button controls for start, stop and record were standard and these could also be remotely operated. A 730-metre reel (twenty-six centimetres diameter) would record a one-hour program at seven and a half inches per second.

NMST # 845

... Magnétophone de studio Ampex

▶ Ce magnétophone Ampex, modèle 300, se retrouvait sans doute dans tous les studios bien équipés de radio ou d'enregistrement sonore, du début des années 1950 aux années 1980. Il coûtait plus de 2 000 $ et sa vitesse était réglable à 15 ou à 7 1/2 po/s. La marche et l'arrêt étaient pratiquement instantanés et le rembobinage se faisait à raison de 730 mètres à la minute. Les commandes de marche, d'arrêt et d'enregistrement à bouton-poussoir étaient standard et pouvaient également être actionnées par télécommande. Une bobine de 730 mètres (26 centimètres de diamètre) pouvait enregistrer une émission d'une heure à 7 1/2 po/s.

NMST # 845

Dimensions	L 66.5 cm	W 64.5 cm	H 99.5 cm
	L 66,5 cm	La 64,5 cm	H 99,5 cm

203

circa 1957
vers 1957

.... *EMI Tape Recorder*

▶ This EMI, British-made, tape recorder was fully portable and used a battery power source. A hand-crank was provided for rewinding tapes to save battery power. It recorded at nineteen centimetres per second and had a capacity of thirty minutes continuous recording on a 365-metre reel.

NMST # 76360

... *Magnétophone EMI*

▶ Ce magnétophone EMI, fabriqué en Grande-Bretagne, était entièrement portatif et alimenté par piles. Une manivelle permettait d'économiser l'énergie par un rembobinage manuel de la bande. La vitesse d'enregistrement était de 19 cm/s et une bobine de 365 mètres offrait une capacité d'enregistrement de 30 minutes.

NMST # 76360

Dimensions	*L 41 cm*	*W 18.5 cm*	*H 20.7 cm*
	L 41 cm	*La 18,5 cm*	*H 20,7 cm*

circa 1962
vers 1962

... **Stellavox Tape Recorder**

▶ This Swiss-made Stellavox type SM5 tape recorder made use of transistors and weighed only two and a half kilograms. It came complete with microphone, rechargeable batteries, and a battery charger. The dynamic microphone doubles as a monitor speaker in the play-back mode for verification on location of the sound recorded. It could only support 5" diameter reels which limited recording time to fifteen minutes at seven and a quarter inches per second until thinner tape was developed. The quality of the recorded sound was acceptable for voice broadcasting over AM radio and its true portability made this type of tape recorder standard equipment for radio newsgathering in the 1950s and 1960s.

NMST # 72213

... **Magnétophone Stellavox**

▶ Ce magnétophone suisse Stellavox, modèle SM5, était transistorisé et ne pesait que deux kilogrammes et demi. Il était muni d'un microphone, de piles rechargeables et d'un chargeur de piles. Le microphone dynamique servait en outre de haut-parleur de contrôle en mode de restitution aux fins de la vérification sur place de l'enregistrement. Il ne pouvait recevoir que des bobines de 5 pouces de diamètre, ce qui limitait le temps d'enregistrement à 15 minutes à 7 1/4 po/s, jusqu'à l'avènement des bandes minces. La qualité de l'enregistrement était tout à fait acceptable pour la retransmission de la voix en radio MA et comme cet appareil était portatif cela en faisait un instrument de choix pour les reportages radiophoniques dans les années 1950 et 1960.

NMST # 72213

Dimensions	L 24.8 cm	W 13.7 cm	H 6.4 cm
			(recorder)
	L 24,8 cm	La 13,7 cm	H 6,4 cm
			(magnétophone)

205

circa 1970s
vers les années 1970

. . . . *Sony Cassette Recorder*

▶ This Sony cassette recorder
was used by CBC radio news
in the Ottawa area and has
obviously suffered in the
"scrums" to obtain interviews
from celebrities or parliamen-
tarians. Audio cassette recorders were introduced by Phillips in Canada in 1964 but for
the first years the quality of
their recording was not good
enough for professional broadcast purposes. By the 1970s
their audio recording quality
had improved to the point
where they have become the
standard equipment for radio
newsgathering. This machine
can be operated on 110 volt
AC or on its internal (six volt;
four "D" cells) battery and with
its professional-quality microphone and miniature ear-
phone for monitoring it is a
flexible and fully portable
system.

NMST # 8774

. . . *Magnétophone à cassette Sony*

▶ Les magnétophones à cassette ont été commercialisés
par Phillips au Canada en 1964 mais, les premières années,
n'offraient pas une qualité sonore suffisante pour la radiodiffusion. Vers 1970, la qualité s'améliora au point de favoriser
l'adoption de la cassette comme matériel standard pour les
reportages radio. L'appareil présenté, qui peut fonctionner
sur courant alternatif de 110 volts ou au moyen de quatre
piles « D » de 6 volts, constitue, avec son microphone
ultrasensible et son casque d'écoute miniature, un instrument
polyvalent et entièrement portatif. Ce magnétophone à cassette était utilisé pour les informations radiophoniques de
Radio-Canada dans la région d'Ottawa et a manifestement
été passablement employé, sans doute pour les entrevues
avec des célébrités ou des parlementaires.

NMST # 8774

Dimensions	L 24.3 cm	W 13.1 cm	H 6.3 cm
	L 24,3 cm	La 13,1 cm	H 6,3 cm

circa 1920
vers 1920

.. CFCF Microphone

▶ This carbon microphone was built and used at radio station CFCF in Montreal. Established in 1919 as XWA by the Canadian Marconi Company this was the first radio station to begin regular radio broadcasting in North America on 20 May 1920.

NMST # 72598

... Microphone CFCF

▶ Ce microphone au charbon a été fabriqué et utilisé à la station radiophonique CFCF de Montréal. Fondée en 1919 par la compagnie canadienne Marconi, avec l'indicatif XWA, cette station de radio a été la première à émettre régulièrement en Amérique du Nord, à partir du 20 mai 1920.

NMST # 72598

Dimensions	L 31.6 cm	W 28.3 cm	H 15.9 cm
	L 31,6 cm	La 28,3 cm	H 15,9 cm

circa 1924
vers 1924

·········*Marconi Microphone*

▶ This carbon microphone manufactured by the Marconi Company was typical of what was used in radio stations in the 1920s. The pilot lamp indicated when the microphone was on.

NMST # 69817

...*Microphone Marconi*

▶ Ce microphone au charbon fabriqué par la compagnie Marconi est caractéristique de ceux qu'utilisaient les stations de radio dans les années 1920. La lampe-témoin indiquait que le microphone était en service.

NMST # 69817

Dimensions	D 15.2 cm	H 39.2 cm
	Pr 15,2 cm	H 39,2 cm

208

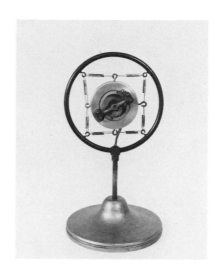

circa 1927
vers 1927

... Northern Electric Carbon Microphone

▶ This Northern Electric model 600A carbon, double-button, microphone was noisy and could only be used in the vertical position. If the carbon granules inside stuck together it stopped working altogether. Nonetheless it was much cheaper than any condenser microphone of the period and was common in radio studios in the early 1930s. This particular microphone was apparently used at CHCK in Charlottetown.

NMST # 80519

... Microphone au charbon Northern Electric

▶ Ce microphone au charbon à « double bouton » de Northern Electric, modèle 600A, était bruyant et ne pouvait être utilisé qu'à la verticale. Si les grains de charbon à l'intérieur collaient ensemble, l'appareil cessait complètement de fonctionner. Malgré tout, il demeurait beaucoup plus économique que les microphones à condensateur de l'époque et se retrouvait communément dans les studios radiophoniques du début des années 1930. Le microphone exposé aurait été utilisé à CHCK à Charlottetown.

NMST # 80519

Dimensions	L 29.7 cm	W 18.6 cm	Th 4.3 cm
	L 29,7 cm	La 18,6 cm	Ép 4,3 cm

1927

.... **Diamond Jubilee Microphone**

▶ This Northern Electric microphone and housing was typical of carbon microphones
being used by radio stations
in the 1920s. This particular
microphone was used to
broadcast the sounds of the
carillon during Canada's 1927
Diamond Jubilee broadcast.
Later it was inscribed and
mounted on this base.

Bell Canada loan

... **Microphone des célébrations du 60ᵉ anniversaire de la Confédération**

▶ Ce microphone Northern Electric et son boîtier sont typi-
ques des microphones à charbon utilisés dans les années
1920 par les stations de radio. Le microphone exposé ici a
servi à la diffusion du concert de carillon lors des célébrations
du 60ᵉ anniversaire de la Confédération en 1927. On y a
ensuite gravé une inscription commémorative et on l'a monté
sur sa base.

Prêt de Bell Canada

circa 1934
vers 1934

... **RCA Unidirectional Microphone**

▶ This RCA type 77A cardoid pattern microphone could record sound from a single direction. This was very desirable as it eliminated camera and background noise and made a cleaner sound recording possible. It was the first microphone to successfully have this unidirectional effect. Because it used a metallic ribbon suspended in a magnetic field as the pickup unit or transducer, it was also known as a ribbon type of microphone.

NMST # 69829

... **Microphone unidirectionnel RCA**

▶ Ce microphone cardioïde, modèle 77A, n'enregistrait le son que d'un seul côté. Cette caractéristique était avantageuse du fait qu'elle supprimait les bruits de caméra et d'arrière-plan, tout en offrant le meilleur enregistrement possible. Ce microphone était aussi connu sous le nom de microphone à « ruban », parce qu'il utilisait un ruban métallique suspendu dans un champ magnétique comme membrane sensible ou transducteur. Il a été le premier microphone unidirectionnel.

NMST # 69829

Dimensions	L 33.5 cm	W 13.8 cm	H 10.3 cm
	L 33,5 cm	La 13,8 cm	H 10,3 cm

circa 1936
vers 1936

⋯⋯⋯ *Moose River Microphone*

▶ This is a model of the micro-phone used in the Moose River Mine Disaster to commu-nicate with the three men trapped underground. The original Moose River micro-phone was not used by J. Frank Willis in his famous broadcasts but was an emer-gency microphone made up for the occasion and inserted into a penlight-type flashlight case. It was lowered down the drillhole which was also used as an air supply and for feed-ing of the men trapped in the mine.

NMST # 691034

⋯ *Microphone Moose River*

▶ Ce modèle de microphone est celui qui a été utilisé lors de la catastrophe minière de Moose River pour communiquer avec les trois hommes emprisonnés sous terre. Le micro-phone « Moose River » n'était pas celui qu'avait en main J. Frank Willis dans ses fameux reportages, mais un microphone d'urgence fabriqué pour l'occasion et inséré dans un boîtier analogue à celui d'une lampe-torche. Il a été passé dans le trou de forage pratiqué pour permettre aux hommes de respi-rer et de recevoir de la nourriture.

NMST # 691034

Dimensions			
	L 31 cm	W 20.9 cm	H 10.3 cm
	L 31 cm	La 20,9 cm	H 10,3 cm

212

1939

... *Royal Tour Microphone*

▶ This Western Electric type 639A microphone contains both ribbon and dynamic elements. The pick-up pattern could be quickly changed to unidirectional, omni-directional or figure-eight patterns. Several of these were gold-plated for use by King George VI and Queen Elizabeth during their 1939 Royal Tour.

NMST # 7023

... *Microphone de la visite royale*

▶ Ce microphone Western Electric, modèle 639A, comprenait à la fois un ruban et un élément électrodynamique. La membrane sensible pouvait rapidement, par réglage, devenir unidirectionnelle ou omnidirectionnelle. Plusieurs de ces micros, plaqués or, ont été utilisés pour la visite du roi George VI et de la reine Elizabeth en 1939.

NMST # 7023

Dimensions			
L 19.2 cm	*W 11 cm*	*H 8.5 cm*
L 19,2 cm	*La 11 cm*	*H 8,5 cm*

circa 1939
vers 1939

········ RCA Microphone

▶ This RCA type 633 microphone was used by the CBC reporters for coverage of the 1939 Royal Tour. It was later used extensively for CBC coverage of World War II.

NMST # 75600

··· Microphone RCA

▶ Ce microphone RCA, modèle 633, a servi aux reporters de la SRC lors de la visite royale de 1939. Son emploi devait par la suite se généraliser pour la couverture de la Deuxième Guerre mondiale par Radio-Canada.

NMST # 75600

Dimensions	L 17.7 cm	W 12.2 cm	H 10.2 cm
	L 17,7 cm	La 12,2 cm	H 10,2 cm

214

1970

. **AKG Studio Microphone**

▶ AKG introduced this type of cardoid dynamic microphone in the 1950s and this style, with various technical improvements, remained on the market for many years. This model, a D-19E, was purchased by the NMST for general use in sound recordings in the 1970s.

NMST # 8769

... **Microphone de studio AKG**

▶ AKG a mis sur le marché ce type de microphone dynamique cardioïde dans les années 1950; ces microphones sont restés sur le marché, avec diverses améliorations techniques, pendant plusieurs années. Ce micro, un D-19E, a été acheté dans les années 1970 par le Musée national des sciences et de la technologie pour des travaux généraux d'enregistrement sonore.

NMST # 8769

Dimensions	L 17.9 cm	D 3.8 cm
	L 17,9 cm	Pr 3,8 cm

215

1970

AKG Shotgun Microphone

▶ This AKG model D-900 shotgun microphone is typical of a series of highly directional and sensitive microphones used to pick up sound from a distance. It is often used by reporters to pick up conversations when crowds or other obstructions make it difficult to get close for an interview. The development of this type of microphone also made it easy to eavesdrop on private conversations.

NMST # 8770

Microphone canon AKG

▶ Ce microphone canon AKG, modèle D-900, est un bon exemple de la série de microphones directionnels et très sensibles utilisés pour enregistrer à distance. Les reporters s'en servent souvent pour enregistrer des conversations lorsqu'il y a foule ou d'autres obstacles qui gênent l'interview. C'est également à ce type de microphone qu'on a recours pour écouter des conversations privées.

NMST # 8770

Dimensions	L 66.5 cm	D 3.5 cm
	L 66,5 cm	Pr 3,5 cm

216

circa 1922
vers 1922

. *Philmore Crystal Radio*

▶ This American made set is typical of the relatively inexpensive commercially made sets that were available in the early days of broadcasting. It requires no power supply and could receive powerful stations from over 160 kilometres away if there were no local stations to cause interference and if it was connected to a good outdoor antenna. Headphones were required for listening.

NMST # 770242

. . . *Radio piézoélectrique Philmore*

▶ Ce poste de radio de fabrication américaine est caractéristique des appareils commerciaux relativement économiques qui se vendaient au début de la radiodiffusion. Fonctionnant sans électricité, il pouvait capter les stations de grande puissance à plus de 160 kilomètres de distance s'il n'y avait pas de station locale pour brouiller les ondes et s'il était raccordé à une bonne antenne extérieure. Il fallait un casque d'écoute à l'auditeur.

NMST # 770242

Dimensions			
	L 14.8 cm	*W 10.9 cm*	*H 4.4 cm*
	L 14,8 cm	*La 10,9 cm*	*H 4,4 cm*

217

circa 1922
vers 1922

·········· Westinghouse Radiola III

▶ This two-tube regenerative radio receiver was a big improvement on the crystal set because the vacuum tubes could amplify the received signal to make it much louder. Weaker stations, and radio stations located further away could now be heard. It still could only be listened to on headphones and required several batteries to operate the vacuum tubes.

NMST # 700011

··· Radiola III de Westinghouse

▶ Ce récepteur radio à réaction à deux tubes représentait une nette amélioration par rapport au poste piézoélectrique, étant donné que les tubes à vide pouvaient amplifier le signal reçu de façon considérable. Les stations à faible puissance d'émission et les stations éloignées pouvaient désormais être captées. Il fallait encore utiliser un casque d'écoute et avoir recours à de nombreuses piles pour alimenter les tubes à vide.

NMST # 700011

Dimensions	L 20.2 cm	W 16.9 cm	H 17.6 cm
	L 20,2 cm	La 16,9 cm	H 17,6 cm

218

circa 1924
vers 1924

. Northern Electric Superheterodyne Radio

▶ This six-tube Canadian-made radio receiver used the new superheterodyne circuit that provided much better selectivity and sensitivity than previous sets. This meant that weaker or more distant stations could be received and stations that were close together on the dial could now be received without one interfering with the other. This set required batteries for its power supply and headphones for listening.

NMST # 690715

... Récepteur superhétérodyne de Northern Electric

▶ Ce récepteur radio à six tubes, fabriqué au Canada, utilisait le nouveau circuit superhétérodyne qui offrait un sélectivité et une sensibilité supérieures aux postes précédents. Ainsi, les stations à faible puissance d'émission ou éloignées pouvaient être captées, tandis que celles de fréquences rapprochées ne se gênaient plus les unes les autres. Il fallait ici encore des piles d'alimentation et un casque d'écoute.

NMST # 690715

Dimensions	L 57.7 cm	W 20 cm	H 27.9 cm
	L 57,7 cm	La 20 cm	H 27,9 cm

219

circa 1927
vers 1927

········ **Marconiphone Radio**

▶ This Marconiphone model VI was manufactured by the Canadian Marconi Company which began manufacturing radio receivers in Canada in 1922. This is a four-tube, battery-operated set. The two tuning dials required careful and well-coordinated manipulation to select particular stations. This radio had enough output power to drive a horn speaker and did not necessarily require headphones for listening.

NMST # 680510

··· *Radio Marconiphone*

▶ Ce Marconiphone, modèle VI, a été fabriqué par Marconi Canada, qui a commencé à fabriquer des récepteurs radio au Canada dès 1922. Il s'agit d'un poste à quatre tubes fonctionnant sur piles. Les deux cadrans d'accord devaient être manipulés avec soin et bien coordonnés pour capter une station particulière. Ce récepteur possédait suffisamment de puissance de sortie pour actionner le haut-parleur à pavillon et l'on pouvait se passer de casque d'écoute.

NMST # 680510

Dimensions	L 71.4 cm	W 44.1 cm	H 30 cm
	L 71,4 cm	La 44,1 cm	H 30 cm

circa 1927
vers 1927

Rogers Batteryless Radio

▶ This Rogers Batteryless model RB420 radio was developed by Ted Rogers who also founded CFRB in Toronto. Rogers bought the Canadian rights to a vacuum tube that allowed him to develop a radio that could be operated on normal household AC power. Prior to this all radio receivers (except for crystal sets) were battery operated and these batteries were expensive (at $25-$35 each in the 1920s) and had to be replaced regularly. The first such sets were introduced at the Canadian National Exhibition in Toronto in 1925.

NMST # 730319

••• Radio Rogers sans pile

▶ Ce récepteur radio Rogers, modèle 420 sans pile, a été mis au point par Ted Rogers, également fondateur de CFRB à Toronto. Rogers avait acheté les droits au Canada d'un tube à vide qui allait lui permettre de créer un poste radio capable de fonctionner sur le courant alternatif normal de la maison. Jusque-là, tous les récepteurs radio (à l'exception des appareils piézoélectriques) fonctionnaient sur des piles, qui coûtaient fort cher, soit de 25 à 35 $ chacune dans les années 1920, et qui devaient être remplacées régulièrement. Le premier récepteur du genre fut présenté à l'Exposition nationale du Canada à Toronto en 1925.

NMST # 730319

Dimensions	L 68.7 cm	W 33 cm	H 28.2 cm
	L 68,7 cm	La 33 cm	H 28,2 cm

circa 1931
vers 1931

######### *Philco Cathedral-top Radio*

▶ This Philco model 20 radio included a built-in speaker and its cathedral styling was typical of sets made by many manu- facturers in the 1930s. There is only one tuning knob com- pared to the two or three required on earlier sets. It was a seven-tube receiver which was relatively powerful and also reasonably priced. Many thousands of these were sold in the 1930s as radio became a mass medium.

NMST # 780485

... *Radio Philco de style cathédrale*

▶ Cette radio Philco, modèle 20, était munie d'un haut-parleur encastré et son style cathédrale est caractéristique de nom- breux modèles sur le marché pendant les années 1930. Elle n'avait plus qu'un seul cadran d'accord, au lieu des deux ou trois boutons de réglage nécessaires sur les modèles plus anciens. Ce récepteur à sept tubes était de puissance et de prix fort acceptables. C'est la raison pour laquelle des milliers de ces appareils se sont vendus au cours des années 1930 alors que la radio se généralisait.

NMST # 780485

Dimensions	*L 40.3 cm*	*W 26.1 cm*	*H 44.6 cm*
	L 40,3 cm	*La 26,1 cm*	*H 44,6 cm*

circa 1931-1932
vers 1931-1932

·· **RCA Portable Radio**

▶ This RCA model P-31 portable radio had a self-contained
battery power supply so that
it could be taken anywhere. It
weighed approximately six-
teen kilograms and was a luxury item for those who could
afford a second radio for locations removed from the normal household AC power
supply.

NMST # 770586

··· *Radio portative RCA*

▶ Cette radio portative RCA, modèle P-31, était alimentée
par piles. Elle pesait environ 16 kilogrammes et constituait un
objet de luxe pour les personnes capables de se payer un
deuxième poste pour leurs déplacements.

NMST # 770586

Dimensions	L 40.3 cm	W 26.1 cm	H 44.6 cm
	L 40,3 cm	La 26,1 cm	H 44,6 cm

223

circa 1938
vers 1938

······ **GE Push-Button Radio**

▶ This General Electric model H-53 radio contained five tubes and had two frequency ranges (Standard Broadcast from 540-1720 kHz and Short Wave from 5.8 to 21 MHz). Push-button tuning, as represented on this radio, became fairly common by the late 1930s and allowed for favourite stations to be selected simply by pushing the appropriate button.

NMST # 700324

··· **Radio à bouton-poussoir GE**

▶ Cette radio General Electric, modèle H-53, comprenait cinq tubes et captait deux gammes de fréquence (ondes moyennes de radiodiffusion — de 540 à 1720 kHz — et ondes courtes — de 5,8 à 21 MHz). Les boutons-poussoirs de réglage de cette radio sont devenus passablement courants à la fin des années 1930, et il suffisait à l'auditeur d'appuyer sur le bouton voulu pour capter sa station préférée.

NMST # 700324

Dimensions	*L 40.2 cm*	*W 19.2 cm*	*H 22.2 cm*
	L 40,2 cm	*La 19,2 cm*	*H 22,2 cm*

224

circa 1939
vers 1939

. Philco Floor Model Radio

▶ This Philco model 30-3116 is an example of a top-of-the-line radio receiver of the period and sold for $295 in 1939. It covered the standard broadcast band and up to 18 MHz in two shortwave bands. Its most distinctive feature was its "Mystery Control" which was a wireless remote control unit that allowed one to select up to eight pre-tuned stations, control volume, and turn the set off from their easy chair.

NMST # 680468
730664 (remote control)

. . . Meuble radio Philco

▶ Ce Philco, modèle 30-3116, qui constitue un exemple de récepteur haut de gamme, se vendait 295 $ en 1939. Au delà de la bande de radiodiffusion, il pouvait capter jusqu'à 18 MHz sur deux bandes à ondes courtes. Il comprenait une télécommande sans fil permettant de sélectionner jusqu'à huit stations préprogrammées, de régler le volume et de fermer l'appareil sans quitter son fauteuil.

NMST # 680468
730664 (télécommande)

Dimensions	L 88 cm	W 19.2 cm	H 90.3 cm (radio)
	18.5 cm	22.1 cm	14.3 cm (remote control)
	L 88 cm	La 19,2 cm	H 90,3 cm (récepteur)
	18,5 cm	22,1 cm	14,3 cm (télécommande)

circa 1930s
vers les années 1930

········ *Philco-Ford Car Radio*

▶ This Philco-Ford model F 1440H code 121 is an early example of a radio specifically designed to be built into a car. It was difficult to find space for these large sets so they were often made in three separate components: the speaker, the main chassis of the receiver, and a remote control mounted in a convenient location for the driver. These early car radios also used an enormous amount of battery power and thus would quickly drain the car battery if left on for any period of time when the engine was not running.

NMST # 71230

··· *Radio de voiture Philco-Ford*

▶ Ce modèle Philco-Ford F 1440H code 121 est un des premiers récepteurs fabriqués expressément pour les voitures. Il était alors difficile de placer les gros appareils, de sorte qu'ils se présentaient souvent en trois éléments distincts : le haut-parleur, le boîtier principal du récepteur et une télécommande fixée à un endroit commode pour le chauffeur. Il était déconseillé d'utiliser la radio lorsque le moteur était coupé parce qu'elle mettait rapidement la batterie à plat.

NMST # 71230

circa 1946-1947
vers 1946-1947

.. *Northern Electric "Baby Champ"*

▶ This Northern Electric model 5002 "Baby Champ" was typical of many five-tube sets marketed after the hiatus in home radio manufacturing during World War II. Plastic was used extensively for the cabinets of the smaller table radios that people often bought as second sets.

NMST # 740084

... *« Baby Champ » de Northern Electric*

▶ Ce modèle 5002 de Northern Electric, « Baby Champ », est typique de nombreux récepteurs à cinq tubes commercialisés après un arrêt dans la fabrication des radios domestiques pendant la Deuxième Guerre mondiale. Le plastique était très utilisé pour les boîtiers des petits appareils de table que les gens achetaient comme deuxième récepteur.

NMST # 740084

Dimensions	L 27 cm	W 17.1 cm	H 16 cm
	L 27 cm	La 17,1 cm	H 16 cm

circa 1948
vers 1948

········· RCA Master Radio

▶ The streamlined design of this RCA Master radio was typical of post-war styling. The set operates from normal household power but had a handle moulded into the top so it could easily be moved from room to room. Both the standard broadcast frequencies and a shortwave band (9 to 12 MHz) were covered.

NMST # 780697

... Récepteur RCA Master

▶ Ce modèle profilé, RCA Master, illustre bien la mode de l'après-guerre. L'appareil fonctionne à l'électricité et sa partie supérieure avait une poignée qui permettait de le déplacer d'une pièce à l'autre. Il pouvait capter les fréquences de radiodiffusion de même que les ondes courtes (de 9 à 12 MHz).

NMST # 780697

Dimensions	L 38 cm	W 19.6 cm	H 21.5 cm
	L 38 cm	La 19,6 cm	H 21,5 cm

circa 1960
vers 1960

.. *Admiral Transistor Portable*

▶ This Admiral T-700 transistorized radio used one nine-volt battery and six transistors and was typical of the truly portable radios of the 1960s. Compact portable tube radios had been manufactured for some time but battery-life remained a problem until the invention of the transistor. The first transistor radio hit the market in time for Christmas 1954.

NMST # 780685

... *Récepteur portatif Admiral transistorisé*

▶ Cet appareil transistorisé Admiral T-700 fonctionnait au moyen d'une pile de 9 volts et de six transistors. Il est un bon exemple des postes vraiment portatifs des années 1960. Les appareils à tubes portatifs existaient depuis un certain temps mais la durée des piles posa un problème jusqu'à l'invention du transistor. La première radio transistorisée a été mise sur le marché pour Noël 1954.

NMST # 780685

Dimensions	L 8.6 cm	W 6.3 cm	H 3.1 cm
	L 8,6 cm	La 6,3 cm	H 3,1 cm

circa 1962
vers 1962

Viking AM/FM Transistor Portable

▶ This Viking model D9 TRV145 radio used nine transistors and covered both the AM and FM bands with four penlight batteries for its power source. Although the sound quality of these radios was not high because of their small one or two-inch speakers, radios of this type became extremely popular in the 1960s.

NMST # 800012

... Poste portatif à transistors Viking MA/MF

▶ Le modèle Viking D9 TRV145 utilisait neuf transistors et captait les fréquences MA et MF; il fonctionnait au moyen de quatre petites piles. Malgré la médiocrité de la qualité sonore de ces récepteurs, en raison de la petitesse des hauts-parleurs qui ne mesuraient que de 2,5 à 5 centimètres, ces appareils ont connu beaucoup de succès dans les années 1960.

NMST # 800012

Dimensions	L 16 cm	W 4.6 cm	H 9.4 cm
	L 16 cm	La 4,6 cm	H 9,4 cm

circa 1962
vers 1962

▶ ... *Electrohome Hi-Fi*
Radio-Record Player

▶ This Electrohome Cascade model was the 1960s replacement for the floor-standing console radios of earlier years. This High-Fidelity (Hi-Fi) unit contained an AM/FM radio receiver, and a four-speed (16, 33 1/3, 45 and 78 rpm) automatic record changer, and provided stereophonic sound.

NMST # 830346

... *Radio tourne-disque Hi-Fi Electrohome*

▶ Ce modèle Cascade d'Electrohome remplaçait dans les années 1960 le meuble radio des années antérieures. Cet appareil « haute fidélité » stéréophonique comprenait un récepteur radio MA/MF et un tourne-disque automatique à quatre vitesses (16, 33 1/3, 45 et 78 tr/min).

NMST # 830346

Dimensions	L 117 cm	W 37.5 cm	H 67.8 cm
	L 117 cm	La 37,5 cm	H 67,8 cm

circa 1970
vers 1970

·········*Philco-Ford Car Radio*

▶ This Philco-Ford model D00A 18806C radio was typical of standard equipment on cars of this era. It was a transistorized set and covered only the AM frequencies. It provided push-button selection of the listener's favourite stations.

NMST # 860291

···*Radio de voiture Philco-Ford*

▶ Ce modèle Philco-Ford D00A 18806C est caractéristique des appareils standard de voiture à cette époque. Il s'agit d'un poste transistorisé à boutons-poussoirs qui ne couvre que la bande MA.

NMST # 860291

Dimensions	W 19 cm	D 20 cm	L 18 cm
	La 19 cm	D 20 cm	L 18 cm

1962

.... Component Stereo Hi-Fi Sound System

▶ This component sound system was assembled in Hong Kong selecting state-of-the-art components that were then mounted in this teak cabinet according to the specifications of a particular customer. This system consists of a British-built H.J. Leak tuner, amplifier, and preamplifier, Wharfedale speakers, a Connoisseur two-speed turntable, and a B & O tone arm and cartridge. This stereo set would have been considered a good quality sound system in the early 1960s.

NMST # 84800

... Chaîne stéréo Hi-Fi

▶ Cette chaîne a été montée à Hong Kong avec des éléments parmi les plus perfectionnés du temps dans un meuble en teck selon les exigences du client. Cette chaîne comprend un préampli, un ampli et un tuner H.J. Leak de fabrication britannique, des enceintes Wharfedale, une platine à deux vitesses Connoisseur, un bras de lecture et une cellule B & O. Cette chaîne aurait été jugée de qualité au début des années 1960.

NMST # 84800

Dimensions	L 85 cm	H 62 cm	D 52 cm
	L 85 cm	H 62 cm	Pr 52 cm

233

1987

.... *Pioneer Portable Component Sound System*

▶ This Pionner model CK-W300 (BK) is typical of thousands of "boom-boxes" that have become extremely popular in the 1980s. It is portable and can be operated from the 110 volt AC domestic supply or by battery (eight "D" cells.) It can receive standard AM broadcasts and FM stereo. In addition it has two shortwave bands covering frequencies from 2.3 to 22 MHz. This reflects a renewed interest in shortwave listening in the 1980s. (Before World War II, most upscale radio receivers were equipped with one or more shortwave bands.) This unit is also equipped with dual cassette decks that can record from any of the radio bands, dub tapes from one to another and also play back two cassettes one after the other for longer uninterrupted playback time.

NMST # 870072

... *Chaîne portative Pioneer*

▶ Ce modèle Pioneer CK-W300 (BK) est représentatif des milliers de minichaînes extrêmement populaires dans les années 1980. Portatif, il peut être branché sur le courant alternatif normal de la maison ou être alimenté par huit piles « D ». Il capte les émissions MA et MF stéréo. Il comporte en plus deux bandes d'ondes courtes pour les fréquences de 2,3 à 22 MHz. Cette caractéristique témoigne d'un regain d'intérêt pour les ondes courtes dans les années 1980. (Avant la Deuxième Guerre mondiale, la plupart des récepteurs radio haut de gamme comportaient une ou plusieurs bandes d'ondes courtes.) L'appareil est également muni de deux lecteurs de cassettes capables d'enregistrer directement à partir des bandes radio, d'effectuer des copies de cassettes et de jouer deux cassettes en séquence sans interruption.

NMST # 870072

Dimensions	L 650 mm	W 150 mm	H 240 mm
	L 650 mm	La 150 mm	H 240 mm

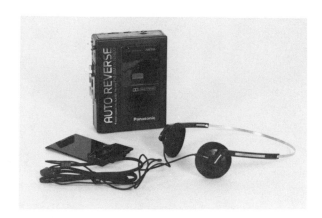

... *Panasonic AM/FM Stereo Radio Cassette Player*

1987

▶ The small, portable "walkman" style radio, first developed by Sony in 1980 was the first of the battery operated portable audio cassette tape players that launched a whole new way of listening "on-the-go." They proved to be so popular that many manufacturers were soon producing them, not only as tape players, but also with radios built in. This model RX-S35 personal, portable unit can receive AM and FM stereo broadcasts. The cassette player is equipped with a Dolby noise reduction system and auto-reverse which allows it to play both sides of the tape automatically in sequence. The unit can be operated by batteries (2 "AA" cells — 3 volts), household AC, or a car battery with suitable adaptors. These portable walkmans have become extremely popular but it has been suggested that they could be hazardous when worn by joggers and cyclists.

NMST # 870073

... *Radio MA/MF et lecteur de cassettes stéréo Panasonic*

▶ Le premier des baladeurs, mis au point par Sony, a été distribué en 1980. Ces cassettophones portatifs à piles ont inauguré un nouveau mode d'écoute. Ils ont connu une telle vogue que les fabricants les ont multipliés non seulement comme lecteurs de cassettes mais également comme radios. Ce modèle portatif RX-S35 peut capter les émissions MA et MF en stéréo. Le lecteur de cassettes est muni d'un système de réduction du bruit dolby et d'un mécanisme de réversibilité pour jouer les deux faces de la bande automatiquement sans intervention. L'alimentation se fait par deux piles « AA » (3 volts), par branchement sur le courant alternatif normal de la maison ou encore, au moyen d'un adapteur, sur la batterie de voiture. Ces baladeurs portatifs sont extrêmement populaires mais on les dit dangereux pour ceux qui pratiquent le jogging ou le cyclisme.

NMST # 870073

Dimensions	L 115 mm	W 90 mm	H 35 mm
	L 115 mm	La 90 mm	H 35 mm

Television
...1952-1987

Télévision
...1952-1987

. . . . *Newsmagazine: Earliest Surviving Canadian TV Broadcast*

14 September 1952
14 septembre 1952

English

▶ One week after CBC television went on the air in Montreal and Toronto, *Newsmagazine* told this story about the first Japanese war bride to come to Canada. (The same story was picked up by Associated Screen News, and appears in the newsreel presentation of this exhibition.) Lorne Greene, who hosted the series until 1953, introduces this excerpt. (As on the original recording, he is framed slightly off centre.) In typical newsreel style, the visuals of the new bride and her husband, a Canadian Army private returning from Korea, are accompanied by music and voice-over commentary. *Newsmagazine*, a weekly survey of events at home and abroad, was one of the few sources of television news until CBC began its daily national newscasts in 1954.

Canadian Broadcasting Corporation Collection 1986-0024
14 September 1952
Newsmagazine
V1 8601-0119(1)

. . . *Newsmagazine : La plus ancienne émission de télévision canadienne encore existante*

▶ Une semaine après l'entrée en ondes de la télévision de Radio-Canada à Montréal et à Toronto, *Newsmagazine* a raconté l'histoire de cette première épouse de guerre japonaise à venir au Canada. (Reprise par Associated Screen News, cette histoire apparaît aussi dans la section des actualités de l'exposition.) Lorne Greene, animateur de cette émission hebdomadaire jusqu'en 1953, présente cet extrait. Comme sur l'enregistrement original, il apparaît légèrement décentré. Dans la plus pure tradition des actualités filmées, les images de la jeune femme et de son mari, un soldat de l'armée canadienne de retour de Corée, sont accompagnées de musique et d'un commentaire. Revue hebdomadaire de l'actualité nationale et internationale, *Newsmagazine* était l'une des quelques sources de nouvelles télévisées existantes avant l'avènement du téléjournal quotidien du réseau anglais de la SRC en 1954.

Fonds de la Société Radio-Canada 1986-0024
14 septembre 1952
Newsmagazine
V1 8601-0119(1)

27 February 1953
27 février 1953

English

. . . *Tabloid: Telephone Call Interrupts Newscast*

▶ The presentation of this news item on CBLT's *Tabloid* is an amusing example of early television gimmickry. A breaking news story is reported live on the air — or so it appears. Newscaster Gil Christie pauses in his reading of the day's headlines to answer the telephone on his desk. The contents of the news flash: an upcoming meeting between the United States President and the Soviet Premier. This summit meeting planned for 2 April 1953 never took place. Joseph Stalin died on 5 March, just six days after the *Tabloid* announcement. The clumsy jump-cut that appears in mid-item was made after the story originally aired, but this is now the only version available.

Canadian Broadcasting Corporation Kine Collection
1982 0070
27 February 1953
Tabloid
V1 8204-0043(2)

. . . *Tabloid : Un coup de téléphone Imprévu*

▶ Voici un exemple amusant de la recherche d'astuces de la part de la télévision à ses débuts. Pour ce qui semble être un reportage en direct, l'animateur Gil Christie interrompt sa lecture des manchettes du jour et prend le récepteur sur son bureau : on lui annonce une rencontre prochaine au sommet entre le président des États-Unis et le numéro un soviétique. Ce sommet prévu pour le 2 avril 1953 n'a jamais eu lieu, puisque Staline mourut le 5 mars, six jours après l'annonce de *Tabloid*. La coupure qui apparaît au beau milieu de cet extrait a été effectuée après la première diffusion du reportage sur les ondes, mais c'est la seule version dont nous disposons.

Fonds ciné de la Société Radio-Canada 1982-0070
27 février 1953
Tabloid
V1 8204-0043(2)

239

18 March 1953
18 mars 1953

English

.........Tabloid: Early Television Technology

▶ *Tabloid*'s opening fifteen minutes of news, "The News at Seven," was the only daily newscast on Canadian television in 1953. Here Gil Christie reads the lead story: the exploits of American jet ace, Colonel Roy Baker, in Korea. Christie has to voice-over the film insert of Baker being interviewed because these were the days before portable sound and most of the stories in the *Tabloid* newscast were filmed silent. The excerpt includes the original graphics and voice-over introduction of this early CBLT (Toronto) news and feature program.

Canadian Broadcasting Corporation Kine Collection 1982-0070
18 March 1953
Tabloid
V1 8204-0043(4)

...Tabloid : Nouvelles techniques pour la télévision

▶ « The News at Seven », les quinze minutes de nouvelles au début de *Tabloid*, étaient la seule émission quotidienne sur l'actualité à la télévision canadienne en 1953. Cet extrait nous montre Gil Christie lisant la manchette du jour : les exploits de l'as pilote américain, le colonel Roy Baker, en Corée. Christie doit prêter sa voix pour l'interview de Baker dans le film, mais ce phénomène est typique des actualités de l'époque, parce que la plupart des événements présentés dans cette émission étaient filmés sans son. L'extrait comprend aussi les graphiques et la présentation commentée originales de cette première émission de nouvelles et d'analyse de CBLT (Toronto).

Fonds ciné de la Société Radio-Canada 1982-0070
18 mars 1953
Tabloid
V1 8204-0043(4)

7 December 1953
7 décembre 1953

English

. . . CBLT Special: Toronto Municipal Election Coverage

▶ This *Tabloid* special on the election of the first council of the newly-formed municipality of Metropolitan Toronto is an early example of television election coverage. In keeping with CBC's then current policy of safeguarding objectivity in political reporting, independent news analyst Allan Anderson was brought in to host the program and provide commentary. In this excerpt Anderson announces the election of new Toronto mayor, Allan A. Lamport, and Gil Christie reads the rest of the results displayed on a chalkboard backdrop. The first televised federal election night coverage was aired on CBC on 10 August 1953, but no recording survives.

Canadian Broadcasting Corporation Kine Collection 1982-0070
7 December 1953
Tabloid
V1 8204-0044(1)

. . . Émission spéciale de CBLT : Reportage sur les élections municipales à Toronto

▶ Nous avons dans cette émission spéciale de *Tabloid* sur l'élection du premier conseil municipal de la toute nouvelle communauté urbaine de Toronto un exemple des premières couvertures d'élections à la télévision. Conformément à sa politique d'objectivité d'alors en matière politique, la SRC a fait appel à l'analyste indépendant Allan Anderson pour animer l'émission et commenter les résultats de l'élection. Dans cet extrait, Anderson annonce l'élection du maire de Toronto Allan A. Lamport, et Gil Christie lit le reste des résultats affichés sur un tableau en arrière-plan. La première soirée des élections fédérales télévisées a été diffusée sur les ondes de Radio-Canada le 10 août 1953, mais il n'en reste aucun enregistrement.

Fonds ciné de la Société Radio-Canada 1982-0070
7 décembre 1953
Tabloid
V1 8204-0044(1)

NORMAN McBAIN

12 December 1956
12 décembre 1956

English

.... CBC: First Televised Leadership Convention

▶ CBC pioneered political convention coverage in this live broadcast from the Coliseum in Ottawa, scene of the 1956 Progressive Conservative Party Leadership Convention. Norman McBain relies on Norman DePoe to describe the proceedings from his vantage point high above the convention floor. The cameras manage a distant shot of DePoe behind the glass panel of his broadcast booth. The excerpt also includes a convention floor interview, now a staple of convention coverage, by reporter Tom Earle. The "I Like Ike" button worn by one delegate is an interesting reminder of American influence on Canadian conventions.

Progressive Conservative Party Collection 1973-0133
12-13 December 1956
Progressive Conservative Convention
V1 8606-0080, V1 8608-0081, V1 8606-0083(1)

... CBC : Première télédiffusion d'un congrès d'investiture

▶ La SRC fait figure de pionnière avec cette couverture du congrès d'investiture du Parti progressiste conservateur en direct du Colisée d'Ottawa en 1956. Norman McBain doit s'en remettre à Norman DePoe pour décrire le déroulement des événements. Celui-ci observe la scène de son poste au-dessus du plancher du congrès. Les caméras nous le montrent à distance derrière les panneaux vitrés de sa loge de diffusion. L'extrait comprend aussi cet élément devenu indispensable à toute couverture de congrès : une entrevue avec un militant sur le plancher du congrès, par le reporter Tom Earle. Le macaron « I Like Ike » que porte un des délégués nous rappelle l'influence américaine sur les congrès canadiens.

Fonds du Parti progressiste conservateur 1973-0133
12-13 décembre 1956
Progressive Conservative Convention
V1 8606-0080, V1 8608-0081, V1 8606-0083(1)

31 December 1956
31 décembre 1956

Français

. . . *Revue de l'année 1956: Radio-Canada Adapts English Language Broadcast*

▶ Co-hosting this item, taken from a 1956 retrospective on major news events, are René Lévesque and Roland Giguère. Reviewing the St. Lawrence Seaway project from the start of construction in 1951, the item uses Seaway footage from one of the documentaries in NBC's *Wide Wide World* series, which CBC also carried. As the film rolls, Lévesque and Giguère provide voice-over commentary in French. At this time Lévesque freelanced and was Radio-Canada's premier television reporter. Giguère was then news director for both radio and television.

Canadian Broadcasting Corporation Collection 1986-0753
31 December 1956
Revue de l'année 1956
V2 8612-0038

. . . *Revue de l'année 1956 : Radio-Canada utilise des extraits d'émissions anglaises dans une émission de télévision française*

▶ René Lévesque et Roland Giguère sont les deux anima teurs de cet extrait de la *Revue de l'année 1956*. L'émission fait l'historique des travaux d'aménagement de la voie maritime du Saint-Laurent à partir de 1951 et comprend un film tiré d'un des documentaires produits par NBC dans le cadre de la série télévisée *Wide Wide World* diffusée aussi par la SRC. À mesure que les images défilent sous leurs yeux, Lévesque et Giguère les commentent en français. René Lévesque était à ce moment-là pigiste et reporter numéro un à la télévision de Radio-Canada. Roland Giguère, quant à lui, dirigeait le service des nouvelles à la radio et à la télévision.

Fonds de la Société Radio-Canada 1986-0753
31 décembre 1956
Revue de l'année 1956
V2 8612-0038

26 October 1957
26 octobre 1957

Français

.... **Les Actualités de Radio-Canada**

▶ The daily television newscasts of this period have not survived, but similar in style and among the earliest French language examples available, are these two items depicting ordinary scenes of Canadian lifestyles and activities. Taken from *Les Actualités* — meaning "Topics of the Day" — they are not news items as we know them today. Styled on the newsreel, *Les Actualités* consisted of four to six vignettes covering a range of topics both local and national, accompanied by music and a voice-over commentary. Pierre Stein, the probable narrator of this excerpt, had been in radio broadcasting in Quebec since 1943 and became Radio-Canada's first television newscaster in 1952.

Canadian Broadcasting Corporation Collection 1986-0460
26 October 1957
Les Actualités
V1 8609-0023

... **Les Actualités de Radio-Canada**

▶ Les actualités télévisées de cette période n'existent plus, mais nous en avons une idée assez précise avec ces deux extraits sur la vie quotidienne des Canadiens et qui sont parmi les plus anciens exemples du genre dont nous disposons en langue française. Tirés des *Actualités*, ces extraits ne ressemblent guère à nos bulletins de nouvelles d'aujourd'hui. En effet, conçue sur le modèle des actualités, cette émission présentait quatre à six courts métrages accompagnés de musique et de commentaires touchant l'actualité tant locale que nationale. Pierre Stein serait le narrateur du présent extrait. Il avait d'abord travaillé à la radio au Québec à partir de 1943 avant de devenir, en 1952, le premier lecteur attitré du bulletin d'information télévisé de Radio-Canada.

Fonds de la Société Radio-Canada 1986-0460
26 octobre 1957
Les Actualités
V1 8609-0023

244

2 February 1958
2 février 1958

Français

. . . *Bulletin d'information: Jean Ducharme*

▶ Very early Canadian television newscasts are hard to come by, and this is one of the earliest. Maintaining the simple, objective, somewhat sombre tone of the radio newscast, this television bulletin presents the news of the day with no illustrations whatsoever. Jean Ducharme, who we see here as reader and announcer, joined Radio-Canada in 1953, and began doing both radio and television news in 1955. Known for his calm, responsible reporting, Ducharme has taken part in a variety of public affairs shows over the years, including the nightly *Téléjournal* in the 1980s.

Canadian Broadcasting Corporation Collection 1986-0460
2 February 1958
Bulletin d'information
V1 8608-0046(1)

. . . *Bulletin d'information : Jean Ducharme*

▶ Les très anciens bulletins d'information télévisés sont rares, et celui-ci est un des plus vieux qui aient été conservés. Ce bulletin des nouvelles du jour ne contient aucune illustration et conserve le ton simple, objectif et dépouillé du journal parlé à la radio. Jean Ducharme, que l'on voit ici comme lecteur et annonceur, est entré au service de Radio-Canada en 1953 et est affecté aux nouvelles, tant de la radio que de la télévision, en 1955. Reconnu pour son calme et la qualité de ses reportages, Ducharme a participé à diverses émissions d'affaires publiques, y compris le *Téléjournal* de fin de soirée dans les années 1980.

Fonds de la Société Radio-Canada 1986-0460
2 février 1958
Bulletin d'information
V1 8608-0046(1)

5 May 1958
5 mai 1958

Français

. . . . *Reportages: A Human Target*

▶ Taken from the weekly series *Reportages*, this item features an interview with Montreal police sergeant, Léo Plouffe, who later became an expert in defusing FLQ bombs during the 1960s. The interviewer, Raymond Laplante was well-known for his special reports on agriculture, labour and a variety of issues touching the lives of ordinary Canadians. One of Radio-Canada's first reporters, Laplante injected an element of human interest into his reports, which gave them popular appeal. He thus contributed to the success of such television series as *Carrefour, Pays et Merveilles* and *Aujourd'hui*. Laplante returned to radio in 1968, becoming senior newscaster on the national network along with Henri Bergeron.

Canadian Broadcasting Corporation Collection 1986-0460
5 May 1958
Reportages
V1 8603-0045(2)

. . . *Reportages: Une cible humaine*

▶ Tiré de la série hebdomadaire *Reportages*, cet extrait nous montre une entrevue avec le sergent Léo Plouffe de la Police de Montréal, qui devait devenir plus tard un expert dans le désamorçage des bombes du FLQ au cours des années 1960. L'interviewer, Raymond Laplante, était bien connu pour ses reportages spéciaux sur l'agriculture, les questions ouvrières et divers autres sujets touchant la vie des citoyens ordinaires. Un des premiers reporters de Radio-Canada, Laplante a su apporter un élément humain à ses reportages qui furent très appréciés du public. Il a ainsi contribué au succès des séries télévisées telles que *Carrefour, Pays et Merveilles* et *Aujourd'hui*. Revenu à la radio en 1968, Laplante devint, avec Henri Bergeron, un annonceur chevronné du réseau national.

Fonds de la Société Radio-Canada 1986-0460
5 mai 1958
Reportages
V1 8603-0045(2)

7 October 1958
7 octobre 1958

Français

. . . *Point de mire: René Lévesque*

▶ With René Lévesque in his familiar position in front of a map of the world — pointer in hand — this excerpt from *Point de mire* is taken from one of the few surviving programs of this period in television history. Hosted by Lévesque, and produced by Claude Sylvestre, *Point de mire* analysed current international events through film, graphics, maps and interviews with experts. Here, Lévesque comments on the rebellion in Algeria, where French Algerians joined with leaders of the French Army in Algeria to take over control of the country. This was one of the later programs in the current affairs series, which ran for almost three years from October 1956 to June 1959. The strike action by Radio-Canada producers contributed to the withdrawal of *Point de mire* in 1959.

Canadian Broadcasting Corporation Collection 1986-0544
7 October 1958
Point de mire
V2 8610-0040(3)

. . . *Point de mire : René Lévesque*

▶ Avec René Lévesque dans sa pose classique — une baguette à la main devant une mappemonde —, cet extrait de *Point de mire* est tiré d'une des rares émissions encore existantes de cette période de l'histoire de la télévision. Animée par René Lévesque et réalisée par Claude Sylvestre, la série télévisée analysait l'actualité internationale à l'aide de films, de graphiques, de cartes et d'entrevues avec des spécialistes. René Lévesque commente ici la situation en Algérie quand les Algériens français se sont joints aux chefs de l'armée française en Algérie pour prendre le pouvoir. *Point de mire* est une des dernières émissions d'affaires publiques à rester à l'affiche de Radio-Canada pendant près de trois ans, d'octobre 1956 à juin 1959. La grève des réalisateurs de Radio-Canada a contribué au retrait de *Point de mire* de l'horaire en 1959.

Fonds de la Société Radio-Canada 1986-0544
7 octobre 1958
Point de mire
V2 8610-0040(3)

3 December 1958
3 décembre 1958

English

. . . . *Close-Up: Live New York-Toronto Interview*

▶ This innovative edition of the current affairs program *Close-Up* links New York and Toronto in an amazing display of 1950s technology. Here, host J. Frank Willis introduces an interview with Lester B. Pearson, then Leader of the Opposition, and Adlai Stevenson, American diplomat and presidential candidate. Conducting the interview is Pierre Berton in Toronto. The live visual and audio contact, between Pearson and Stevenson in New York and Berton in Toronto pre-dates current, similar but more contrived techniques. *Close-Up* ran from 1957 to 1963, and as the introduction shows, offered reports and interviews, both serious and whimsical.

Canadian Broadcasting Corporation Kine Collection 1982-0037
3 December 1958
Close-Up
V1 8203-0128(2)

. . . *Close-Up : Entrevue en direct entre New York et Toronto*

▶ Cette édition, innovatrice, de l'émission d'affaires publiques *Close-Up*, relie New York et Toronto dans un déploiement extraordinaire de ressources techniques des années 1950. Dans cet extrait, l'animateur J. Frank Willis présente une entrevue avec Lester B. Pearson, chef de l'opposition d'alors, et Adlai Stevenson, diplomate américain candidat à la présidence de son pays. L'entrevue est dirigée par Pierre Berton à Toronto. La technique de l'image et du contact audio en direct entre Pearson et Stevenson à New York et Berton à Toronto accuse certaines similarités avec les techniques actuelles qui sont toutefois plus sophistiquées. *Close-Up*, qui a été en ondes de 1957 à 1963, présentait des reportages et des entrevues sur des sujets à la fois sérieux et légers.

Fonds ciné de la Société Radio-Canada 1982-0037
3 décembre 1958
Close-Up
V1 8203-0128(2)

22 February 1959
22 février 1959

English

. . Newsmagazine: Morley Safer

▶ From a lead-in by Gordon Burwash, Morley Safer reports for *Newsmagazine* on the government's controversial cancellation of the CF-105 *Avro Arrow* jet fighter project, and its effect on the lives of workers in the Orenda and Avro plants just outside Brampton, Ontario. The script laments the exodus of highly skilled technicians and engineers to the United States as a result of the shutdown. Reporter-editor on *Newsmagazine* from 1958 to 1960, Safer himself left Canada in 1964 to join the CBS Network in New York. Now best known for his work on CBS series *60 Minutes,* Safer began his career with CBC in the formative 1950s and acknowledges his work there as 'a good education in TV journalism.'

Canadian Broadcasting Corporation Collection 1986-0354
22 February 1959
Newsmagazine
V1 8605-0102(1)

. . . Newsmagazine : Morley Safer

▶ Présenté par Gordon Burwash, Morley Safer fait un reportage pour *Newsmagazine* sur la décision controversée du gouvernement d'annuler le projet d'avion de combat Arrow CF-105 de l'usine Avro avec ses conséquences sur la vie des travailleurs des usines Orenda et Avro près de Brampton en Ontario. Le reporter se plaint de l'exode possible de techniciens et d'ingénieurs spécialisés vers les États-Unis comme conséquence de cette fermeture. Reporter-rédacteur de *Newsmagazine* de 1958 à 1960, Safer lui-même a quitté le Canada en 1964 pour se joindre au réseau américain CBS à New York. Mieux connu pour son travail à la série *60 Minutes* de CBS, Safer a commencé sa carrière avec la SRC dans les années 1950. Il a qualifié son passage à la SRC comme « une bonne formation au journalisme télévisé ».

Fonds de la Société Radio-Canada 1986-0354
22 février 1959
Newsmagazine
V1 8605-0102(1)

31 March 1960
31 mars 1960

English

. . . . **Norman DePoe: Politicians' Early TV Jitters**

▶ Norman DePoe reports on the 1960 federal budget for this national edition of the *CBC News*. Introduced by news-reader Earl Cameron, the excerpt includes on-camera comments from two opposition finance critics: Liberal MP William Benidickson and CCF MP Erhart Regier. Since no television cameras were allowed in the House of Commons chamber then, DePoe's report from the Parliament Buildings does not include the now customary visuals of the Finance Minister's budget speech. Before 1959 only freelance analysts appeared on CBC television as political com-mentators. DePoe became CBC's first official on-staff parliamentary correspondent.

Canadian Broadcasting Corporation Kine Collection 1985-0363
31 March 1960
CBC National News
V1 8510-0007(1)

. . . **Norman DePoe : Des politiciens nerveux aux premières heures de la télévision**

▶ Voici un reportage de Norman DePoe sur le budget fédé-ral de 1960 pour l'édition nationale de *CBC News*. Présenté par le lecteur de nouvelles Earl Cameron, l'extrait comprend des commentaires de deux critiques de l'opposition en matière de finances : le libéral William Benidickson et le député Erhart Regier, du CCF. Comme les caméras de télévi-sion n'étaient pas autorisées dans l'enceinte du Parlement, ce reportage par DePoe, en direct de la colline parlementaire, ne comprend pas l'image aujourd'hui familière du ministre des Finances livrant son discours du budget. Avant 1959, seuls des analystes indépendants pouvaient faire des commen-taires politiques à la télévision. DePoe est donc le premier correspondant parlementaire officiel membre du personnel de la SRC.

Fonds ciné de la Société Radio-Canada 1985-0363
31 mars 1960
CBC National News
V1 8510-0007(1)

21 November 1960
21 novembre 1960

Français

. *Premier Plan: Judith Jasmin*

▶ Introduced by Gaetan Barrette, this excerpt from the informative public affairs series *Premier Plan* focuses on an interview between Judith Jasmin and Brother Pierre Jérôme about the use of joual (colloquial form of French). Prominent in a number of public affairs shows which ran concurrently with *Premier Plan*, including *Carrefour* and *Champ libre*, Jasmin traveled widely and reported her discoveries about the lives and opinions of the people she met. Co-host on *Premier Plan*, Gaetan Barrette spent most of his broadcasting career as a newscaster. He was known for his remarkable ability to memorize scripts and for his fluid style of delivery.

Canadian Broadcasting Corporation Collection 1986-0460
21 November 1960
Premier Plan
V1 8606-0044(1)

. . . *Premier Plan : Judith Jasmin*

▶ Présenté par Gaétan Barrette, cet extrait de *Premier Plan*, une émission d'information et d'affaires publiques de Radio-Canada, nous montre une entrevue entre Judith Jasmin et le frère Pierre Jérôme sur le joual. Figure centrale d'un certain nombre d'émissions d'affaires publiques à l'horaire de Radio-Canada en même temps que *Premier Plan*, entre autres *Carrefour* et *Champ libre*, Judith Jasmin a parcouru le monde et réalisé des reportages sur le vécu et les opinions des gens qu'elle a rencontrés. Quant à Gaétan Barrette, coanimateur de *Premier Plan*, il a passé la plus grande partie de sa carrière de journaliste comme lecteur de nouvelles. Il était reconnu pour sa remarquable facilité d'assimilation des textes et son aisance à les rendre.

Fonds de la Société Radio-Canada 1986-0460
21 novembre 1960
Premier Plan
V1 8606-0044(1)

15 March 1961
15 mars 1961

English

.........CBC Television News:
Rex Loring

▶ Early television newscasts were often accused of being visually dull. In this extract from *CBC Television News* read by Rex Loring, the lead item was literally a radio report with a few stills thrown in for illustration. Only Don Gordon's voice is heard in this late-breaking story, as he reports from London on Prime Minister John Diefenbaker's stand against racist South Africa at the 1961 Commonwealth Conference. Included in the excerpt is the show's kicker — a light-hearted item used to brighten the end of the newscast.

Canadian Broadcasting Corporation Collection 1982-0194
15 March 1961
CBC Television News
V1 8210-0030(2)

...CBC Television News : Rex Loring

▶ Les premiers bulletins de nouvelles télévisés ont souvent été accusés de manquer d'attrait visuel. Dans cet extrait de *CBC Television News* lu par Rex Loring, nous assistons à un véritable reportage radiodiffusé avec quelques images ici et là en guise d'illustrations. Seule la voix de Don Gordon se fait entendre dans cette dernière nouvelle alors qu'il rapporte, de Londres, la position du premier ministre John Diefenbaker contre le régime raciste d'Afrique du Sud à la Conférence du Commonwealth de 1961. L'extrait comprend aussi une anecdote pour dérider les téléspectateurs à la fin du bulletin.

Fonds de la Société Radio-Canada 1982-0194
15 mars 1961
CBC Television News
V1 8210-0030(2)

252

14 August 1961
14 août 1961

Français

· Le Téléjournal:
Jacques Fauteux

▶ This *Le Téléjournal* news clip concerns the re-emergence of the Wilbert Coffin murder story, which first made headlines in the early 1950s (Coffin was hanged on 10 February 1956). Questions had arisen concerning his guilt. The excerpt also includes a regional news story about the spotlights on top of Place Ville-Marie in Montreal. Jacques Fauteux, the newsreader, entered television as a news announcer for Radio-Canada Montreal in 1956 and hosted such well-known series as *Les Couche-tard*, *Les Carnets de l'Expo* and *Appelez-moi Lise*.

Canadian Broadcasting Corporation Collection 1986-0460
14 August 1961
Le Téléjournal
V1 8609-0019(1)

... Le Téléjournal : Jacques Fauteux

▶ Cet extrait de nouvelles du *Téléjournal* fait revivre l'enquête pour l'affaire Wilbert Coffin qui a fait les manchettes dans les années 1950 et conduit à la pendaison de Coffin le 10 février 1956. L'extrait comprend aussi une nouvelle d'intérêt régional sur les projecteurs de la Place Ville-Marie, à Montréal. Entré comme annonceur à la télévision de Radio-Canada à Montréal en 1956, Jacques Fauteux a animé ou coanimé des émissions bien connues telles que *Les Couche-tard*, *Les Carnets de l'Expo* et *Appelez-moi Lise*.

Fonds de la Société Radio-Canada 1986-0460
14 août 1961
Le Téléjournal
V1 8609-0019(1)

18 June 1962
18 juin 1962

English

. . . . *CBC: Election Night 1962*

▶ This segment from the CBC national coverage of the 1962 federal election is introduced by Bruce Marsh, and anchored by Norman DePoe. Although this broadcast predates electronic graphics and complex computer networks, the CBC put on an elaborate show with reporters in studios across the country; a mechanical toteboard; and the use of an IBM computer which allowed DePoe to predict a minority Conservative government (accurately, as it turned out) by 10:30 that night. The puzzling insert of pickets demonstrating outside the IBM building is a mystery: no records remain to explain it.

Canadian Broadcasting Corporation Collection 1982-0194
18 June 1962
Election Night 1962
V1 8210-0008, V1 8210-0009,
V1 8210-0010

. . . *CBC : Soirée des élections de 1962*

▶ Cet extrait de la couverture nationale des élections fédérales de 1962 à l'antenne de la SRC est présenté par Bruce Marsh et réalisé par Norman DePoe. Bien que cette émission précède l'époque des graphiques électroniques et des réseaux complexes d'ordinateurs, la SRC a réussi une émission compliquée avec des reporters en studio d'un bout à l'autre du pays et un tableau mécanique. En outre, l'utilisation d'un ordinateur IBM a permis à DePoe de prédire, sans se tromper, l'élection d'un gouvernement conservateur minoritaire dès 22 h 30 ce soir-là. La présence de piquets de grève à l'extérieur de l'édifice de IBM demeure un mystère : il n'existe aucun document pour l'expliquer.

Fonds de la Société Radio-Canada 1982-0194
18 juin 1962
Election Night 1962
V1 8210-0008, V1 8210-0009, V1 8210-0010

254

18 June 1962
18 juin 1962

Français

. . Radio-Canada: Election Night 1962

▶ Radio-Canada's election night coverage included awkward moments and innovative techniques as it brought the results to national television in a fast-paced, up-to-date production, packed with information. In addition to Henri Bergeron, Gaétan Barrette and Jean-Paul Nolet, high-profile journalists and broadcasters presented regional reports. These included François Morisset, Emery Leblanc, and André Laurendeau, with his back to the camera, editor of *Le Devoir* and later co-chairman of the Laurendeau-Dunton Commission on Bilingualism and Biculturalism. The show was hosted by Lucien Côté, the well-known reporter and producer of *La Revue de l'actualité* (radio) and *Caméra* (TV).

Canadian Broadcasting Corporation Collection 1986-0460
18 June 1962
Les Élections fédérales
V1 8609-0019(2)

. . . Radio-Canada : Soirée des élections de 1962

▶ La soirée des élections à Radio-Canada a donné lieu à des moments difficiles et à l'essai de nouvelles techniques pour arriver à communiquer rapidement, et en détail, les résultats à la grandeur du réseau national. En plus de Henri Bergeron, Gaétan Barrette et Jean-Paul Nolet, des journalistes et reporters bien connus présentent les reportages régionaux. Ce sont, entre autres, François Morisset, Emery Leblanc et André Laurendeau (que l'on aperçoit ici de dos), éditorialiste au *Devoir*, et plus tard, coprésident de la Commission Laurendeau-Dunton sur le bilinguisme et le biculturalisme. Cette émission était animée par Lucien Côté, reporter et réalisateur bien connu de *La Revue de l'actualité* à la radio et de *Caméra* à la télévision.

Fonds de la Société Radio-Canada 1986-0460
18 juin 1962
Les Élections fédérales
V1 8609-0019(2)

. . . . *Johnson-Lesage Television Debate*

► This first political television debate in Canadian history, watched by an unprecedented 90 per cent of the Quebec population, was a close copy of the Nixon-Kennedy debate of 1960. Matching wit and political philosophy against the Quebec premier Jean Lesage, was the new leader of the Union nationale party, Daniel Johnson. Held in Radio-Canada's Studio 42 in Montreal, the production used six cameras and fourteen microphones. Among a panel of journalists posing questions, *La Presse* editor Gérard Pelletier queries Lesage on nationalization of the hydroelectric companies (the issue which won Lesage the 1962 election). Moderator of the debate, Raymond Charette, then host of the series *Carrefour*, went on to conduct the quiz show *Tous pour un* (1963-1967) and the popular science series *Atome et galaxies*.

Canadian Broadcasting Corporation Collection 1986-0544
11 November 1962
Le débat Johnson-Lesage
V2 8610-0040(1)

11 November 1962
11 novembre 1962

Français

. . . *Débat télévisé Johnson-Lesage*

► Un nombre record de Québécois, 90 pour 100 de la population, ont vu ce premier débat politique télévisé de l'histoire canadienne, copie exacte du débat Nixon-Kennedy de 1960. Maniant l'astuce et la philosophie politique, le nouveau chef de l'Union nationale, Daniel Johnson, y affronte le premier ministre du Québec, Jean Lesage. Cette production, réalisée dans le studio 42 de Radio-Canada, a nécessité six caméras et quatorze microphones. Parmi les journalistes posant les questions, on aperçoit Gérard Pelletier, éditorialiste à *La Presse*, qui questionne Jean Lesage sur la nationalisation des compagnies d'hydro-électricité, un enjeu qui a donné la victoire à Jean Lesage aux élections de 1962. Le modérateur Raymond Charette, animateur de la série *Carrefour* à cette époque, a par la suite animé le jeu questionnaire *Tous pour un* (1963-1967) et la populaire émission scientifique *Atome et galaxies*.

Fonds de la Société Radio-Canada 1986-0544
11 novembre 1962
Le débat Johnson-Lesage
V2 8610-0040(1)

31 December 1962
31 décembre 1962

Français

. . L'Année 62 dans le monde:
First Satellite TV Transmission

▶ Broadcasters began the practice of year-end reviews on radio during the 1940s, and picked up the same idea for television in the 1950s. This selection hosted by Lucien Côté and narrated by Pierre Nadeau, focuses on the new communications satellite *Telstar*, and includes one of the first images it relayed from Europe. *Telstar*, mostly involved in data transmission, only made limited channels available to television for live coverage of world events. This selection also shows a performance by singer Yves Montand in Paris.

Canadian Broadcasting Corporation Collection 1986-0460
31 December 1962
L'Année 62 dans le monde
V1 8608-0048(1)

. . . L'Année 62 dans le monde : Première transmission d'images télévisées par satellite

▶ C'est au cours des années 1940 que les diffuseurs ont instauré la tradition d'une rétrospective de l'année à la radio. La même idée a été reprise pour la télévision dans les années 1950. L'extrait choisi, animé par Lucien Côté avec la narration de Pierre Nadeau, porte sur le nouveau satellite de communications *Telstar* et nous fait voir aussi une des premières images transmises en provenance de l'Europe. Servant principalement à la transmission de données, *Telstar* laissait seulement un nombre limité de canaux à la télévision pour la couverture en direct d'événements mondiaux. Cet extrait présente un spectacle d'Yves Montand à Paris.

Fonds de la Société Radio-Canada 1986-0460
31 décembre 1962
L'Année 62 dans le monde
V1 8608-0048(1)

.... **_Aujourd'hui: Pierre Nadeau en direct de Cannes_**

29 April 1964
29 avril 1964

Français

▶ This _Aujourd'hui_ program, beamed direct from the Cannes Film Festival, is using the latest in telecommunication technology — the newly-launched _Early Bird_ satellite. The use of state-of the-art technology was a hallmark of this daily news magazine series. _Aujourd'hui_ set out not only to provide analyses of current events, but also to emphasize the human dimension of news stories. Whether the topics covered were serious or light-hearted, investigative or emotionally moving, the selling point of _Aujourd'hui_ was its original, innovative presentation. This excerpt consists of a telephone interview with Pierre Nadeau in Cannes, France; on the line in the Montreal studio are co-hosts Michelle Tisseyre and Jacques Languirand.

Canadian Broadcasting Corporation Collection 1986-0388
29 April 1964
Aujourd'hui
_V1 8607-0022(4)_

... **_Aujourd'hui : Pierre Nadeau en direct de Cannes_**

▶ En direct du Festival du film de Cannes, cette émission du magazine _Aujourd'hui_ utilise la plus récente technique des télécommunications, le tout nouveau satellite _Early Bird_ qui vient d'être mis sur orbite. Utilisant des techniques de pointe, ce magazine quotidien d'actualité mettait l'accent sur la dimension humaine de l'événement. Que les sujets choisis aient été sérieux ou amusants, inquisiteurs ou émouvants, la marque de commerce de ces émissions résidait dans la manière originale et novatrice de les présenter. Cet extrait nous montre une entrevue téléphonique avec Pierre Nadeau en direct de Cannes, en France. En ligne, dans le studio de Montréal, nous avons les deux coanimateurs de l'émission Michelle Tisseyre et Jacques Languirand.

Fonds de la Société Radio-Canada 1986-0388
29 avril 1964
Aujourd'hui
_V1 8607-0022(4)_

2 May 1965
2 mai 1965

English

. . . **Early Bird** *Satellite*

▶ *Early Bird* was the first communications satellite regularly
available for international TV
transmissions. Beside bringing
the live overseas events we
now take for granted, it offered
many other intriguing pros-
pects. This part of the historic
special — the inaugural world-
wide broadcast by Canadian,
American and European networks — demonstrates the
potential to fight crime. The
Royal Canadian Mounted
Police pass on information
about Georges Lemay, a bank
robber. Aided by the broadcast, police later caught him.

*Canadian Broadcasting
Corporation Collection 1984-0176
2 May 1965
This is Early Bird
V1 8406-0094(1)*

. . . *Le satellite* **Early Bird**

▶ *Early Bird* est le premier satellite de communications en
tout temps disponible pour les transmissions internationales
d'images télévisées. En plus de cette fonction, qu'aujourd'hui
nous prenons pour acquis, *Early Bird* offrait d'autres possibilités telle la lutte au crime. Nous en avons un exemple dans
cette émission spéciale d'inauguration du satellite à l'échelle
mondiale par les réseaux canadiens, américains et européens :
la Gendarmerie royale du Canada transmet le signalement
du voleur de banque Georges Lemay, qui est arrêté peu de
temps après grâce à l'émission.

*Fonds de la Société Radio-Canada 1984-0176
2 mai 1965
This is Early Bird
V1 8406-0094(1)*

9 August 1965
9 août 1965

English

.... **CBC Televison News: Earl Cameron**

▶ Weeknights from 1959 to 1966, Earl Cameron's grave "Good evening" and slight nod introduced his reading of the 11:00 p.m. *National News*. He was known as "Mr. CBC News," though as a staff announcer he was not permitted to be involved in gathering news stories. However, the authority and style of his delivery, so solemn it was said the stock market would fall if he smiled, won enduring audience trust. The wordy news presentations of the time made little use of visuals, but here a modest attempt is made to liven up a forest fire report with simple animation. Cameron was replaced a year later as part of a campaign to brighten up the news, outraging thousands of loyal fans.

Canadian Broadcasting Corporation Collection 1985-0477
9 August 1965
CBC National News
V1 8511-0005(2)

... **CBC Television News : Earl Cameron**

▶ De 1959 à 1966, tous les soirs, du lundi au vendredi, Earl Cameron salue son auditoire d'un grave « Good evening » et d'un léger signe de tête avant de commencer la lecture des nouvelles nationales de 23 h. C'était « Mr. CBC News », ce qui n'implique pas qu'il pouvait choisir les nouvelles en dépit de son titre d'annonceur. Néanmoins, son autorité et son style solennel — si solennel qu'un sourire de sa part aurait, selon la rumeur, fait chuter les cotes de la Bourse — lui valurent de garder longtemps la confiance du public. Les bulletins de nouvelles du temps faisaient rarement appel à l'image. Ici, nous assistons à une modeste tentative d'animation pour donner plus de vie à ce reportage sur un incendie. Dans le cadre d'une campagne visant à rendre les bulletins de nouvelles télévisés moins austères, Cameron a été remplacé un an après cette émission, ce qui provoqua la colère de ses milliers de fidèles admirateurs.

Fonds de la Société Radio-Canada 1985-0477
9 août 1965
CBC National News
V1 8511-0005(2)

24 October 1965
24 octobre 1965

English

▶ . . . *This Hour Has Seven Days:*
   Jack Webster

▶ With its typically maverick approach to topical issues, *This Hour Has Seven Days* sends well-known broadcaster Jack Webster to Vancouver's skid row, ostensibly to gauge the mood of voters prior to the 1962 federal election. Much verbal jousting and joking ensue as they all play up to the television camera. This obviously slanted perspective gives some indication of the show's controversial style in television journalism. Co-host Patrick Watson provides the characteristic closing editorial comment of the series.

Canadian Broadcasting Corporation Collection 1982-0284
24 October 1965
This Hour Has Seven Days
V1 8304 0051(1)

. . . *This Hour Has Seven Days : Jack Webster*

▶ Réputé pour son traitement non conformiste des événements, *This Hour Has Seven Days* envoie son reporter bien connu Jack Webster chez les marginaux de Vancouver pour, soi-disant, prendre le pouls de l'électorat avant les élections fédérales de 1962. Les nombreuses joutes verbales et plaisanteries qui en résultent s'expliquent du fait qu'ils veulent tous bien paraître devant la caméra de la télévision. Cette façon évidemment détournée d'aborder les questions donne une idée de la nouvelle tendance controversée de ce magazine dans le journalisme télévisé. Bien caractéristique de cette émission, le commentaire éditorial de la fin nous est livré par le coanimateur Patrick Watson.

Fonds de la Société Radio-Canada 1982-0284
24 octobre 1965
This Hour Has Seven Days
V1 8304-0051(1)

8 November 1965
8 novembre 1965

English

.... **CBOT Federal Election Coverage**

▶ This regional coverage of the 1965 federal election was presented during a break in the nightlong national coverage on CBC. Ottawa area viewers are provided with a little unplanned diversion, when host Brian Smyth's stance, too close to the election toteboard, conflicts with a backstage assistant's attempt to change the board numbers on party standings. Originally an actor, Smyth joined CBC radio in Ottawa in 1960, and since then has had an active career in both radio and television.

CBOT Collection
8 November 1965
CBOT Regional Coverage
V1 8201-0052

. . . **Reportage sur les élections fédérales à CBOT**

▶ Ce reportage régional sur les élections fédérales de 1965 a été présenté sur les ondes de CBOT pendant une courte interruption du reportage national qui dura toute la soirée. En effet, seuls les téléspectateurs de la région d'Ottawa ont eu droit à ce petit divertissement inattendu : l'animateur Brian Smyth est trop près du tableau d'affichage et il empêche ainsi un préposé d'arrière-scène de changer les chiffres indiquant la position des partis. Brian Smyth était à l'origine un acteur. Entré à la radio de la SRC à Ottawa en 1960, il y poursuit une carrière active tant à la radio qu'à la télévision.

Fonds de CBOT
8 novembre 1965
CBOT Regional Coverage
V1 8201-0052

10 February 1966
10 février 1966

English

. . . CHCH Channel 11 News

► This is an early example of news production with the limited resources of an independant TV station. *Channel 11 News*, read here by Jack Burghardt, consisted chiefly of rewritten news wire stories with the occasional still photo for visual interest. The excerpt includes a report from Ottawa by freelance parliamentary reporter, Paul Taylor. The unsynchronized sound and picture were not unusual occurrences at this early stage. CHCH in Hamilton was founded in 1954 as a CBC affiliate, but left in 1961 to become the first non-network station in Canada.

Niagara Television Limited Collection 1987-0170
10 February 1966
CHCH Channel 11 News
V1 8703-0099(1)

. . . CHCH Channel 11 News

► Voici un exemple des premiers bulletins de nouvelles télévisés produits par une station privée disposant de ressources limitées. Les nouvelles de *Channel 11 News*, lues ici par Jack Burghardt, sont surtout formées de dépêches retranscrites avec quelques photos pour agrémenter la vue. Cet extrait comprend un reportage en provenance d'Ottawa par le correspondant parlementaire à la pige Paul Taylor. Le manque évident de synchronisation du son et de l'image n'était pas rare à cette époque. Fondée en 1954 comme station affiliée à la SRC, CHCH se détache du réseau en 1961 pour devenir la première station indépendante au Canada.

Fonds de Niagara Television Limited 1987-0170
10 février 1966
CHCH Channel 11 News
V1 8703-0099(1)

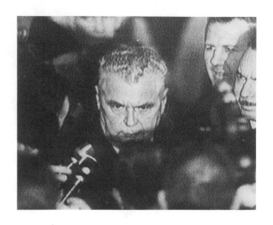

13 March 1966
13 mars 1966

English

.... CBC Television News: Diefenbaker Scrum

▶ The lead story of this national edition of *CBC Television News* features the breaking story of the Gerda Munsinger Affair. News-reader Bruce Rogers introduces the item and presents a report by Ken Mason. It also includes a film clip of opposition leader John Diefenbaker besieged by reporters demanding his response to the political sex scandal involving two former Conservative cabinet ministers. Among the reporters in the scrum is the first anchor of the *CBC National News*, Larry Henderson, the man with the mustache, just behind Diefenbaker at the end of the clip.

Canadian Broadcasting Corporation Collection 1985-0628
13 March 1966
CBC Television News
V1 8512-0046(2)

... CBC Television News : Diefenbaker cerné par les journalistes

▶ L'affaire Gerda Munsinger est le gros titre de cette édition nationale de *CBC Television News*. Après avoir annoncé la nouvelle, le lecteur Bruce Rogers présente le reportage de Ken Mason. L'extrait comprend aussi la séquence d'un film qui montre le chef de l'opposition, John Diefenbaker, cerné par une meute de journalistes lui demandant de commenter ce scandale politique où deux anciens membres du cabinet conservateur se trouvent impliqués dans une affaire de sexe. Dans la foule des reporters, on remarque le premier présentateur de *CBC National News*, Larry Henderson, l'homme à la moustache, juste à l'arrière de John Diefenbaker à la fin de cet extrait.

Fonds de la Société Radio-Canada 1985-0628
13 mars 1966
CBC Television News
V1 8512-0046(2)

3 April 1966
3 avril 1966

English

. . . . *This Hour Has Seven Days*

▶ A slick mix of sensation and innovation is presented in the controversial and enormously popular CBC series *This Hour Has Seven Days*. The typical opening sequence includes a song by Dinah Christie; comments by influential celebrity co-hosts Laurier Lapierre and Patrick Watson; and a line-up of the series' favourite themes of death, drugs and sex. Quickly copied by CTV's *W5*, the program pioneered many of the sensational and confrontational techniques that are used today in CBS's *60 Minutes*. Nervous CBC executives cancelled the show at the height of its popularity after a run of less than two years.

Canadian Broadcasting
Corporation Kine Collection
1982-0284
3 April 1966
This Hour Has Seven Days
V1 8302-0097(3)

. . . *This Hour Has Seven Days*

▶ Cet extrait présente un mélange astucieux de sensation-nalisme et d'innovation propre à *This Hour Has Seven Days*, une série télévisée controversée et extrêmement populaire de la SRC. L'émission débute avec une chanson de Dinah Christie, suivie des commentaires des deux influentes célébri-tés coanimateurs de l'émission, Laurier Lapierre et Patrick Wat-son, et de toute une liste de thèmes préférés de la série : la mort, la drogue et le sexe. Copiée par *W5* de CTV, la série *This Hour Has Seven Days* est la première à utiliser les techniques du sensationnel et de la confrontation que l'on peut encore observer dans *60 Minutes* de CBS. Nerveuse, la direction de la SRC a retiré l'émission de l'horaire après un peu moins de deux ans d'antenne alors que celle-ci se trouvait au sommet de sa popularité.

Fonds ciné de la Société Radio-Canada 1982-0284
3 avril 1966
This Hour Has Seven Days
V1 8302-0097(3)

16 July 1966
16 juillet 1966

Français

.... **C'est arrivé cette semaine:
Réal Ouimet**

▶ This extract from *C'est arrivé
cette semaine* is typical of the
mid-1960s format for television news reporting. Here Réal
Ouimet provides a stand-up
report on a Quebec hospital
workers' strike. Reading from a
script, Ouimet's rather wooden
delivery is characteristic of the
time. *C'est arrivé cette
semaine* was a weekly résumé
of the ten minute newscasts
presented at the close of each
day's broadcasting on
CFTM-TV in Montreal, which
was established in 1961. News
coverage was primarily local,
with three reporters and limited technical resources.

*Télé-Métropole Collection
1986-0428
16 July 1966
C'est arrivé cette semaine
V1 8608-0059(2)*

... **C'est arrivé cette semaine : Réal Ouimet**

▶ Cet extrait de *C'est arrivé cette semaine* est typique des
reportages d'actualité télévisés des années 1960. Nous
voyons ici Réal Ouimet présenter un reportage sur la grève
des employés d'hôpitaux de la province de Québec. Lisant un
texte préparé, le style plutôt figé du reporter est caractéristique de l'époque. *C'est arrivé cette semaine* était un résumé
hebdomadaire des dix minutes de nouvelles quotidiennes
présentées en fin de soirée sur les ondes de la station CFTM
établie à Montréal en 1961. Avec seulement trois reporters
et des ressources limitées, on s'en tenait surtout aux nouvelles
locales.

*Fonds de Télé-Métropole 1986-0428
16 juillet 1966
C'est arrivé cette semaine
V1 8608-0059(2)*

9 April 1967
9 avril 1967

English

. . . . W5: Gun Controversy

▶ CTV's long-running current affairs series *W5* began in the fall of 1966. Its hard-hitting investigations of controversial issues helped it to compete successfully with CBC's current affairs programs. In this excerpt, the show demonstrates the ease with which a fifteen-year-old boy could buy a rifle and go on a shooting spree. Complaints were voiced that it could encourage an actual incident. The host here is Doug Johnson and the musical accompaniment by guitarist Allan J. Ryan.

CTV Collection 1986-0758
9 April 1967
W5
V1 8601-0003

. . . W5 : Controverse à propos des armes à feu

▶ C'est à l'automne de 1966 que débute *W5*, cette émission d'affaires publiques de CTV qui garde l'antenne depuis si longtemps. Ses enquêtes poussées et ses points de vue controversés lui ont permis de rivaliser avec les émissions du même genre de la SRC. Dans cet extrait, nous voyons avec quelle facilité un adolescent de 15 ans peut se procurer une arme à feu et ensuite massacrer des innocents. Il y eut des plaintes disant que cela pourrait inciter les jeunes à en faire autant, mais il n'en fut rien. L'animateur est Doug Johnson et la trame musicale est interprétée par le guitariste Allan J. Ryan.

Fonds de CTV 1986-0758
9 avril 1967
W5
V1 8601-0003

7 September 1967
7 septembre 1967

English

.... CTV: 1967 Conservative Leadership Convention

... CTV : Le congrès d'investiture du Parti conservateur en 1967

▶ CTV's coverage of the 1967 Progressive Conservative Leadership Convention boasted a number of innovations, including colour; a large panel of well-known experts including Pierre Berton, Scott Young, Charles Lynch and Doug Fisher; and the first Canadian use of chromakey. This electronic special effect allowed pictures from cameras on the convention floor to be inserted on the same screen with pictures of the commentators. While impressive, early experimental use of the effect was somewhat unusual for viewers. Harvey Kirck and Charles Templeton co-host the broadcast.

▶ À l'occasion du congrès d'investiture du Parti conservateur en 1967, le réseau CTV était fier de présenter un certain nombre d'innovations : la couleur, un nombre impressionnant d'analystes bien connus dont Pierre Berton, Scott Young, Charles Lynch et Doug Fisher, et aussi, pour la première fois dans l'histoire de la télévision canadienne, l'effet spécial d'incrustation-couleur. Grâce à cette technique, il était possible d'afficher sur le même écran les images en provenance de la salle du congrès et celles des commentateurs. Tout en étant impressionnante, cette première expérience s'est avérée quelque peu déconcertante pour les téléspectateurs. L'émission est animée par Harvey Kirck et Charles Templeton.

CTV Collection 1982-0194
7 September 1967
Progressive Conservative Leadership Convention
V1 8302-0005(1)

Fonds de CTV 1982-0194
7 septembre 1967
Progressive Conservative Leadership Convention
V1 8302-0005(1)

····CBC: 1967 Conservative Leadership Convention

7 September 1967
7 septembre 1967

English

▶ Veteran newscasters Norman DePoe and Tom Gould host CBC's coverage of this Progressive Conservative Leadership Convention. Lacking the colour and technical razzle-dazzle of CTV's coverage of the same event, the CBC broadcast has the look of a different decade by comparison. In this excerpt, Ken Mason reports from the convention floor on John Diefenbaker's chances of re-election as party leader, and Catherine Janitch, relegated to strictly women's subjects as the convention's only female reporter, describes Mrs. Diefenbaker's outfit. Janitch (later Trina McQueen) covered the Liberal Convention the following year and eventually became a senior CBC executive.

Canadian Broadcasting Corporation Kine Collection 1982-0194
7-9 September 1967
Progressive Conservative Centennial Convention
V1 8210-0105, V1 8210-0107, V1 8210-0108, V1 8210-0112

...CBC : Le congrès d'investiture du Parti conservateur en 1967

▶ La couverture de ce congrès d'investiture du Parti conservateur a été confiée à deux journalistes chevronnés : Norman DePoe et Tom Gould. Privé de la couleur et de tout le tape-à-l'œil technique déployé par CTV pour la même circonstance, le reportage de la SRC semble être d'une autre décennie. Dans cet extrait, Ken Mason, présent dans la salle du congrès, fait un reportage sur les chances de Diefenbaker d'être réélu à la tête de son parti, tandis que Catherine Janitch, le seul reporter féminin du congrès, relégué aux questions d'intérêt secondaire, décrit la toilette de Mme Diefenbaker. Devenue plus tard Trina McQueen, Mme Janitch a couvert le congrès du Parti libéral l'année suivante et a été nommée à la haute direction de la SRC.

Fonds ciné de la Société Radio-Canada 1982-0194
7-9 septembre 1967
Progressive Conservative Centennial Convention
V1 8210-0105, V1 8210-0107, V1 8210-0108, V1 8210-0112

.... Aujourd'hui: About Television

10 January 1968
10 janvier 1968

Français

▶ In this excerpt from the series, *Aujourd'hui*, Wilfrid Lemoyne, former reporter and interviewer with Radio-Canada, is himself interviewed by Bernard Derome. Lemoyne began his television career with the series *Ce soir* (1955-1958); *Carrefour* (1957-1963); and *Premier Plan* (1958-1963) before moving to radio in the 1970s. Michelle Tisseyre, who is seen here as co-host, started her career in 1941 at Radio-Canada, and hosted an early television talk show, *Télé-Montréal* as well as the series *Music Hall* (1956-1961) and *Rendez-vous avec Michelle* (1956-1965). Tisseyre left Radio-Canada to continue her career with Télé-Métropole in 1971. This segment also includes the well-known Radio-Canada promo "Regardez bien, Regardez Radio-Canada."

Canadian Broadcasting Corporation Collection 1986-0460
10 January 1968
Aujourd'hui
V1 8609-0021(2)

... Aujourd'hui : À propos de la télévision

▶ Dans cet extrait du magazine *Aujourd'hui*, Wilfrid Lemoyne, ancien reporter et interviewer à Radio-Canada, est lui-même interviewé par Bernard Derome. Lemoyne a commencé sa carrière à la télévision avec *Ce soir* (1955-1958), *Carrefour* (1957-1963) et *Premier Plan* (1958-1963), avant de se joindre à la radio dans les années 1970. Quant à Michelle Tisseyre, la coanimatrice de l'émission que l'on voit ici, elle commence sa carrière à Radio-Canada en 1941 et anime *Télé-Montréal*, une des premières émissions d'interview-variétés de la télévision, ainsi que *Music-hall* (1956-1961) et *Rendez-vous avec Michelle* (1956-1965). En 1971, Mme Tisseyre quitte Radio-Canada pour poursuivre sa carrière avec Télé-Métropole. L'extrait comprend aussi le slogan publicitaire bien connu de Radio-Canada : « Regardez bien, Regardez Radio-Canada ».

Fonds de la Société Radio-Canada 1986-0460
10 janvier 1968
Aujourd'hui
V1 8609-0021(2)

6 April 1968
6 avril 1968

English

....CTV: Leadership Convention/ King Assassination

▶ Every news editor's nightmare is two big stories breaking simultaneously. It happened in 1968 when the traumatic news of Martin Luther King's assassination coincided with the Liberal Party Leadership Convention. In this excerpt, CTV's convention coverage hosted by Charles Templeton is interrupted by a news update on the civil rights leader's death read by Harvery Kirck. His mention of the wait for film footage reminds us of the delays before such coverage became instantly available. Back at the convention, Pierre Berton, as CTV's celebrity floor reporter, seeks out delegates to interview.

CTV Collection
6 April 1968
Liberal Leadership Convention
V1 8302-0002(2)

... CTV : Le congrès d'investiture du Parti libéral/ L'assassinat de Martin Luther King

▶ Deux grandes nouvelles en même temps, c'est le cauchemar de tout directeur des nouvelles. C'est ce qui arrive en 1968 avec l'assassinat de Martin Luther King pendant la couverture du congrès d'investiture du Parti libéral. Dans cet extrait, la couverture du congrès par CTV avec Charles Templeton est interrompue pour annoncer la mort du leader des droits civiques. La nouvelle est lue par Harvey Kirck. Qu'il dise attendre le film nous rappelle les attentes d'autrefois alors que les reportages de ce genre n'étaient pas immédiatement disponibles. De retour au congrès, Pierre Berton, reporter vedette de CTV dans la salle, va voir des délégués pour les interviewer.

Fonds de CTV
6 avril 1968
Liberal Leadership Convention
V1 8302-0002(2)

9 May 1968
9 mai 1968

English

········· CBC: Impact of Television Visuals

▶ This news item from Winnipeg on a proposed statue of Métis leader, Louis Riel is a dramatic example of the power of pictures in television news. Chuck Thompson, the CBC reporter in this excerpt uses several slick camera techniques to give his words new meaning. As we hear the official excuse of "not enough room," the camera zooms out to reveal the vast empty grounds and expose the Manitoba government's argument. A controversial statue of Riel was, in fact, eventually built on the grounds of the Manitoba Legislature.

Canadian Broadcasting Corporation
Collection 1984-0255
9 May 1968
[Louis Riel]
V1 8408-080(2)

... CBC : L'impact de l'image télévisée

▶ Ce reportage en provenance de Winnipeg sur le projet d'ériger une statue au chef métis Louis Riel est un exemple frappant de la puissance de l'image télévisée. Chuck Thompson, le reporter de la SRC dans cet extrait, utilise habilement plusieurs techniques cinématographiques pour donner à son message une toute nouvelle signification. Alors que nous entendons l'excuse officielle du gouvernement manitobain sur le « manque d'espace », la caméra nous montre en gros plan les vastes terrains vacants. La statue controversée de Riel a été, en fait, érigée sur les terrains du Parlement manitobain.

Fonds de la Société Radio-Canada 1984-0255
9 mai 1968
[Louis Riel]
V1 8408-080(2)

21 August 1968
21 août 1968

. . . Knowlton Nash: Preparation for Chicago Democratic Convention

English

. . . Knowlton Nash : Reportage sur la préparation de la Convention démocrate de Chicago

▶ Knowlton Nash had a long career in broadcasting before he became *The National's* anchor in November 1978. A CBC foreign correspondent since 1958, Nash covered mostly American politics. Here, he reports from a Washington studio on preparations for one of the most traumatic U.S. political events of the 1960s, the Democratic Convention in Chicago. Later, in Chicago, Nash would need the hard hat he talks about as the convention turned out to be even more violent than expected. A club-wielding Chicago policeman sent Nash into the hospital, one of sixty-three reporters injured in melees with police and hired goons.

▶ Lorsqu'il est devenu présentateur des nouvelles du *National* en 1978, Knowlton Nash avait déjà une longue carrière derrière lui. Correspondant de la SRC depuis 1958, il couvrait surtout la politique américaine. Nash présente ici, d'un studio de Washington, un reportage sur la préparation de l'un des événements les plus traumatisants de la politique américaine des années 1960, la Convention démocrate de Chicago. Un peu plus tard, à Chicago, le reporter aurait bien besoin du casque dont il parle car la violence a éclaté avec une brutalité insoupçonnée : d'un coup de matraque, un policier de Chicago envoie Nash à l'hôpital, faisant de lui un des 63 reporters blessés dans les démêlés avec la police et les fiers-à-bras.

Fonds de la Société Radio-Canada 1985-0453
21 août 1968
CBC TV News Library No. 439
V1 8511-0026(4)

Canadian Broadcasting Corporation
Collection 1985-0453
21 August 1968
CBC TV News Library No. 439
V1 8511-0026(4)

30 October 1968
30 octobre 1968

English

• • • • • • • • *Peter Jennings: U.S. Election Report*

▶ Peter Jennings returns briefly to Canadian airwaves to present this documentary on United States policy at home and abroad. The show begins with Jennings striding across a giant U.S. flag, torn down the middle, representing the split between extremist political views dividing the country. Jennings, one of CTV's first anchors, left in 1964 to join the ABC Network. He appeared on CBC's *Public Eye* series on a freelance basis, expressly to report on American issues. The current affairs series ran from 1965-1969.

Canadian Broadcasting Corporation Collection 1984-0367
31 October 1968
Public Eye
V1 8411-0146(2)

. . . *Peter Jennings : Reportage sur les élections américaines*

▶ Peter Jennings effectue un bref retour à la télévision canadienne pour présenter ce documentaire sur la politique intérieure et extérieure des États-Unis. L'émission commence avec un Jennings marchant à travers un immense drapeau américain déchiré par le milieu pour symboliser l'écart entre les positions politiques extrêmes qui divisent ce pays. Jennings, un des premiers présentateurs de CTV, quitte son poste en 1964 pour se joindre au réseau ABC. On le retrouve à *Public Eye*, un magazine d'affaires publiques de la SRC (1965-1969) où, à titre de producteur indépendant, il présente des reportages exclusivement consacrés aux questions américaines.

Fonds de la Société Radio-Canada 1984-0367
31 octobre 1968
Public Eye
V1 8411-0146(2)

26 January 1969
26 janvier 1969

English

▪▪▪ W5: Stephen Lewis Interview/Use of Chromakey Technology

▪▪▪ W5 : Interview Stephen Lewis/L'utilisation de la technique d'incrustation-couleur

▶ CTV's *W5* makes aggressive use of colour, sets, and technical gadgetry in this clip from the long-running public affairs show. Under executive producer Charles Templeton, *W5* ceased to be a copy of *This Hour Has Seven Days* and took on a life of its own. Introducing the show are Ken Cavanagh, with Jack McGaw and Dalton Camp. Camp's interview with Stephen Lewis, then an Ontario NDP politician, features the chromakey effect, making Lewis appear larger than life. Of interest in retrospect is Lewis' speculation on a United Nations career. The clip includes a promo for *CTV News*.

CTV Collection 1986-0758
1 January 1967
W5
V1 8701-0007(1)

▶ *W5*, ce magazine d'affaires publiques de CTV qui est toujours à l'antenne, fait dans cet extrait une utilisation agressive de la couleur, des décors et des gadgets techniques. Sous la direction du producteur délégué Charles Templeton, *W5* finit par trouver sa formule propre et cesse d'imiter *This Hour Has Seven Days*. L'émission est coanimée par Ken Cavanagh, Jack McGaw et Dalton Camp. L'entrevue de Camp avec Stephen Lewis, alors un politicien néo-démocrate de l'Ontario, utilise l'effet de l'incrustation-couleur, ce qui fait apparaître Lewis plus grand qu'en réalité. Il est intéressant de relever, après coup, les réflexions de Lewis sur une éventuelle carrière aux Nations unies. L'extrait comprend une annonce publicitaire de *CTV News*.

Fonds de CTV 1986-0758
1er janvier 1967
W5
V1 8701-0007(1)

········ **CBC National News: Stanley Burke's Last Broadcast**

▶ This is an excerpt from the last newscast of a controversial CBC journalist. Stanley Burke began reading the *CBC National News* in 1966. His appointment was something of a landmark. Following a long battle with CBC unions, he was the first reporter, as opposed to staff announcer, to read the news. Although popular and respected, Burke resigned in 1969 when management disapproved of his humanitarian work for Biafra in the Nigerian Civil War. He later became a newspaper publisher in British Columbia. Personally donated by Burke, this is the only complete CBC newscast known to survive from 1966 to 1977. It includes a report by Ron Collister, longtime parliamentary correspondent in Ottawa, and also shows executive producer Bill Cunningham's emphasis on visual news presentation: dramatic lighting, large graphics, and an increased use of film.

Stanley Burke Collection
1986-0699
8 August 1969
CBC National News
V1 8611-0045

8 August 1969
8 août 1969

English

··· **CBC National News : Dernier reportage de Stanley Burke**

▶ Cet extrait vient du dernier bulletin de nouvelles lu par un journaliste controversé de la SRC, Stanley Burke. C'est en 1966 que celui-ci commence à lire les *CBC National News*, une affectation qui a fait date. En effet, elle survient à la suite d'une longue bataille syndicale qui fait de Burke le premier reporter, par opposition à un annonceur de la SRC, à lire les nouvelles. En dépit de sa popularité et du respect dont il jouit, Burke démissionne en 1969 quand la direction de Radio-Canada désapprouve son travail humanitaire en faveur du Biafra pendant la guerre civile du Nigeria. Il devient par la suite éditeur d'un journal en Colombie-Britannique. Don personnel de Burke, ce bulletin de nouvelles est le seul complet qui existe encore de tous ceux présentés par la SRC entre 1966 et 1977. Il comprend un reportage de Ron Collister, pendant longtemps correspondant parlementaire à Ottawa, et il montre aussi l'insistance du producteur délégué Bill Cunningham sur une présentation visuellement plus attrayante des nouvelles : éclairage spectaculaire, graphiques immenses et beaucoup plus de films.

Fonds Stanley Burke 1986-0699
8 août 1969
CBC National News
V1 8611-0045

14 December 1969
14 décembre 1969

English

... **Weekend: Current Affairs Goes Mod**

▶ This edition of *Weekend*, a CBC current affairs show from 1969 to 1973, exemplified the lavish and exotic visual style of the late 1960s — up-beat music, flashy clothes, pseudo computer graphics, and space-age sets. A brainchild of CBC executive Knowlton Nash, its combination of news and current affairs reports was not particularly popular. One host, singer-actress Julie Amato, later starred in a variety show on CTV. The other, a youthful and unusually flamboyant Lloyd Robertson, here reads news highlights included in some editions. Also featured is that staple of television, the "man-in-the-street" interview.

Canadian Broadcasting Corporation Collection 1979-0212
14 December 1969
Weekend
V1 7905-0119(1)

... **Weekend : À la mode du jour**

▶ Cette émission de *Weekend*, un magazine d'affaires publiques de la SRC entre 1969 et 1973, est un exemple typique du genre d'images exubérantes et exotiques de la fin des années 1960 à la télévision : musique entraînante, toilette tapageuse, pseudo-graphiques à l'ordinateur et décors avant-gardistes. Concept de Knowlton Nash de la SRC, ce mélange de nouvelles et d'affaires publiques n'était pas particulièrement populaire. Un de ses animateurs, l'actrice et chanteuse Julie Amato, allait se retrouver plus tard la vedette d'une émission de variétés à CTV. Quant au jeune et très coloré Lloyd Robertson, il lit, ici, les manchettes que comprenaient certaines émissions. Y figure aussi cet élément principal de tout reportage télévisé, l'entrevue avec l'homme de la rue.

Fonds de la Société Radio-Canada 1979-0212
14 décembre 1969
Weekend
V1 7905-0119(1)

13 October 1970
13 octobre 1970

English

. . . . *FLQ News Conference: CTV Coverage*

▶ At a press conference held by Robert Lemieux, spokesman for the Front de libération du Québec, during the October Crisis, a Reuters news correspondent, Ronald Golden, was roughly carried out of the room when he insisted that English be spoken. In the press conference, Lemieux discusses the roles of the Quebec and federal governments in negotiations for the release of the two FLQ hostages: British diplomat James Cross and Quebec minister of immigration and of manpower and labour, Pierre Laporte. The mixture of colour and black and white footage in the CTV report by Peter Kent is typical of television coverage in the early 1970s.

CTV Collection
13 October 1970
FLQ Press Conference
V1 8301 0016(2)

. . . *Conférence de presse du FLQ : Couverture du réseau CTV*

▶ À l'occasion d'une conférence de presse de Robert Lemieux, porte-parole du Front de libération du Québec, pendant la Crise d'octobre, Ronald Golden, un correspondant de l'agence Reuters, s'est fait expulser pour avoir demandé avec insistance que l'on parle anglais. Dans sa conférence de presse, Lemieux parle du rôle des gouvernements fédéral et provincial dans les négociations en cours pour la libération des deux otages du FLQ : le diplomate britannique James Cross et le ministre du Travail et de l'Immigration du Québec, Pierre Laporte. Le mélange de la couleur et du noir et blanc dans ce reportage de Peter Kent est typique des reportages télévisés de cette époque du début des années 1970.

Fonds de CTV
13 octobre 1970
FLQ Press Conference
V1 8301 0016(2)

278

. . Michael Maclear: Vietnam Prisoner of War Interview

27 December 1970
27 décembre 1970

English

▶ Foreign correspondent, Michael Maclear provides exclusive insights into America's role in the Vietnam War in this CBC report. On Christmas Day, CBC cameras were permitted a limited look, the first ever by western media, inside a prisoner of war camp in Hanoi. Maclear's report includes a clip from an interview he held with a United States pilot captured in Vietnam. Known for his direct and sensitive style, Maclear emerged as a prominent foreign correspondent in the 1960s on CBC's *Newsmagazine*, and was one of the first western journalists to report from Hanoi. Viewers will notice that the audio and video segments of Maclear's concluding comments are out of sync. This is on the Archives' tape copy and is a technical flaw that was more frequent with film than with video.

Canadian Broadcasting Corporation Collection 1984-0074
27 December 1970
Weekend
V1 8206-0163

. . . Michael Maclear : Entrevue avec un prisonnier de guerre du Viêt-nam

▶ Dans ce reportage de la SRC, le correspondant étranger Michael Maclear, grâce à ses images exclusives, nous fait comprendre en profondeur le rôle joué par les États-Unis dans la guerre du Viêt-nam. Le jour de Noël, les caméras de la SRC ont été autorisées à jeter un regard limité, le premier par la presse occidentale, à l'intérieur d'un camp de prisonniers à Hanoï. Le reportage de Maclear comprend une entrevue qu'il a réalisée avec un pilote américain fait prisonnier au Viêt-nam. Connu pour son style franc et direct, Maclear s'est distingué comme un éminent correspondant étranger de la SRC pour *Newsmagazine* dans les années 1960. Il est l'un des premiers journalistes occidentaux à réaliser des reportages en provenance de Hanoï. Il y a décalage entre la bande sonore et l'image dans la conclusion de cet extrait. Ceci n'apparaît que sur la copie des Archives et c'est le genre d'incident technique qui se produit plus souvent avec des films qu'avec des vidéos.

Fonds de la Société Radio-Canada 1984-0074
27 décembre 1970
Weekend
V1 8206-0163

24 June 1972
24 juin 1972

Français

.... **Le Téléjournal: Saint Jean-Baptiste Day**

▶ The team effort which goes into television news coverage is illustrated in this Saint-Jean Baptiste Day story on Radio-Canada's *Le Téléjournal*. Following an abrupt station identification, Gaétan Barrette reads the newscast; Gérard-Marie Boivin is the studio commentator; and out among the crowd of spectators at Place Jacques-Cartier in Old Montreal is Normand Lester. Barrette had been the show's regular newsreader since 1962, but this was one of his last appearances before changing over to the Radio-Canada weekend news later that year. Those who remember the host of *Il fait toujours beau quelque part* and *Ce soir*, will know that Boivin returned to the newsroom at Radio-Canada in 1971, first as news editor and then reporter.

Canadian Broadcasting Corporation Collection 1986-0411
24 June 1972
Le Téléjournal
V1 8607-0022(1)

. . . Le Téléjournal : La Saint-Jean-Baptiste

▶ Le travail d'équipe que représente la couverture d'un événement à la télévision est illustré dans cette émission du *Téléjournal* de Radio-Canada pour la fête de la Saint-Jean-Baptiste. Après une rapide identification du poste, Gaétan Barrette lit les nouvelles, Gérard-Marie Boivin est le commentateur en studio tandis qu'au dehors, dans la foule des spectateurs sur la Place Jacques-Cartier dans le Vieux-Montréal, se trouve Normand Lester. Lecteur attitré des nouvelles quotidiennes depuis 1962, Barrette en est ici à l'une de ses dernières apparitions régulières avant de passer aux nouvelles de la fin de semaine en octobre 1972. Ceux qui reconnaîtront l'animateur de *Il fait toujours beau quelque part* et de *Ce soir* sauront que Boivin a commencé à la salle des nouvelles de Radio-Canada en 1971, d'abord comme rédacteur des nouvelles, et ensuite comme reporter.

Fonds de la Société Radio-Canada 1986-0411
24 juin 1972
Le Téléjournal
V1 8607-0022(1)

1 September 1972
1ᵉʳ septembre 1972

English

... CTV'S Insight News: Televised Election Call

▶ Bruce Phillips hosts this special edition of *CTV's Insight News* after Prime Minister Trudeau's announcement of a 30 October federal election, noting that this is the first time an election call has been televised live. Texaco's sponsorship of CTV news specials made up for the loss of commercial revenue incurred when regular programming was interrupted. Texaco's involvement is very evident in the studio backdrop and title graphic, which resemble the Texaco logo.

CTV Collection
1 September 1972
CTV's Insight News
V1 8301-0015(2)

... CTV's Insight News : Annonce de la tenue des élections fédérales

▶ Bruce Phillips anime cette émission spéciale de *CTV's Insight News* après que le premier ministre Trudeau eut annoncé des élections fédérales pour le 30 octobre. Il fait remarquer que c'est la première fois qu'une annonce d'élections est faite en direct à la télévision. Texaco commandite ces bulletins de nouvelles spéciaux sur les ondes de CTV pour compenser la perte de revenus causée par l'interruption de la programmation régulière. La présence de Texaco est très visible en arrière-plan dans le studio et dans le graphisme du titre qui ressemble au logo de Texaco.

Fonds de CTV
1ᵉʳ septembre 1972
CTV's Insight News
V1 8301-0015(2)

6 October 1972
6 octobre 1972

Français

. . . . *Radio-Canada: Team Canada Comes Home*

▶ Broadcasting live from Dorval airport, reporters Jean Maurice Bailly and Lionel Duval improvise their commentary as the victorious Team Canada arrives home from the Soviet Union. In this extract, cameramen are more prominent than usual as they jostle with journalists for a vantage point to film the triumphant hockey team. Seen disembarking from the plane is star player Paul Henderson, whose dramatic final goal won for Team Canada the "series of the century." The clip ends with an enthusiastic greeting by Prime Minister Pierre Trudeau.

Canadian Broadcasting Corporation Collection 1985-0199
6 October 1972
Couverture du retour d'Équipe-Canada
V1 8505-0116(1)

. . . *Radio-Canada : Le retour triomphal d'Équipe-Canada*

▶ En direct de l'aéroport de Dorval, les reporters Jean-Maurice Bailly et Lionel Duval improvisent leurs commentaires au moment où Équipe-Canada rentre victorieuse de l'Union soviétique. Dans cet extrait, les cameramen sont plus en vue que d'habitude puisqu'on les voit avec les journalistes se frayer un passage afin de se trouver un point d'observation idéal pour filmer l'équipe triomphante. On aperçoit, descendant de l'avion, le joueur étoile Paul Henderson dont le but a permis à Équipe-Canada de gagner la « série du siècle ». Le passage se termine avec l'accueil enthousiaste de l'équipe par le premier ministre Pierre Trudeau.

Fonds de la Société Radio-Canada 1985-0199
6 octobre 1972
Couverture du retour d'Équipe-Canada
V1 8505-0116(1)

30 October 1972
30 octobre 1972

English

▶ CTV "Elects" Liberal Minority

▶ Harvey Kirck and Tom Gould, anchors of CTV's live coverage of the 1972 federal election, try to keep track of the flood of vote results being handed to them on small pieces of paper. The CTV computer comes to the rescue when at 8:03 p.m., hours before the polls close west of Ontario, Kirck announces the computer's correct forecast of a Liberal minority government. The tendency of election night broadcasters to announce projected vote results before Western Canada finishes voting has heightened that region's discontent with the power of more populous Eastern Canada ridings to determine election outcomes.

CTV Collection
30 October 1972
Mandate 72
V1 8301-0069(2)

. . . Le réseau CTV annonce l'élection d'un gouvernement libéral minoritaire

▶ Harvey Kirck et Tom Gould, les deux animateurs de cette soirée des élections fédérales du 30 octobre 1972 sur les ondes de CTV, ont du mal à se retrouver dans l'avalanche des résultats qui leur parviennent sur de petits bouts de papier. Finalement, l'ordinateur du réseau vient à la rescousse à 20 h 3, bien avant la fermeture des bureaux de scrutin à l'ouest de l'Ontario. Kirck annonce alors les prévisions — justes — de l'ordinateur : l'élection d'un gouvernement libéral minoritaire. La tendance des diffuseurs d'annoncer les résultats des élections avant la conclusion du vote dans l'Ouest accroît le mécontentement des électeurs de cette région qui en veulent au pouvoir dont disposent les circonscriptions plus populeuses de l'Est du pays de décider du sort électoral.

Fonds de CTV
30 octobre 1972
Mandate 72
V1 8301-0069(2)

. . . . *Radio-Canada:* Skylab *Special*

▶ From the time President J.F. Kennedy announced that the Americans would be the first to land on the moon, North American television covered almost every subsequent launching and space mission. Here, Radio-Canada presents a special program on the *Skylab* mission, hosted by Marcel Sicotte and Henri Bergeron. An English sound-track accompanies the live footage of *Skylab*, one of the first manned space laboratories to be launched into orbit. Also heard is the voice of astronaut Charles Conrad, commander of the first *Skylab* mission. Marcel Sicotte who provides voice-over commentary in French, came from an academic background in science and was involved in Radio-Canada's coverage of space travel from 1963. He also hosted the television series *Atome et Galaxie* (1962-1964). Henri Bergeron was well-known for his role in such series as *La Poule aux oeufs d'or* (1958-1965); *Le Marchand de sable* (1963-1967) and *Les Beaux Dimanches* (1966-1983).

Canadian Broadcasting Corporation 1985-0199
25 May 1973
Skylab
V1 8505-0098(2)

25 May 1973
25 mai 1973

Français

. . . *Radio-Canada : Reportage sur la station orbitale* Skylab

▶ Depuis que le président Kennedy a annoncé que les Américains seraient les premiers à se rendre sur la lune, la télévision nord-américaine a couvert presque chaque lancement et chaque mission spatiale des États-Unis. Dans cet extrait, Radio-Canada présente une émission spéciale, animée par Marcel Sicotte et Henri Bergeron, sur la mission *Skylab*. Une bande sonore anglaise accompagne le reportage en direct de *Skylab*, un des premiers laboratoires habités de l'espace à être mis en orbite. On peut aussi entendre la voix de l'astronaute Charles Conrad, le commandant de la première mission *Skylab*. Marcel Sicotte, qui présente les commentaires en français, a reçu une formation scientifique et s'est occupé de reportages sur les missions spatiales à Radio-Canada depuis 1963. C'est aussi lui qui a animé la série télévisée *Atome et Galaxie* (1962-1964). Quant à Henri Bergeron, il est bien connu pour son rôle dans des séries telles que *La Poule aux oeufs d'or* (1958-1965), *Le Marchand de sable* (1963-1967) et *Les Beaux Dimanches* (1966-1983).

Fonds de la Société Radio-Canada 1985-0199
25 mai 1973
Skylab
V1 8505-0098(2)

1 July 1973
1er juillet 1973

Français

. **Radio-Canada:** Anik 1 *Special*

▶ This special television program with Inuktitut subtitles marked the official inauguration of Radio-Canada television in the North — telecast via *Anik 1* satellite. Launched from Cape Canaveral in Florida on 7 November 1972, *Anik 1* was the first domestic communications satellite in the world. Its purpose was to bring television to the arctic region and to up-grade radio and telephone communication systems. Bernard Derome, who appeared frequently on special programs between 1969 and 1973, is the host.

Canadian Broadcasting Corporation 1985-0199
1 July 1973
Anik 1
V1 8505-0098(3)

. . . **Radio-Canada :** *Reportage sur le satellite* Anik 1

▶ Cette émission spéciale avec sous-titres en inuktitut marque l'inauguration officielle de la télévision de Radio-Canada dans le Nord via le satellite *Anik 1*. Lancé de cap Canaveral, en Floride, le 7 novembre 1972, *Anik 1* est le premier satellite de communications aux fins de réception domestique dans le monde. Il a pour mission de fournir un service de télévision aux communautés des régions arctiques et d'améliorer les systèmes de communications téléphoniques et les services radio. Bernard Derome, dont les services sont fréquemment requis pour les émissions spéciales entre 1969 et 1973, anime l'émission.

Fonds de la Société Radio-Canada 1985-0199
1er juillet 1973
Anik 1
V1 8505-0098(3)

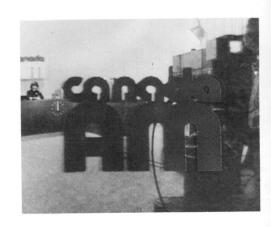

20 September 1973
20 septembre 1973

English

. . . . *Canada A.M.: Debut of Breakfast TV*

▶ *Canada A.M.*, Canada's only early morning national news program has stayed with the same basic formula since its debut on CTV on 11 September 1972. It featured interviews about issues in the news, human interest stories and lifestyle items arranged around frequent news, weather and sports updates. Introducing the show in this brief excerpt are Helen Hutchinson, Percy Saltzman and Dennis McIntosh. The Monday to Friday show began at 7:00 a.m. until 1983, when it started to broadcast thirty minutes earlier. Note the one-handed clock on the set. It gives the time before or after the hour, which is unspecified so time checks are accurate across the different time zones. This is the only example of *Canada A.M.* remaining from this period.

CTV Collection
20 September 1973
Canada A.M.
V1 8100-0061(1)

. . . *Canada A.M. : Premières émissions tôt le matin*

▶ Depuis ses débuts le 11 septembre 1972, *Canada A.M.*, la seule émission nationale d'affaires publiques en ondes tôt le matin, a conservé sensiblement la même formule. On pouvait y voir des entrevues sur les nouvelles du jour et sur des questions d'intérêt humain et de vie de société, le tout organisé autour de fréquents bulletins de nouvelles, de météo et de sports. Dans le court extrait choisi, l'émission est présentée par Helen Hutchinson, Percy Saltzman et Dennis McIntosh. Jusqu'en 1983, cette émission était en ondes dès 7 h, du lundi au vendredi; depuis cette date, elle est diffusée trente minutes plus tôt. Remarquez l'horloge accrochée au mur : elle n'a qu'une aiguille. N'indiquant que les minutes, l'heure affichée est toujours juste partout au pays, quel que soit le fuseau horaire. Cet extrait est tout ce qu'on possède des émissions de *Canada A.M.* de cette époque.

Fonds de CTV
20 septembre 1973
Canada A.M.
V1 8100-0061(1)

29 October 1973
29 octobre 1973

English

. . CTV: Parti québécois Celebration

▶ This noisy Quebec election coverage by CTV's George Frajkor shows how surroundings can influence TV reporting. TV cameras draw crowds, and crowds can make good television. This group, so excited a volunteer has to hold it back, draws as much attention as the report itself. As Frajkor speaks to the camera, and the crowd reacts to the victory of Bourassa's Liberals and the defeat of the Parti québécois, a PQ supporter behind Frajkor, probably noticing the TV lights, is quick to hoist a PQ flag and party poster and the incongruous story is recorded. Frajkor later left CTV to impart his wisdom to a new generation of TV journalists at Carleton University.

CTV Collection
28 October 1973
Election '73
V1 8302-0002(3)

・・・ CTV : Enthousiasme du Parti québécois à la suite des élections de 1973

▶ Cette couverture de George Frajkor de CTV sur les bruyantes élections au Québec montre l'influence que peut exercer l'environnement sur le reportage télévisé. Les caméras de la télévision attirent les foules, et les foules aident parfois à faire de la bonne télévision. Ce groupe, si excité qu'un volontaire doit le retenir, attire autant l'attention que le reportage lui-même. Tandis que Frajkor parle, face à la caméra, et que la foule devant le podium applaudit à la victoire des Libéraux de Robert Bourassa et à la défaite du Parti québécois, un partisan de cette dernière formation debout à l'arrière du reporter, remarquant sans doute les lumières de la télévision, brandit le drapeau et une affiche du P.Q., et la scène est enregistrée. Frajkor a par la suite quitté CTV pour enseigner à l'Université Carleton.

Fonds de CTV
28 octobre 1973
Election '73
V1 8302-0002(3)

27 October 1974
27 octobre 1974

English

.... **W5: Carole Taylor Interviews Margaret Trudeau**

▶ This candid interview of Prime Minister Trudeau's wife by Carole Taylor on this edition of *W5* was a major television scoop by CTV. Known as a talented interviewer and television host, the resourceful Taylor got the interview simply by presenting the idea to Margaret Trudeau in a letter. Margaret Trudeau's frank comments on her life as a Prime Minister's spouse raised many eyebrows. This was the first of a series of controversial public appearances by Margaret Trudeau which absorbed the news media and flabbergasted the public. In the introductory segment included in this excerpt, Joey Smallwood comments on the eve of his retirement as premier of Newfoundland. Taylor's co-host on the show is Barrie Dunsmore.

CTV Collection 1986-0758
27 October 1974
W5
V1 8703-0003(1)

... **W5 : Margaret Trudeau interviewée par Carole Taylor**

▶ Cette franche entrevue qu'accordait la femme du premier ministre à Carole Taylor dans cette émission de *W5* est toute une exclusivité pour CTV. Reconnue pour ses talents d'intervieweuse et d'animatrice de télévision, Mme Taylor a obtenu cette entrevue en en soumettant l'idée à Mme Trudeau dans une lettre. Les observations de Margaret Trudeau livrées en toute franchise sur sa vie de femme de premier ministre ont suscité beaucoup de remous. C'est la première d'une série d'apparitions publiques controversées de Mme Trudeau qui ont défrayé la chronique et sidéré l'opinion publique. Le segment d'introduction compris dans cet extrait montre Joey Smallwood livrant ses commentaires à la veille de démissionner de son poste de premier ministre de Terre-Neuve. Barrie Dunsmore coanime l'émission avec Mme Taylor.

Fonds de CTV 1986-0758
27 octobre 1974
W5
V1 8703-0003(1)

17 December 1974
17 décembre 1974

Français

▶ · Le 60: Pierre Nadeau in Beirut

▶ Peace seems a long way off as Pierre Nadeau tries to interview a woman on a Beirut street, surrounded by the noise of war. This episode, entitled "Entre le fusil et l'olivier" (Between the gun and olive-branch), illustrates the kind of actuality reporting typical of the informative, free-wheeling style of *Le 60*, which followed *Format 60* in 1972. It was this immediacy in approach that made *Le 60* a highly popular public affairs program. The producer was Pierre Caston-guay. Nadeau remained as its host until 1975, when André Payette took over.

Canadian Broadcasting Corporation Collection 1986-0544
17 December 1974
Le 60
V2 8610-0041(1)

· · · Le 60 : Pierre Nadeau à Beyrouth

▶ La paix semble être hors de portée dans cet extrait où Pierre Nadeau tente d'interviewer une femme dans une rue de Beyrouth entourée de bruits de guerre. Cet épisode intitulé « Entre le fusil et l'olivier » est un exemple du genre de repor-tage sur l'actualité propre au magazine *Le 60* : informer de façon réaliste et sans contraintes. *Le 60* a succédé à *Format 60* en 1972. Son style direct lui a valu une très grande popula-rité comme magazine d'affaires publiques. Réalisée par Pierre Castonguay, l'émission est animée par Pierre Nadeau jusqu'en 1975, année où André Payette prend la relève.

Fonds de la Société Radio-Canada 1986-0544
17 décembre 1974
Le 60
V2 8610-0041(1)

1974

English

. . . . *The Backgrounder: Tom Gould*

▶ The standard 90 second television news report sometimes earns television journalism the reputation of being just a superficial electronic headline service. To give *CTV News* more depth, journalist Tom Gould began *The Backgrounder*, a TV equivalent of the editorial page, in the early 1970s. Each weeknight Gould followed the 11 p.m. *CTV News* with a blunt several-minute analysis of a major news story of the day. Here, Harvey Kirck introduces a poker-faced Gould who humourously ridicules allegations of Soviet spy operations against Canadians. The show's sponsors made little attempt to curb Gould's opinions but CTV dropped sponsorship of *The Backgrounder* in 1978. It was then moved to *W5* and Bruce Phillips became the news analyst.

Can Pro Collection 1980-0190
1974
CTV News
V1 8606-0002(1)

. . . *The Backgrounder : Tom Gould*

▶ La norme de 90 secondes pour la présentation d'une nouvelle vaut parfois à la télévision la réputation de n'être qu'un service électronique superficiel de gros titres. C'est donc pour approfondir les nouvelles de *CTV News* que, au début des années 1970, le journaliste Tom Gould a lancé *The Backgrounder*, l'équivalent de la page éditoriale de la presse écrite. Tous les soirs de la semaine, après le bulletin de nouvelles de 23 h, Tom Gould procède pendant quelques minutes à une analyse mordante d'une grande nouvelle du jour. Harvey Kirck introduit ici un Gould qui, pince-sans-rire, ridicule avec humour les allégations d'espionnage dont le Canada serait victime au profit de l'Union soviétique. Les commanditaires de l'émission n'ont presque rien fait pour tenter d'influencer l'opinion de Gould, mais la direction de CTV retire *The Backgrounder* de l'horaire en 1978. L'émission a alors été incorporée à *W5*, et Bruce Phillips en est devenu le commentateur.

Fonds de Can Pro 1980-0190
1974
CTV News
V1 8606-0002(1)

. . . Peter Kent: Cambodian Bloodshed

April 1975
Avril 1975

English

▶ This gripping report by Peter Kent is a brutal example of the power of television images. Made just before the Cambodian capital of Phnom Penh fell to Communist Khmer Rouge guerillas on 1 / April, its bloody images and Kent's voice on the edge of breaking do what television does best: convey the raw shock of experience. (Audio problems, probably due to recording in the field, add to his voice's tremor.) Kent had first worked in Vietnam as a freelancer in 1965, and though he was no stranger to South East Asian violence, he was deeply affected by this experience. This was the first of two versions Kent filed on the same attack but producers in Toronto disregarded his request that they use the more detached report. Soon after this, Kent, wanting to stay for the end, had to be ordered out of the doomed city by producers worried for his safety.

Canadian Broadcasting Corporation Collection
April 1975
25th Anniversary of TV Clips
V1 8206-0163(7)

. . . Peter Kent : Massacre au Cambodge

▶ Ce saisissant reportage de Peter Kent est un exemple brutal de la puissance de l'image télévisée. Ces images sanglantes et l'émotion qui étreint la voix de Kent font de ce reportage, réalisé juste avant la chute de Phnom Penh, la capitale du Cambodge, aux mains des guérilleros communistes — les Khmers rouges — le 17 avril 1975, un modèle de ce que la télévision réussit mieux que n'importe quel autre média : véhiculer le choc brutal du vécu. Les problèmes de son, attribuables probablement au fait que l'enregistrement a été réalisé à l'extérieur, ajoutent au trémolo de la voix du reporter. Kent avait d'abord travaillé au Viêt-nam comme reporter pigiste en 1965, et malgré son expérience de la violence dans le Sud-Est asiatique, il est resté profondément marqué par cette expérience. Cet extrait vient du premier de deux reportages réalisés sur ce drame. Les réalisateurs de l'émission à Toronto ne se sont pas rendus à la demande de Kent d'utiliser la version la moins dramatique. Peu après ce reportage, Kent a été forcé de quitter la ville condamnée malgré son désir d'y rester jusqu'à la fin, car, à Toronto, on craignait pour sa sécurité.

Fonds de la Société Radio-Canada
Avril 1975
25th Anniversary of TV Clips
V1 8206-0163(7)

291

········ Ce soir: Jérôme Choquette Resignation

▶ Starting out in 1955 exclusively as a newscast, *Ce soir* changed its format in 1975 to include interviews and commentaries. This excerpt about the resignation of Quebec minister Jérôme Choquette from the Liberal party is typical of the new magazine-style format. Using a combination of background footage and studio interviews, with a variety of set designs, the report, broadcast in colour, includes a segment, with Michel Héroux, in black and white transmitted from the CBVT studios in Quebec City. The newscaster is Bernard Derome. Gabi Drouin conducts an in-studio interview with Choquette. Since 1984 *Ce soir* has been produced by regional Radio-Canada stations and aired nightly, the emphasis being more and more on regional news.

Canadian Broadcasting Corporation Collection
1985-0096
11 November 1975
Ce soir
V1 8504-0150(2)

11 November 1975
11 novembre 1975

Français

... Ce soir : Démission de Jérôme Choquette

▶ Lancé en 1955 pour être exclusivement un bulletin de nouvelles, *Ce soir* change sa formule en 1975 pour y inclure des entrevues et des commentaires. Cet extrait, sur la démission du ministre Jérôme Choquette du Parti libéral, est typique du nouveau format magazine de l'émission. Utilisant un mélange de documents filmés et d'entrevues en studio ainsi que des décors variés, le reportage diffusé en couleurs comprend une communication en noir et blanc avec Michel Héroux en provenance des studios de CBVT à Québec. Bernard Derome lit les nouvelles tandis que Gaby Drouin réalise l'entrevue en studio avec Jérôme Choquette. Depuis 1984, *Ce soir* est une production des stations régionales de Radio-Canada, et l'accent y est mis de plus en plus sur les nouvelles régionales; l'émission est en ondes tous les soirs.

Fonds de la Société Radio-Canada 1985-0096
11 novembre 1975
Ce soir
V1 8504-0150(2)

18 October 1976
18 octobre 1976

English

... CTV National News: Lloyd Robertson Debut

▶ CTV scored a coup and boosted its ratings when it hired Lloyd Robertson, anchor of CBC's *The National*, away from CBC with a rumoured million dollar contract and the chance to report as well as read the news. The team of Robertson and Harvey Kirck stayed together until Kirck retired in 1984. In this report mobster John Papalia objects to being filmed by a CTV cameraman. During an on-camera exchange, Papalia and CTV reporter Wally Macht debate Papalia's right to privacy versus the right of the news media to film him. Robertson clearly enjoys the irony involved in this exchange. This was his first broadcast for CTV. The video break-up is on the original copy.

CTV Collection
18 October 1976
CTV National News
V1 8011-0059(2)

... CTV National News : Lloyd Robertson fait ses débuts

▶ CTV a réussi tout un exploit publicitaire qui a fait grimper sa cote d'écoute en attirant Lloyd Robertson avec, dit-on, un contrat d'un million de dollars et la promesse de faire des reportages en plus de lire les nouvelles. Robertson avait été jusque-là le présentateur du *National* à la SRC. Le tandem Lloyd Robertson-Harvey Kirck a fonctionné jusqu'à la retraite de Kirck en 1984. Dans ce reportage, le gangster John Papalia refuse de se laisser filmer par le cameraman de CTV. Dans un échange devant la caméra, Papalia et le reporter de CTV, Wally Macht, débattent du droit de Papalia à sa vie privée et de celui des médias à le filmer. Robertson, visiblement, apprécie l'ironie de la scène. Cette édition de *CTV News* est la première de Robertson pour le réseau. La défectuosité de la bande magnétoscopique apparaît aussi sur l'original.

Fonds de CTV
18 octobre 1976
CTV National News
V1 8011-0059(2)

December 1976
Décembre 1976

Français

.... Regards sur le monde: Claude Lapointe

▶ This item on the Parti québécois victory is introduced by Claude Lapointe, host of the weekly TVA public affairs show *Regards sur le monde*. Broadcast on Channel 10 from 1974 to 1978, *Regards sur le monde* presented viewers with a variety of news stories both national and international. Lapointe took the position of Director of Information on Channel 10 in 1960 and went on to become vice-president of Information and Public Affairs of Télé-Métropole in 1977.

Télé-Métropole Collection
1986-0428
December 1976
Regards sur le monde
V1 8608-0054(1)

... Regards sur le monde : Claude Lapointe

▶ Cet extrait sur la victoire du Parti québécois est présenté par Claude Lapointe, animateur de *Regards sur le monde*, une émission hebdomadaire d'affaires publiques de TVA. Diffusée au canal 10 de 1974 à 1978, *Regards sur le monde* présente aux téléspectateurs diverses nouvelles nationales et internationales. Directeur des nouvelles du 10 en 1960, Lapointe devient en 1977 vice-président, Information et Affaires publiques de Télé-Métropole.

Fonds de Télé-Métropole 1986-0428
Décembre 1976
Regards sur le monde
V1 8608-0054(1)

17 October 1977
17 octobre 1977

English

. . . CBC: Debut of Television in the House of Commons

▶ Before television cameras were allowed in the House of Commons only visitors to the Commons chamber could witness the daily Question Period. Starting on 17 October 1977, parliamentary coverage was no longer confined to journalists' stand-up reports outside the Commons, and, for the first time, broadcasters could use extracts of the audio and video feeds of House of Commons proceedings, now customary features of political reporting. Peter Kent hosts this special CBC broadcast of the House's television debut, showing a packed House of MPs on their best behaviour. Longtime CBC reporter John Drewery is heard commentating.

Canadian Broadcasting Corporation Collection 1984-0291
17 October 1977
Parliament Live
V1 8410-0125

. . . CBC : Première diffusion des débats de la Chambre des communes

▶ Avant l'admission des caméras de télévision à la Chambre des communes, seuls les visiteurs pouvaient assister à la période quotidienne des questions. C'est à compter du 17 octobre 1977 que la couverture parlementaire n'est plus réservée aux reportages en solo des journalistes à l'extérieur des Communes. Depuis cette date, les diffuseurs peuvent offrir des extraits des débats parlementaires — un élément des reportages politiques qui nous apparaît tout à fait normal aujourd'hui. Peter Kent anime cette émission spéciale de la SRC à l'occasion de la première diffusion des débats de la Chambre des communes où l'on peut voir une Chambre remplie de députés dans une tenue exemplaire. Reporter chevronné à la SRC, John Drewery commente la scène.

Fonds de la Société Radio-Canada 1984-0291
17 octobre 1977
Parliament Live
V1 8410-0125

.... *Global News: Peter Trueman's Reality*

27 October 1978
27 octobre 1978

English

▶ An outspoken Canadian news anchor delivers one of his famous commentaries. Peter Trueman began his career in newspapers but joined CBC as a news writer in 1968. After promotion to producer and chief news editor, he left the CBC in 1974 to anchor the news of the newly founded Global network. TV news has long flirted with an electronic version of the newspaper editorial such as Tom Gould's *The Backgrounder* at CTV. However Trueman's commentary at the end of *Global News* has lasted the longest and his tagline "That's not news, but that too is reality" became one of the most widely-quoted phrases in Canadian journalism. Defending the Letter Carriers Union and attacking Post Office management, Trueman exhibits his typically provocative stance.

Global Television Network Collection 1986-0676
27 October 1978
Global News
V1 8610-0118(1)

... *Global News : Laïus de Peter Trueman*

▶ Un présentateur au franc-parler livre un de ses célèbres commentaires. Peter Trueman commence sa carrière dans le journalisme écrit avant de se joindre à la SRC comme rédacteur des nouvelles en 1968. Après avoir été promu au poste de réalisateur et de rédacteur en chef des nouvelles, il quitte la SRC en 1974 pour présenter les nouvelles au réseau Global qui vient de s'établir. Pendant longtemps, les nouvelles télévisées ont voulu présenter une version électronique des éditoriaux de la presse écrite,comme par exemple *The Backgrounder* de CTV. Le commentaire de Trueman à la fin de *Global News* est celui qui a eu la vie la plus longue, et son slogan « Ce n'est pas une nouvelle, mais c'est la réalité! » est devenu une des paroles les plus citées par les journalistes canadiens. Défendant le syndicat des facteurs et attaquant la direction du ministère des Postes, Trueman, avec son ton provocateur, reste égal à lui-même.

Fonds de Global Television Network 1986-0676
27 octobre 1978
Global News
V1 8610-0118(1)

26 January 1979
26 janvier 1979

Français

. . . . Le Téléjournal: Montreal Video Production

▶ This news report by Gisèle Gallichan presents Montreal as the largest francophone video production centre in the world. Gallichan a highly regarded parliamentary correspondent in Quebec, left Radio-Canada in 1982 and became a reporter for TVA's series *L'Événement*. Bernard Derome introduces this report on the nightly *Le Téléjournal*.

Canadian Broadcasting Corporation Collection 1982-0187
26 January 1979
Le Téléjournal
V2 7905-0354

. . . Le Téléjournal : Montréal, centre de production vidéo

▶ Dans ce reportage pour *Le Téléjournal* de Radio-Canada, Gisèle Gallichan nous présente Montréal comme le plus grand centre de production vidéo francophone dans le monde. Mme Gallichan, une correspondante parlementaire très estimée à Québec, quitte Radio-Canada en 1982 et devient reporter pour l'émission *L'Événement* de TVA. C'est Bernard Derome qui présente ce reportage au *Téléjournal* du soir.

Fonds de la Société Radio-Canada 1982-0187
26 janvier 1979
Le Téléjournal
V2 7905-0354

26 February 1979
26 février 1979

Français

.... **Le Téléjournal: Solar Eclipse from Brandon, Manitoba**

▶ This was only the second time since the advent of television that a total eclipse of the sun had been visible in Canada. On *Le Téléjournal*, Jean-Michel Leprince reports on the phenomenon from Brandon, Manitoba. Special technical effects (not available for the television coverage of the previous solar eclipse from Grand'Mère, Quebec in 1963 as seen in "Remember when . . .") include time lapse photography and split-screen images. Leprince, originally a journalist in the print media, joined the CBC in Toronto in 1973. In 1976 he was transferred to the network and took on a variety of assignments related to politics and science. Jean Ducharme introduces the excerpt.

Canadian Broadcasting Corporation Collection 1982-0187
26 February 1979
Le Téléjournal
V2 7905-0384

... **Le Téléjournal : Éclipse solaire en direct de Brandon (Manitoba)**

▶ C'est seulement la deuxième fois depuis l'avènement de la télévision qu'une éclipse solaire totale est visible au Canada. Cet extrait présenté par Jean Ducharme vient d'un reportage de Jean-Michel Leprince sur le phénomène, en direct de Brandon au Manitoba. Remarquez les effets spéciaux : photographie en accéléré et images sur écran séparé. Ils étaient inconnus en 1963 lors de la première éclipse solaire observée à Grand' Mère (Québec). Après avoir oeuvré dans la presse écrite, Jean-Michel Leprince se joint à Radio-Canada, Toronto, en 1973. Muté au réseau national trois ans plus tard, il s'occupera de projets sur la politique et la science.

Fonds de la Société Radio-Canada 1982-0187
26 février 1979
Le Téléjournal
V2 7905-0384

21 May 1979
21 mai 1979

Français

. . . . . *Le Téléjournal: Election Broad-cast Set-Up*

▶ On the eve of the 1979 federal election, *Le Téléjournal* presented this special report on the technological innova-tions to be used in Radio-Canada's coverage of the event. From Studio 42 in Montreal, Danielle Bombardier describes the elaborate prepa-rations being made for this million-dollar election special. Bombardier is the sister of Denise Bombardier, host of the well-known series *Noir sur blanc*.

Canadian Broadcasting Corporation Collection 1986-0544
21 May 1979
Le Téléjournal
V2 8610-0041(2)

. . . *Le Téléjournal : Préparation de la soirée des élections*

▶ À la veille des élections fédérales de 1979, *Le Téléjournal* présente ce reportage spécial sur les innovations techni-ques qui seront déployées par Radio-Canada pour couvrir l'événement. Du studio 42 à Montréal, Danielle Bombardier décrit le dispositif mis en place au coût d'un million de dol-lars pour cette soirée spéciale des élections. Danielle Bombar-dier est la sœur de Denise Bombardier, l'animatrice bien connue de l'émission *Noir sur blanc*.

Fonds de la Société Radio-Canada 1986-0544
21 mai 1979
Le Téléjournal
V2 8610-0041(2)

2 January 1980
2 janvier 1980

Français

.... Le Téléjournal: TV Witnesses Chapais Fire Aftermath

▶ This *Le Téléjournal* item shows CBVT reporter André Dufour at the scene of a fire in Chapais, Quebec which took the lives of over thirty people. While Dufour's report shows sensitivity and compassion for the victims, the images recorded by the television cameras testify to the callousness of television reporting. With little regard for the privacy of those closely affected by the disaster, the report includes shots of bodies and of grieving friends and relatives.

Canadian Broadcasting Corporation Collection 1986-0544
2 January 1980
Le Téléjournal
V2 8610-0041(6)

. . . Le Téléjournal : La télévision, témoin des séquelles du feu de Chapais

▶ Cet extrait du *Téléjournal* nous fait voir le reporter de CBVT, André Dufour, sur les lieux d'un incendie dans lequel plus de 30 personnes ont péri à Chapais (Québec). Si le reportage de Dufour trahit une certaine sensibilité et de la compassion pour les victimes de la tragédie, il n'en est pas de même pour les images enregistrées par la caméra qui témoignent plutôt de l'indélicatesse des reportages télévisés. Montrant peu de respect pour la douleur intime des personnes directement affectées par ce drame, la caméra se promène parmi les corps des victimes, leurs amis et parents en proie à la douleur.

Fonds de la Société Radio-Canada 1986-0544
2 janvier 1980
Le Téléjournal
V2 8610-0041(6)

25 April 1980
25 avril 1980

English

. . . . *The National: Across Canada with Jan Tennant*

▶ Jan Tennant, one of Canada's most prominent newscasters, reads *The National*. As the first female staff announcer on English CBC television, Tennant played a crucial role in breaking barriers against women in Canadian television news, starting with her first major newscast in 1974. In 1982 she left the CBC to join Global TV's news team. The "Across Canada" segment of *The National* Tennant is reading was CBC's attempt to deflect criticism of a central Canada bias, but complaints remained that it was mere tokenism.

*Canadian Broadcasting
Corporation Collection
25 April 1980
The National
V1 8006-0060(4)*

. . . *The National : Across Canada avec Jan Tennant*

▶ Un des plus grands lecteurs de nouvelles au Canada, Jan Tennant, lit les nouvelles du *National*. Première femme à occuper cette fonction à la télévision anglaise de Radio-Canada, elle a ouvert la voie aux femmes pour la lecture des nouvelles télévisées au pays grâce à une telle affectation dès 1974. En 1982, elle quitte la SRC pour se joindre à l'équipe des nouvelles de Global TV. L'extrait qu'elle lit vient de « Across Canada », un volet du *National*, conçu pour tenter de satisfaire ceux qui trouvaient *The Journal* trop influencé par le Canada central. Cette tentative a été accusée d'être purement symbolique.

*Fonds de la Société Radio-Canada
25 avril 1980
The National
V1 8006-0060(4)*

. . . . The National/The Journal Debut at 10:00 p.m.

11 January 1982
11 janvier 1982

English

▶ The First edition of *The Journal*, hosted by Barbara Frum and Mary Lou Finlay, was aired amid much fanfare and controversy. *The National* began an hour earlier than its usual 11:00 p.m. slot (held since 1954). Introduced by flashy new graphics and up-beat theme music, *The National* nevertheless has a familiar look as Knowlton Nash leads off with a staple Canadian story: a winter storm report. *The Journal* followed, with executive producer Mark Starowicz presenting a mix of mini-documentaries and edited double-ender interviews which drew critical attention. The CBC's gamble in moving its major news and current affairs hour to 10:00 p.m. paid off almost immediately with a substantial improvement in ratings.

Canadian Broadcasting Corporation Collection 1983-0221
11 January 1982
The National *and* **The Journal**
V1 8605-0098(1)

. . . The National/The Journal : Dès 22 h

▶ Animé par Barbara Frum et Mary Lou Finlay, *The Journal* voit le jour dans le bruit et la controverse. Pour la première fois depuis 1954, *The National* quitte son créneau de 23 h pour être diffusé une heure plus tôt. Avec un nouveau graphisme spectaculaire et une musique entraînante au début de l'émission, *The National* nous reste quand même familier au moment où Knowlton Nash entre en scène avec cette nouvelle typiquement canadienne : une tempête de neige. Suit *The Journal* où le producteur délégué Mark Starowicz présente un mélange de mini-documentaires et d'extraits d'entrevues décousues qui attirent des critiques. La SRC gagne son pari en avançant d'une heure sa principale émission de nouvelles et d'affaires publiques : sa cote d'écoute s'améliore sensiblement et presque sur-le-champ.

Fonds de la Société Radio-Canada 1983-0221
11 janvier 1982
The National *and* **The Journal**
V1 8605-0098(1)

3 February 1982
3 février 1982

Français

.... Les Nouvelles TVA: Jacques Moisan

▶ Prepared and produced by Télé-Métropole in Montreal in collaboration with TVA regional stations, *Les Nouvelles TVA* is seen here hosted by Jacques Moisan. The item presented is of local interest: the boycott of Tilden Rent-A-Car in Quebec. In contrast to Radio-Canada's *Le Téléjournal*, the order of the news on *Les Nouvelles* progresses from local Montreal or Québécois news to national and international items. This evening TVA bulletin, first broadcast in 1972, was aired at various times of the day over the years, depending on audience preferences. (The slight interference heard on the sound-track is due to off-air dubbing on the only available copy.)

NFTSA Off-Air Collection
3 February 1982
Les Nouvelles TVA
WM 82/76

... Les Nouvelles TVA : Jacques Moisan

▶ Préparée et réalisée par Télé-Métropole à Montréal en collaboration avec les stations régionales de TVA, l'émission *Les Nouvelles TVA* est ici présentée par Jacques Moisan. Notre extrait est une nouvelle locale : le boycottage de la compagnie Tilden à Québec. L'ordre de présentation des nouvelles de ce bulletin est à l'inverse du *Téléjournal* de Radio-Canada : il va des nouvelles locales montréalaises ou québécoises aux nouvelles nationales et internationales. En ondes depuis 1972, l'heure de diffusion de ce bulletin de fin de soirée de TVA a varié au cours des années et au gré des cotes d'écoute. (La faible interférence entendue ici sur la bande sonore est due à l'enregistrement « hors antenne » réalisé à partir de la seule copie d'archives disponible.)

Fonds de NFTSA Off-Air
3 février 1982
Les Nouvelles TVA
WM 82/76

5 February 1982
5 février 1982

Français

·········· Première Heure: Morning Television News

▶ A weekday morning news-magazine series, *Première Heure* has been hosted by Yves Corbeil and produced by Télé-Métropole for the TVA Network. This excerpt includes news headlines read by Claude Raymond and a report by Richard Desmarais. The informal style of *Première Heure* made it distinctive in Quebec and was said to be influenced by American programming. (The slight interference on the sound-track is due to off-air dubbing from the available archival copy.)

NFTSA Off-Air Collection
5 February 1982
Première Heure
WM 82/79

. . . Première Heure : Les nouvelles télévisées du matin

▶ Animée par Yves Corbeil et réalisée par Télé-Métropole pour le réseau TVA, l'émission *Première Heure* est un magazine d'information du matin, en ondes tous les jours de la semaine. Cet extrait comprend des manchettes de l'actualité lues par Claude Raymond et un reportage de Richard Desmarais. Influencé, croit-on, par la programmation américaine, ce magazine de style décontracté est le seul du genre à être diffusé au Québec. (La faible interférence entendue sur la bande sonore est due à l'enregistrement « hors antenne » réalisé à partir de la copie d'archives disponible.)

Fonds de NFTSA Off-Air
5 février 1982
Première Heure
WM 82/79

2 March 1982
2 mars 1982

Français

.... Antenne 10: News Award Winner

► In this clip, *Antenne 10* celebrates its winning of the 1982 Can Pro award for quality programming and public appeal. Claude Blain, Executive Vice-President of the TVA Network, presents the award to Claude Lapointe, Vice-President of Information and Public Affairs for Télé-Métropole and producer of *Antenne 10*. This weekly magazine show reflected his originality and ingenuity and was one of many current affairs series produced by Télé-Métropole and broadcast on the TVA Network after 1977. Host Jacques Morency, whose voice was heard on Montreal's CKAC radio for twenty-two years, joined TVA in 1980 to become one of its regular hosts and news readers.

TVA Collection 1986-0428
2 March 1982
Antenne 10
V1 8608-0055(2)

... Antenne 10 : Enfin reconnue et récompensée

► Dans l'extrait choisi, *Antenne 10* célèbre le prix Can Pro 1982 qui vient de lui être décerné pour la qualité de sa programmation et sa popularité. Claude Blain, vice-président exécutif du réseau TVA, remet ici le prix à Claude Lapointe, vice-président, Information et Affaires publiques, pour Télé-Métropole, et réalisateur d'*Antenne 10*. Ce magazine hebdomadaire, qui reflète son originalité et son ingéniosité, est l'un des nombreux magazines d'affaires publiques produits par Télé-Métropole et diffusés sur les ondes du réseau TVA après 1977. Jacques Morency, l'animateur de l'émission, s'est fait entendre pendant vingt-deux ans à CKAC une station de radio de Montréal, avant de se joindre à TVA en 1980 comme animateur et lecteur de nouvelles attitré.

Fonds de TVA 1986-0428
2 mars 1982
Antenne 10
V1 8608-0055(2)

20 April 1982
20 avril 1982

Français

.... CKSH-TV: Sherbrooke Floods

► This coverage by CKSH-TV of the severe floods which hit the Estrie region in Quebec is a good example of regional on-location reporting of a story which made national head-lines. Usually assigned to sports events, Jean-Pierre Martel provides this live report from the scene of the devas-tation in Sherbrooke. CKSH-TV in Sherbrooke, an affiliate of Radio-Canada, was established in 1974.

Canadian Association of
Broadcasters Collection
1986-0418
18-20 April 1982
CKSH-TV News
V1 8607-0050(3)

... CKSH-TV : Inondation à Sherbrooke

► Ce reportage de CKSH-TV sur les graves inondations qui ont frappé la région de l'Estrie (Québec) est un bel exemple du traitement d'une actualité régionale qui a fait les man-chettes nationales. Jean-Pierre Martel, habituellement assi-gné aux événements sportifs, réalise ce reportage en direct de Sherbrooke. CKSH-TV, station affiliée à Radio-Canada, a été fondée en 1974.

Fonds de l'Associaiton canadienne des radiodiffuseurs
1986-0418
18-20 avril 1982
CKSH-TV News
V1 8607-0050(3)

20 April 1982
20 avril 1982

English

. . . *ITV News: Pocklington Hostage Taking*

▶ For eleven and a half hours, Edmonton's ITV kept on top of the Pocklington kidnapping with bulletins and newsbreaks. Cameraman Hank Imes was first on the scene to capture these dramatic developments outside the Pocklington home where the millionaire financier was being held hostage. Peter Pocklington's safe release is announced by Doug Main, and Tim Spelliscy is the field reporter. Authorities are always alert to the potential danger of exacerbating crisis situations by live television coverage.

Can Pro Collection 1983-0139
20 April 1982
Pocklington Kidnapping
V1 8606-0017

. . . *ITV News : Séquestration de Peter Pocklington*

▶ Par des bulletins réguliers, et ce, pendant onze heures et demie, ITV d'Edmonton a tenu la population continuellement informée des faits les plus récents concernant la séquestration de Peter Pocklington. Le cameraman Hank Imes est le premier à se trouver sur la scène du drame pour ne rien perdre des événements qui se déroulent à l'extérieur de la maison du financier millionnaire, là même où il est gardé en otage. La libération de Peter Pocklington est annoncée par Doug Main, et Tim Spelliscy est le reporter sur les lieux. Les autorités sont toujours préoccupées par la possibilité que les reportages en direct contribuent à envenimer les situations de crise.

Fonds de Can Pro 1983-0139
20 avril 1982
Pocklington Kidnapping
V1 8606-0017

14 June 1982
14 juin 1982

English

▶ In this outspoken, forceful report from Buenos Aires, Pamela Wallin vividly captures the anger of violent riots which followed Argentina's surrender of the Falkland Islands to Britain: anger which later helped oust the country's military dictatorship. The crowd's attack on Wallin and the CTV crew is a chilling reminder of how the western media abroad are sometimes seen as the enemy. Wallin later became chief of CTV's Parliament Hill bureau.

CTV Collection 1986-0818
14 June 1982
Buenos Aires Report
V1 8701-0015(1)

▶ Dans ce reportage franc et vigoureux en direct de Buenos Aires, Pamela Wallin nous livre des images d'un réalisme choc sur les violentes émeutes qui ont suivi la reddition des îles Falkland à la Grande-Bretagne par l'Argentine. La colère de la foule devait aider à se débarrasser de la dictature militaire par la suite. En s'en prenant à Pamela Wallin et à l'équipe de tournage de CTV, cette foule nous rappelle que les médias occidentaux sont parfois perçus comme l'ennemi à l'étranger. Wallin est devenue plus tard chef du bureau de CTV sur la colline parlementaire.

Fonds de CTV 1986-0818
14 juin 1982
Buenos Aires Report
V1 8701-0015(1)

20 June 1982
20 juin 1982

Français

. . . Le Téléjournal: Mass Celebrating Beatification of Brother André

▶ This excerpt from *Le Téléjournal*, introduced by Louise Arcand, consists of a report on the special mass celebrating the beatification of Brother André. Reporting live from the Olympic Stadium in Montreal, Réal D'Amours describes the scene at the packed stadium and interviews devotees of Brother André, who is credited with many miracles. Louise Arcand was a well-known Radio-Canada host in the 1970s (*Femme d'aujourd'hui*). In 1984, shortly after being assigned to read the news on *Ce soir*, Arcand hit the headlines when she was replaced by Marie-Claude Lavallée, a woman twelve years her junior. After much controversy, Arcand was re-instated by Radio-Canada as a reporter.

Canadian Broadcasting Corporation Collection 1986-0421
20 June 1982
Le Téléjournal
WM 82/381

. . . Le Téléjournal : Messe à l'occasion de la béatification du frère André

▶ Cet extrait du *Téléjournal* présenté par Louise Arcand est un reportage sur la messe spéciale à l'occasion de la béatification du frère André. En direct du Stade olympique de Montréal, bondé pour la circonstance, Réal D'Amours décrit l'ambiance et interviewe les fervents du frère André à qui un grand nombre de miracles sont attribués. Louise Arcand est une animatrice bien connue de Radio-Canada dans les années 1970 (*Femme d'aujourd'hui*). En 1984, peu de temps après avoir été affectée à la lecture des nouvelles de *Ce soir*, Mme Arcand a fait les manchettes pour avoir été remplacée à ce poste par Marie-Claude Lavallée, une femme de douze ans sa cadette. Après une longue controverse, Louise Arcand a réintégré un poste de reporter à la Société.

Fonds de la Société Radio-Canada 1986-0421
20 juin 1982
Le Téléjournal
WM 82/381

5 September 1982
5 septembre 1982

English

.... **Global News: Criminals "Caught" by Television**

▶ This bizarre and exciting illustration of television's versatility shows two thieves being caught on video by Christina Pochmursky and her camara crew. Ironically the men were stealing a TV, the same medium that caught them in the act and eventually led to their arrest and conviction. Pochmursky was shooting a completely unrelated story about Toronto nightlife at the time, verifying the old news maxim about being at the right place, at the right time. A reporter at Global, Pochmursky switched to CBC in Toronto two years later.

*Global Television Network Collection 1982-0280
5 September 1982*
Newsweek
V1 8212-0004(2)

... **Global News : Grâce à la télévision, des criminels sont arrêtés**

▶ Ces deux criminels filmés en flagrant délit par Christina Pochmursky et son équipe de reportage illustrent de façon bizarre et amusante la polyvalence de la télévision. Ironiquement, ces hommes volaient un téléviseur, le même instrument qui les a pris sur le fait et conduit à leur arrestation et à leur condamnation. En fait, Pochmursky ne faisait que se trouver à la bonne place et au bon moment, puisque son reportage sur la vie nocturne de Toronto n'avait absolument aucun rapport avec ces hommes. Pochmursky devait quitter Global deux ans plus tard pour se joindre à la SRC à Toronto.

*Fonds de Global Television Network 1982-0280
5 septembre 1982*
Newsweek
V1 8212-0004(2)

30 October 1982
30 octobre 1982

English

.. Atlantic Television Network: Live At 5:00

▶ ATV Evening News: Live At 5:00 is an example of early evening non-network programming designed to build up audiences for prime-time viewing. This local news and current affairs show presents an up-beat look at the news, with a celebrity host and other techniques recommended by freelance news consultants or "show doctors." To make the news look more exciting, ATV puts the newsroom itself on camera, with reporters delivering their scripts directly from their desks. In this segment, host Dave Wright presents the line-up of stories, and Bruce Graham makes a brief report. ATV (The Atlantic Television Network) is a regional mininetwork with stations in the four Atlantic provinces.

Can Pro Collection 1983-0139
30 October 1982
ATV Evening News
V1 8203-0125(2)

···Atlantic Television Network: Live At 5:00

▶ ATV Evening News: Live At 5:00 est un exemple de la programmation locale de début de soirée conçue pour attirer les téléspectateurs aux heures de grande écoute. Cette émission de nouvelles et d'affaires publiques jette un regard optimiste sur l'actualité, mise sur un animateur vedette et utilise d'autres techniques recommandées par des experts indépendants en communication. Pour faire apparaître les actualités plus intéressantes, ATV montre la salle des nouvelles avec les reporters livrant leurs textes assis à leur bureau. Dans l'extrait choisi, l'animateur Dave Wright présente le menu de l'émission et Bruce Graham fait un bref reportage. ATV (The Atlantic Television Network) est un réseau régional qui compte des stations dans les quatre provinces de l'Atlantique.

Fonds de Can Pro 1983-0139
30 octobre 1982
ATV Evening News
V1 8203-0125(2)

16 December 1982
16 décembre 1982

English

. . . . *CKCO: Scan News Hour*

▶ This locally produced newscast for early evening viewing in the Kitchener area demonstrates the aggressive promotion of a news team. Wearing the team uniform of identical blazers, the *Scan* personalities are used both to deliver the news and to promote the station within the community. In fact, television theorists suggest that this presentation projects a surrogate family image to foster viewer identification. Their lead story on interest rates, with superimposed statistics over the visuals of newly-printed money, demonstrates how difficult presentation of such stories are for television news.

Can Pro Collection 1983-0139
16 December 1982
Scan News Hour
V1 8606-0017

. . . *CKCO : Scan News Hour*

▶ Ce bulletin d'information de début de soirée dans la région de Kitchener illustre la publicité dynamique d'une équipe des nouvelles. Portant tous le blazer, les journalistes de *Scan* servent à la fois à présenter les nouvelles et à faire connaître la station auprès de la population. En fait, d'après les théoriciens de la télévision, cette présentation projette l'image d'une « famille de substitution » qui aide le spectateur à se reconnaître. Le sujet du jour, les taux d'intérêt, est traité en s'appuyant sur des statistiques affichées par-dessus des images de papier-monnaie fraîchement imprimé, démontrant ainsi la difficulté de traiter de ces questions dans un bulletin de nouvelles télévisé.

Fonds de Can Pro 1983-0139
16 décembre 1982
Scan News Hour
V1 8606-0017

. . Le Téléjournal/Le Point: Debut at 10:00 p.m.

12 September 1983
12 septembre 1983

Français

▶ This edition of *Le Télé-journal* includes the debut of the news magazine series *Le Point* in a parallel development to CBC's introduction of *The Journal* a year earlier. *Le Télé-journal* was moved from 10:30 p.m. to 10:00 p.m. to accommodate *Le Point*. *Le Point*'s hosts were Simon Durivage, who had been with Radio-Canada since 1968 and was well-known as the host of *Consommateurs avertis* (1974-1978) and Denise Bombardier, who began her broadcasting career as an actress in *La Boîte à surprise* and had moved into public affairs programming as the host of *Noir sur blanc* (1979-1982). The excerpt of *Le Télé-journal* included here contains a report by Jacques Plante on cancer victim and accused murderer Marie-Andrée Leclerc. Unfortunately the original recording of the program is flawed by video breakup.

Canadian Broadcasting Corporation Collection 1986-0508
12 September 1983
Le Téléjournal/Le Point
V2 8609-0304, V2 8609-0305

. . . Le Téléjournal/Le Point : Dès 22 h

▶ Cette édition du *Téléjournal* comprend la première du *Point*, magazine d'actualité équivalent du *Journal* de la chaîne anglaise de Radio-Canada en ondes depuis un an déjà. Le *Téléjournal* commence à 22 h au lieu de 22 h 30 pour faire place au *Point*. Le nouveau magazine est animé par Simon Durivage et Denise Bombardier. Animateur bien connu de *Consommateurs avertis* (1974-1978), Simon Durivage est à l'emploi de Radio-Canada depuis 1968. Quant à Denise Bombardier, elle a commencé sa carrière à la télévision comme actrice dans *La Boîte à surprise*, pour ensuite passer à la programmation des affaires publiques comme animatrice du magazine *Noir sur blanc* (1979-1982). L'extrait du *Téléjournal* comprend un reportage de Jacques Plante sur Marie-Andrée Leclerc, atteinte de cancer et accusée de meurtre. Malheureusement, l'enregistrement original n'est pas parfait à cause d'une défectuosité de la bande magnétoscopique.

Fonds de la Société Radio-Canada 1986-0508
12 septembre 1983
Le Téléjournal/Le Point
V2 8609-0304, V2 8609-0305

12 February 1984
12 février 1984

Français

. . . . *Les Nouvelles TVA: Loto 6/49 Advice*

▶ This report on the draw to be held for Loto-Québec 6/49's largest prize to date (three million dollars — won by Stuart and Lilian Kelly of Brantford) is presented in an imaginative style. Making extensive use of stockshots, it encourages the fantasies of the many who buy lottery tickets. The story is presented by Jacques Auger on TVA's evening news, hosted by Pierre Bruneau. Bruneau began his broadcasting career in radio and worked as a journalist at Télémédia from 1973-1976 when he joined TVA.

Canadian Association of Broadcasters Collection
1986-0418
12 February 1984
Les Nouvelles TVA
V1 8607-0050(2)

. . . *Les Nouvelles TVA : Conseils pour les gagnants de la loto 6/49*

▶ Ce reportage sur le tirage du plus gros lot jamais offert par le jeu 6/49 de Loto-Québec (trois millions de dollars gagnés par Stuart et Lilian Kelly de Brantford, Ontario) est présenté dans un style fantaisiste. Faisant largement appel à des photos d'archives, le reporter prend un malin plaisir à encourager les rêves des nombreux parieurs. C'est Jacques Auger qui présente ce reportage sur les ondes de TVA au bulletin de nouvelles de fin de soirée lu par Pierre Bruneau. Celui-ci est entré à TVA après des débuts à la radio, puis comme journaliste à Télémédia de 1973 à 1976.

Fonds de l'Association canadienne des radiodiffuseurs
1986-0418
12 février 1984
Les Nouvelles TVA
V1 8607-0050(2)

20 September 1984
20 septembre 1984

English

· Global News: Newsroom Promo

▶ Jan Tennant concludes this edition of *Global News* with a behind-the-scenes look at Global's newly renovated newsroom and studios. In this example of cross-scripting, where the pictures and script are accidentally unrelated, Michael Fitzgerald reports on the structural and technological changes and on the new "multi-layered" supper-hour newscast soon to be launched. The Ontario based network made this ambitious move to a more diversified news presentation to attract the broadest possible audience.

Global Television Network Collection 1986-0676
20 September 1984
Global News
V1 8701-0007

··· Global News : Nouvelle image d'une salle de nouvelles

▶ Jan Tennant termine cette édition de *Global News* en invitant les téléspectateurs à jeter un coup d'œil sur la salle des nouvelles et les studios fraîchement rénovés de Global. Sur un fond d'images et de textes sans lien entre eux, Michael Fitzgerald nous fait voir les transformations aux structures et les transformations techniques et annonce le lancement prochain d'un nouveau bulletin de nouvelles plus diversifié. En décidant de varier ainsi sa présentation des nouvelles, le réseau ontarien cherche à élargir son auditoire.

Fonds de Global Television Network 1986-0676
20 septembre 1984
Global News
V1 8701-0007

1 June 1985
1ᵉʳ juin 1985

English

. . . . *CKVR's Total News: Barrie Ontario Tornado*

▶ CKVR in Barrie, Ontario went on the air with a news special on the tornado which swept across central Ontario on 31 May, just five hours after power was restored to the station. In this vivid excerpt filmed from a chartered helicopter flying over the devastated area, CKVR reporter Greg Lubianetsky describes the havoc and destruction caused by the twister. The noise of the helicopter competing with Lubianetsky's eye-witness commentary, along with the shakiness of the visuals, add a sense of immediacy to the report. Sharon Burkhart introduces the item.

Can Pro Collection 1986-0332
1 June 1985
Total News
V1 8605-0118

. . . *CKVR's Total News : Tornade à Barrie (Ontario)*

▶ Cinq heures à peine après le rétablissement de l'électricité, à Barrie (Ontario), le 1ᵉʳ juin 1985, CKVR diffuse un bulletin spécial d'information sur la tornade qui a balayé le centre de l'Ontario la veille. Dans ce vivant extrait filmé du haut d'un hélicoptère nolisé, le reporter de CKVR, Greg Lubianetsky, décrit la destruction et les dégâts causés par la tornade. Le vrombissement de l'hélicoptère couvrant la voix de Lubianetsky joint à l'instabilité de l'image ajoutent au réalisme de ce reportage. Sharon Burkhart présente le reportage.

Fonds de Can Pro 1986-0332
1ᵉʳ juin 1985
Total News
V1 8605-0118

12 August 1985
12 août 1985

Français

. . Le Téléjournal: Backlash against Media

▶ The front-page story of the first test-tube baby born in Quebec was immediately seized on by television journalists. This *Le Téléjournal* report by Maxence Bilodeau from Sainte-Foy, Quebec, shows how Doctor Rioux who delivered the baby, reacts to media expectations by not giving any information on the infant or its parents. The disappointment of the media is evident at this press conference. Dr. Rioux holds up a glass jar with a rag doll inside it to parody the media's preoccupation with the event. Newscaster Jean Ducharme introduces the item.

Canadian Broadcasting Corporation Collection 1985-0022
12 August 1985
Le Téléjournal
V1 8608-0005

. . . Le Téléjournal : Refus d'une primeur

▶ C'est avec empressement que la télévision s'est emparée de la grande primeur que représentait la naissance du premier bébé éprouvette au Québec. Ce reportage réalisé en direct de Sainte-Foy (Québec), par Maxence Bilodeau pour *Le Télé-journal*, nous montre comment le médecin qui a procédé à l'accouchement, le docteur Rioux, réagit face aux médias en refusant de fournir des informations sur l'enfant ou ses parents. La déception des reporters est visible à la conférence de presse. Le docteur Rioux exhibe un bocal contenant une poupée de chiffon pour se moquer de l'empressement des médias à couvrir cet événement. L'annonceur Jean Ducharme présente le reportage.

Fonds de la Société Radio-Canada 1985-0022
12 août 1985
Le Téléjournal
V1 8608-0005

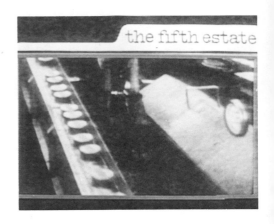

17 September 1985
17 septembre 1985

English

........**The Fifth Estate: Tuna Scandal**

▶ In the best tradition of investigative journalism, *The Fifth Estate* made quite a splash with its revelations on the "tunagate scandal." In the resulting furor, Minister of Fisheries, John Fraser resigned for having allowed close to a million cans of rancid tuna to reach the shelves of Canadian supermarkets. Introducing this episode from *The Fifth Estate* which had its series debut in 1975, Eric Malling, Hana Gartner and Bob McKeown present the line-up of stories: a blend of hard-hitting exposés leavened with human interest stories and humourous items.

Canadian Broadcasting Corporation Collection 1985-0389
17 September 1985
The Fifth Estate
V1 8606-0026(1)

... **The Fifth Estate : Le scandale du thon avarié**

▶ Dans la meilleure tradition du journalisme d'enquête, *The Fifth Estate* a fait sensation avec ses révélations sur le scandale du thon avarié, le « Tunagate ». Par suite de la colère provoquée par cette affaire, le ministre des Pêcheries John Fraser démissionne pour avoir permis la distribution de près d'un million de boîtes de thon impropre à la consommation aux supermarchés canadiens. Dans cet extrait du *Fifth Estate*, magazine lancé en 1975, Eric Malling, Hana Gartner et Bob McKeown présentent un sommaire de l'émission : un mélange d'exposés arides agrémentés de faits sociaux et d'histoires drôles.

Fonds de la Société Radio-Canada 1985-0389
17 septembre 1985
The Fifth Estate
V1 8606-0026(1)

12 January 1986
12 janvier 1986

Français

..Le Téléjournal: Bogus "Miracle" Attracts Crowds

. . . Le Téléjournal : Un phénomène paranormal attire des foules

▶ Balancing popular belief against logical credibility, Claude Gervais presents this on-site report on the weeping statue of the Virgin Mary at the village of Sainte-Marthe-sur-le-lac in Quebec. Well-padded with details about the phenomenon, but skirting the question of the story's credibility, Gervais' report takes the evidence at face value. Two days later a Radio-Canada investigation revealed that the miracle had an earthly explanation: the "tears" coming from the statue's eyes turned out to be drops of animal fat.

Canadian Broadcasting Corporation Collection 1986-0046
12 January 1986
Le Téléjournal
V2 8601-0133

▶ Faisant la part de la croyance populaire et celle de la raison, Claude Gervais présente ce reportage sur le vif à propos de la statue de la Vierge Marie qui aurait laisser couler des larmes, à Sainte-Marthe-sur-le-lac (Québec). Bien documenté sur le phénomène, mais laissant de côté la question de sa crédibilité, le reportage de Gervais prend l'histoire au pied de la lettre. Deux jours plus tard, Radio-Canada prouve que le miracle était une fumisterie : les « larmes » qui coulaient des yeux de la statue n'étaient que du gras animal.

Fonds de la Société Radio-Canada 1986-0046
12 janvier 1986
Le Téléjournal
V2 8601-0133

16 January 1986
16 janvier 1986

Français

. . . . *Le Téléjournal: Surveillance Video Becomes Evidence*

▶ On 10 January 1985, the video surveillance system in a convenience store in Saint-Laurent, Quebec recorded a confrontation between a customer, Brian O'Carroll, and a police officer. This video footage became the key evidence in the investigation into the conduct of the police officer, Jacques Parent, who was cleared of charges when the case came to trial a year later. Philippe Belisle presents this report on *Le Téléjournal* which includes the surveillance footage. Newscaster Bernard Derome introduces the item.

Canadian Broadcasting Corporation Collection 1986-0002
16 January 1986
Le Téléjournal
V4 8601-0029(6)

. . . *Le Téléjournal : Un enregistrement-témoin sert de pièce à conviction*

▶ Le 10 janvier 1985, le système de surveillance électronique dans un dépanneur de Saint-Laurent (Québec) enregistre une altercation entre un client, Brian O'Carroll, et un policier. Cet enregistrement est devenu la pièce à conviction dans l'enquête sur la conduite du policier Jacques Parent, qui devait d'ailleurs être acquitté un an plus tard à l'issue du procès qui s'ensuivit. Philippe Belisle présente ce reportage incluant la bande au *Téléjournal*. Bernard Derome annonce le reportage.

Fonds de la Société Radio-Canada 1986-0002
16 janvier 1986
Le Téléjournal
V4 8601-0029(6)

7 April 1986
7 avril 1986

Français

.. *Les Nouvelles TVA: Flooding on Peel Street, Montreal*

▶ In this excerpt from *Les Nouvelles TVA*, Jacques Moisan introduces a report on flooding caused by a burst water main on Peel Street in downtown Montreal. Against a background of images which capture the lighter side of a city street under flood, reporter Danielle Saint-Onge points out the more sobering aspects of property damage and financial cost. Having worked for five years for CHEM-TV Trois-Rivières, Saint-Onge joined Télé-Métropole in 1984 and was among a growing number of women reporters in both public and private television in Quebec.

Télé-Métropole Collection
1986-0428
7 April 1986
Les Nouvelles TVA
V 8608-0051

... *Les Nouvelles TVA : Inondation sur la rue Peel, à Montréal*

▶ Cet extrait des *Nouvelles TVA* présenté par Jacques Moisan est un reportage de Danielle Saint-Onge sur l'inondation de la rue Peel dans le centre-ville de Montréal causée par la rupture d'une conduite maîtresse. Si certaines images font sourire, le reporter rappelle le sérieux de la situation en insistant sur les dommages à la propriété et les pertes financières subies. Après une expérience de cinq ans à CHEM-TV de Trois-Rivières, Danielle Saint-Onge passe à Télé-Métropole en 1984. Elle est l'une des reporters féminins de plus en plus présentes sur les ondes publiques et privées de la télévision au Québec.

Fonds de Télé-Métropole 1986-0428
7 avril 1986
Les Nouvelles TVA
V 8608-0051

2 May 1986
2 mai 1986

Français

.... Radio-Québec: Questions d'argent

▶ A weekly magazine on economic and financial aspects of the news, *Questions d'argent* gave a new look to Radio-Québec's cultural and educational programming when it first went on the air in 1985. In this excerpt, the Quebec budget, presented the previous day by Quebec Minister of Finance Gérard D. Lévesque, is reviewed. *Questions d'argent's* host Lise LeBel and financial analysts Alain Dubuc and Claude Picher present one of their few on-location reports, from the budget briefing room.

Radio-Québec Collection
1986-0538
2 May 1986
Questions d'argent
V2 8609-0114

... Radio-Québec : Questions d'argent

▶ En ondes depuis 1985, *Questions d'argent*, magazine hebdomadaire sur les aspects économiques et financiers des événements, illustre la nouvelle tendance de la programmation culturelle et éducative de Radio-Québec. L'extrait choisi est une analyse du budget du Québec présenté la veille par le ministre des Finances Gérard D. Lévesque. L'animatrice de *Questions d'argent*, Lise LeBel, et les analystes financiers, Alain Dubuc et Claude Picher, présentent un de leurs rares reportages en extérieur, de la salle de conférences où le budget leur est expliqué.

Fonds de Radio-Québec 1986-0538
2 mai 1986
Questions d'argent
V2 8609-0114

322

20 May 1986
20 mai 1986

Français

. . . . Ici Montréal:
Dominique Lemieux

▶ Dominique Lemieux, the first female newsreader to be hired by Télé-Métropole, introduces this excerpt from *Ici Montréal*, the evening TVA news hour. Originally named *Le Dix-huit heures*, *Ici Montréal* was first aired in 1984. Broadcast at the supper hour and mirroring Radio-Canada's *Ce soir* in its sixty minute format of news, interviews and indepth commentaries, *Ici Montréal* concentrated on actuality reports of regional interest. Seen here is Serge Rivest reporting from Rivière-des-Prairies on a story about environmental waste. The officials are unnerved by the media interest.

TVA Collection 1986-0428
20 May 1986
Ici Montreal
V1 8608-0052

. . . Ici Montréal : Dominique Lemieux

▶ Dominique Lemieux, la première femme à lire les nouvelles à Télé-Métropole, présente cet extrait de *Ici Montréal*, l'heure de nouvelles en début de soirée à l'antenne de TVA. *Ici Montréal* est mis en ondes pour la première fois en 1984; il s'appelait alors *Le Dix-huit heures*. Diffusée à l'heure du dîner, cette émission ressemble étrangement à *Ce soir* de Radio-Canada par son format de 60 minutes de nouvelles, d'entrevues et d'analyses approfondies. Elle met surtout l'accent sur les actualités régionales. Nous voyons ici Serge Rivest dans un reportage en direct de Rivière-des-Prairies sur des dommages causés à l'environnement. Les autorités sont décontenancées devant l'intérêt des médias.

Fonds de TVA 1986-0428
20 mai 1986
Ici Montréal
V1 8608-0052

7 September 1986
7 septembre 1986

Français

Télévision Quatre Saisons: Le Grand Journal

▶ This excerpt from the very first edition of Le Grand Journal was aired just minutes after the official opening of Quebec's newest private television station, Télévision Quatre Saisons. The clip features the launching of Quatre Saisons and introduces the team hosting Le Grand Journal: Pascale Nadeau (daughter of Pierre Nadeau of Radio-Canada), Stéphane Boisjoly, Danièle Mondoux and Jean Lajoie. Two major characteristics of Quatre Saisons — and of Le Grand Journal — have been its introduction of camera-reporters and the youthfulness of the reporters. Le Grand Journal was scheduled ahead of most other evening news bulletins on television at 5:30 p.m. to attract an audience for regional news.

Télévision Quatre Saisons Collection 1986-0689
7 September 1986
Le Grand Journal
V2 8611-0002

. . . Télévision Quatre Saisons : Le Grand Journal

▶ Cet extrait de la toute première édition du Grand Journal a été diffusé quelques minutes à peine après l'inauguration officielle de Télévision Quatre Saisons, la plus récente chaîne privée au Québec. L'extrait annonce le lancement de Quatre Saisons et présente l'équipe du Grand Journal : Pascale Nadeau (la fille de Pierre Nadeau de Radio-Canada), Stéphane Boisjoly, Danièle Mondoux et Jean Lajoie. La Télévision Quatre Saisons, et donc Le Grand Journal, se distingue par la jeunesse de ses reporters et par l'utilisation de reporters-caméras. Le Grand Journal, en ondes à 17 h 30, avant la plupart des autres bulletins de nouvelles de la soirée, espère attirer les téléspectateurs pour ses nouvelles régionales.

Fonds de Télévision Quatre Saisons 1986-0689
7 septembre 1986
Le Grand Journal
V2 8611-0002

. . . *Midday: Noon Hour Television*

27 October 1986
27 octobre 1986

English

▶ This is a typical edition of the highly rated noontime blend of news, interviews and lifestyle reports. Following a market identified by *Global's News At Noon*, CBC's *Midday* began in January 1985 and is the only such show broadcast coast to coast. *Midday's* graphics and set are similar to *The Journal's* which is not surprising since the show, nick-named, "the baby Journal," shares *The Journal* staff and equipment, making it relatively inexpensive to produce. Unlike *The Journal, Midday* makes considerable use of regionally produced material. The affable and popular hosts, Valerie Pringle and Peter Downie, are both former radio reporters, Pringle from CFRB and Downie from CBC. Sheldon Turcott reads the news from the newsroom, in contrast to the formal news set usually used by CBC.

Canadian Broadcasting Corporation Collection 1986-0525
27 October 1986
Midday
V1 8611-0051

. . . *Midday : La télévision à l'heure du midi*

▶ Voici, mise en ondes à l'heure du midi, une édition typique d'une émission en vogue faite de nouvelles, d'entrevues et de reportages sur la vie sociale. Visant une clientèle déjà identifiée par *Global's News At Noon*, *Midday* de la SRC inaugure sa première édition en janvier 1985. Elle est la seule émission du genre à être diffusée à la grandeur du pays. Les graphiques et le décor de *Midday* sont semblables à ceux du *Journal* (on l'appelle d'ailleurs le « baby Journal »). Et comme il partage en outre le personnel et l'équipement du *Journal*, il a été relativement facile à produire, financière-ment parlant. Ses animateurs aimables et populaires, Valerie Pringle et Peter Downie, sont deux anciens reporters à la radio : Pringle de CFRB et Downie de la SRC. Sheldon Turcott lit les nouvelles dans la salle de nouvelles, contrairement au décor plus cérémonieux habituellement utilisé à la SRC.

Fonds de la Société Radio-Canada 1986-0525
27 octobre 1986
Midday
V1 8611-0051

15 March 1987
15 mars 1987

Français

▶········ Radio-Québec : Téléservice

▶ On the occasion of its thousandth broadcast, Radio-Québec's *Téléservice* prepared a montage representing highlights of its programs since it first went on the air in September 1980. In this excerpt the original host Claude Saucier is in the studio along with the rest of the *Téléservice* team of reporters, Lise LeBel, Aimé Boivin, Jeanette Biondi and Louise Faure. Originally a half-hour pot-pourri of light news stories covering everything from politics to pottery, *Téléservice* expanded in 1984 to a full hour.

Radio-Québec Collection
1987-0190
15 March 1987
Téléservice
V1 8704-0001

...Radio-Québec : Téléservice

▶ À l'occasion de sa millième émission, *Téléservice* de Radio-Québec a préparé un montage sur les grands moments de son existence depuis les débuts en septembre 1980. Dans cet extrait, l'animateur Claude Saucier est en studio avec le reste de son équipe de reporters : Lise LeBel, Aimé Boivin, Jeannette Biondi et Louise Faure. À l'origine un pot-pourri d'une demi-heure de nouvelles légères s'intéressant à tout, de la politique à la poterie, *Téléservice* est passé à une heure complète d'antenne en 1984.

Fonds de Radio-Québec 1987-0190
15 mars 1987
Téléservice
V1 8704-0001

Television
. . . Artifacts

. . . .

Télévision
. . . Objets

1950s
années 1950

.... Pathé Webo Super 16 mm Camera

▶ In the earliest days of television, news film was often shot on 16 mm silent cameras with sound commentary added later by the newsreader during broadcast from the television station. Bell & Howells, Filmos, Cine-Kodaks, Maurers and this Pathé Super 16 camera, were all light-weight portable units which allowed the cameraman mobility and flexibility. These were driven by spring-wound motors so no external power source was required. In the earliest days of television, videotape did not exist and all broadcasting was either live or from film sources.

NMST # 810871

... Caméra Pathé Webo Super 16 mm

▶ Aux débuts de la télévision, les actualités filmées étaient souvent enregistrées au moyen de caméras muettes de 16 mm et le commentaire était ensuite ajouté par l'annonceur au moment de la transmission de l'émission à la station. La Bell & Howell, la Filmo, le Ciné-Kodak, la Maurer et cette Pathé Super 16 étaient toutes légères et portatives pour permettre au cameraman de se déplacer à sa guise. Elles étaient actionnées par moteur à ressort et donc dépourvues de fil. À cette époque, le ruban magnétoscopique n'existait pas encore et toutes les émissions étaient retransmises en direct ou enregistrées sur pellicule.

NMST # 810871

Dimensions	L 33.8 cm	W 10 cm	H 16 cm
	L 33,8 cm	La 10 cm	H 16 cm

328

circa 1950s
vers les années 1950

.... Auricon PRO-600
16 mm Camera

▶ This Auricon PRO-600 was an early single system television film news camera which recorded sound onto a photographic optical track on the film itself. The recording levels were controlled by a soundman who operated a separate amplifier unit which connected the microphone to the camera. This camera and other models made by Auricon were the most common film news cameras used in television newsgathering until the mid 1960s. The Auricon was a favoured camera due to its quality and relative portability. Later many Auricons found new life with modifications or modernization. The Trenka-Tomlinson camera is an example of a reworked Auricon.

NMST # 870080

... Caméra 16 mm Auricon PRO-600

▶ Cette caméra Auricon PRO-600 est une des premières caméras à une seule bande pour le tournage des actualités de télévision; l'enregistrement du son s'effectuait sur une piste photographique optique de la pellicule. Le niveau d'enregistrement était commandé par l'opérateur du son au moyen d'un amplificateur distinct relié au microphone de la caméra. Cette caméra et les autres modèles d'Auricon sont restés les caméras d'actualités cinématographiques les plus populaires jusqu'au milieu des années 1960. Les utilisateurs préféraient les caméras Auricon en raison de leur qualité et de leur maniabilité. Auricon assura plus tard un regain de popularité à ses caméras grâce à certaines modifications ou à des modernisations. La caméra Trenka-Tomlinson constitue un exemple de caméra Auricon refondue.

NMST # 870080

Dimensions	L 46 cm	W 24.2 cm	H 33 cm
	L 46 cm	La 24,2 cm	H 33 cm

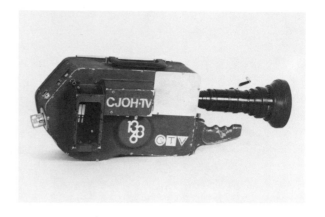

circa 1960s
vers les années 1960

.... Trenka-Tomlinson 16 mm Camera

▶ The Trenka-Tomlinson single system news camera was developed as a workable alternative to the then current practice of three-man television news crews consisting of a reporter, cameraman and soundman. The addition of an automatic gain control to monitor audio levels eliminated the need for a soundman. The camera was developed by Eric Tomlinson and Lou Trenka in Ottawa and was basically a modified Auricon in which only the internal movement survived. The new lightweight casing and design made the camera a success in Canada. The unit on display is the third conversion of the original camera and was used by CJOH-TV and CTV Television News until they switched from film to video as a newsgathering format in 1984.

NMST # 870083

... Caméra Trenka-Tomlinson 16 mm

▶ La caméra de reportage à système unique Trenka-Tomlinson visait à remplacer les équipes de reportages télévisés habituelles comportant trois personnes, soit un reporter, un cameraman et un preneur de son. L'ajout d'une commande automatique de réglage du son rendait superflue la présence d'un preneur de son. La caméra est l'œuvre d'Eric Tomlinson et de Lou Trenka d'Ottawa, qui adaptèrent le modèle Auricon en n'en conservant que le mécanisme interne. La légèreté du boîtier et la nouvelle conception en assurèrent le succès au Canada. L'appareil exposé représente la troisième version de la caméra originale et a été utilisé par le service d'information de CJOH-TV et de CTV jusqu'à ce que le film cède la place à la bande vidéo comme support d'enregistrement des reportages en 1984.

NMST # 870083

Dimensions	L 59.5 cm	W 21 cm	H 23 cm
	L 59,5 cm	La 21 cm	H 23 cm

1970s
années 1970

▸ . . . . *Eclair ACL 16 mm camera*

▶ This lightweight unit (four kilograms) was a popular news and documentary camera in the early 1970s. Sound was recorded separately on 1/4" tape with both camera and sound recorder synchronized. Its motor was compact and efficient, and the camera's design and image registration were notable. It had through the lens viewing capability and was most commonly used with an Angenieux zoom lens. It used snap-on magazines which held sixty metres of 16 mm film (approximately five minutes). The battery could shoot almost an hour with only thirty minutes charging time.

NMST # 870082

▸ . . . *Caméra Eclair ACL 16 mm*

▶ Cet appareil léger (quatre kilogrammes) était une caméra de reportage et de documentaire populaire au début des années 1970. Le son était enregistré séparément au moyen d'un ruban de 1/4 po, avec synchronisation entre la caméra et l'enregistreur audio. Le moteur était compact et d'un bon rendement; la construction de la caméra et la qualité de la coïncidence des images étaient parmi les caractéristiques les plus remarquées. La visée s'effectuait dans la lentille réflex, le plus souvent à l'aide d'une lentille munie d'un objectif à focale variable Angénieux. La pellicule 16 mm était contenue dans des chargeurs insérés par pression et faisait 60 mètres (environ cinq minutes). La batterie permettait une heure de tournage et pouvait être rechargée en trente minutes.

NMST # 870082

Dimensions	L 50.4 cm	W 34.5 cm	H 27.3 cm
	L 50,4 cm	La 34,5 cm	H 27,3 cm

circa 1962
vers 1962

Marconi Television Camera

▶ This Mark IV black and white camera, type 3392, along with a camera control unit and control panel made up what is known as a camera chain. All three units were required for the camera to operate. This camera used an image-orthicon tube that made it both very sensitive in low light levels and operable under a variety of lighting conditions. It uses vacuum tubes (thirteen in the camera and twenty-seven in the camera control unit) and can be powered either from a 110 volt or 220 volt A.C. line. This type of camera was used by the CBC in Montreal both for studio and mobile operations and was replaced in the 1970s as colour took over from black and white.

NMST # 8449

... Caméra de télévision Marconi

▶ Cette caméra noir et blanc Mark IV modèle 3392 était associée à un bloc de commande de caméra et à un panneau de commande, de manière à former la chaîne caméra. La caméra ne pouvait fonctionner qu'en association avec les deux autres éléments. Elle comportait un tube image orthicon qui assurait une très grande sensibilité en faible éclairage et permettait l'exploitation de la caméra sous diverses conditions d'éclairage. Ces appareils contiennent des tubes à vide (13 dans la caméra et 27 dans le bloc de commande de la caméra) et peuvent être alimentés par le secteur à 110 V ou 220 V. Ce type de caméra était utilisé par la Société Radio-Canada à Montréal pour les tournages en studio et à l'extérieur et a été remplacé dans les années 1970, avec l'arrivée de la couleur qui a éclipsé le noir et blanc.

NMST # 8449

Dimensions	L 98 cm	W 39 cm	H 52 cm
	L 98 cm	La 39 cm	H 52 cm

circa 1975
vers 1975

..... CP-16 Camera

▶ The Cinema Products CP-16 features most of the latest innovations in 16 mm single system news cameras which recorded sound and picture simultaneously. A complete CP-16 with zoom lens and fully loaded magazine (122 metres – 11 minutes) weighs only 7.1 kilograms. Reflex viewing was usually through a 12-120 mm Angenieux zoom lens. Although the battery weighs only one pound it was guaranteed for ninety minutes filming before recharging was required. The CP-16 could also be operated as a double system camera using a separate 1/4" magnetic sound recorder.

NMST # 870084

... Caméra CP-16

▶ À son époque, la caméra Cinema Products CP-16 était à la fine pointe des caméras 16 mm de reportage à bande unique, avec enregistrement simultané de l'image et du son. La CP-16 complète, avec lentille munie d'un objectif à focale variable et chargeur plein (122 mètres, 11 minutes), ne pèse que 7,1 kilogrammes. La visée réflex s'effectuait habituellement par une lentille munie d'un objectif à focale variable Angénieux 12-120 mm. Bien que la batterie ne pèse que 0,45 kilogramme, sa durée nominale de tournage jusqu'à décharge était 90 minutes. La CP-16 pouvait aussi être utilisée comme système double bande avec un enregistreur de son magnétique distinct utilisant un ruban de 1/4 po.

NMST # 870084

Dimensions	L 66 cm	W 24.5 cm	H 33.6 cm
	L 66 cm	La 24,5 cm	H 33,6 cm

333

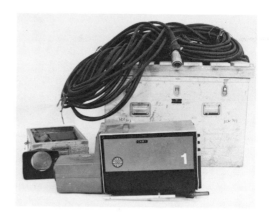

1966

.... GE Colour Video Camera

▶ This General Electric colour television camera is an example of one of the first colour cameras acquired by the CBC in Montreal. They were first used for broadcasting from *Expo 67* and for many years thereafter. This camera is equipped with an Angenieux f 18, 180 mm zoom lens. These cameras were used in a variety of locations and considered portable but required a truck full of camera control equipment, recording equipment, tripods and camera dollys, special lighting, and many feet of cable to make them operational. Special metal shipping cases with thick padding were required to protect this delicate equipment in transit.

NMST # 860292

... Caméra vidéo GE en couleur

▶ Cette caméra de télévision couleur General Electric constitue un exemple des premières caméras couleur acquises par Radio-Canada à Montréal. Celles-ci ont d'abord servi aux transmissions d'*Expo 67* et sont restées en service longtemps après. Cette caméra est munie d'un objectif à focale variable Angenieux f 18 de 180 mm. On pouvait l'utiliser à divers endroits et on la considérait portative, mais à condition d'avoir un camion rempli de matériel de réglage, d'équipement d'enregistrement, de trépieds et de travellings, d'appareils d'éclairage spéciaux et de plusieurs mètres de câble. Il fallait des boîtiers en métal bien rembourrés pour protéger ce délicat matériel pendant le transport.

NMST # 860292

Dimensions	*55″*	*19″*	*19″ camera*
	55 po	*19 po*	*19 po (caméra)*

334

circa 1965
vers 1965

.... Ampex Videotape Recorder

▶ This Ampex model VR-2000 is a full colour, broadcast quality videotape recorder using 2" wide tape. It can record up to 128 minutes of both sound and picture information on a 1464 metre reel of tape when operating at a tape speed of nineteen centimetres per second. It can also record at thirty-eight centimetres per second, but recording time is cut in half. Tape heads are guaranteed for 100 hours of operation before being replaced, but this can be doubled under very clean operating conditions. This particular machine was one of the first colour videotape recorders (VTRs) purchased by the CBC in Montreal shortly after the model was introduced by Ampex. It was used in their lab until about 1984 to produce alignment tapes for other CBC television stations across the country.

NMST # 85681

... Enregistreur vidéo Ampex

▶ Le VR-2000 de Ampex est un enregistreur vidéo couleur de qualité professionnelle qui utilise une bande de 2 po. Il permet d'enregistrer jusqu'à 128 minutes (son et image sur une bobine de 1 464 mètres défilant à 19 cm/s. L'enregistrement peut aussi s'effectuer à 38 cm/s, ce qui réduit de moitié la durée d'enregistrement. Les têtes sont garanties pour 100 heures d'utilisation avant leur remplacement, mais si l'appareil est utilisé dans un environnement très propre, la durée de vie des têtes peut doubler. L'appareil que l'on voit ici a été l'un des premiers magnétoscopes couleur achetés par la Société Radio-Canada à Montréal peu après la commercialisation de ce modèle par Ampex; il a été utilisé dans les laboratoires de la SRC jusqu'aux environs de 1984, pour la production de bandes de réglage destinées aux autres stations de Radio-Canada dans l'ensemble du pays.

NMST # 85681

Dimensions	L 158 cm	W 76 cm	H 188 cm
	L 158 cm	La 76 cm	H 188 cm

335

circa 1975
vers 1975

.... Ampex Portable Videotape Recorder

▶ The Ampex VR-3000B portable video recorder used the same quadraplex or four head system and 2″ wide tape as the big studio recorders. The portable units could be battery operated and, with a battery operated colour camera, footage of events could be brought back to the studio and edited for broadcast as part of a newscast without any delay for processing.

NMST # 8499

... Enregistreur vidéo portatif Ampex

▶ L'enregistreur vidéo portatif Ampex VR-3000B était équipé du système 4 têtes (quadraplex) avec bande de 2 po de largeur, comme les gros enregistreurs de studio. Les unités portatives pouvaient fonctionner sur batterie; l'utilisation d'une caméra couleur à batterie permettait de revenir au studio pour effectuer immédiatement le montage des enregistrements en vue du bulletin de nouvelles, sans les délais habituels du développement de la pellicule.

NMST # 8499

Dimensions	L 59.7 cm	W 36.5 cm	H 16.5 cm (lid closed)
	L 59,7 cm	La 36,5 cm	H 16,5 (couvercle fermé)

336

1986

.... Betacam Video Camera Recorder

▶ This broadcast quality combination videocamera and recorder is powered by its internal battery and is capable of recording a high-quality colour picture under natural lighting conditions. Broadcast quality sound can be recorded via a detachable microphone or remote wireless microphone. It uses ½" videocassettes with a maximum continuous recording capacity of thirty minutes, a different format to consumer videorecorders or video camera/recorders. The great flexibility and improved quality of this technology represented a significant advance for electronic news gathering in the 1980s.

Sony of Canada loan

... Enregistreur-caméra Betacam

▶ Cet enregistreur-caméra vidéo de qualité professionnelle est alimenté par une pile interne et peut enregistrer des images couleur de grande qualité en éclairage naturel. Il permet aussi de faire un enregistrement du son de qualité professionnelle grâce à son microphone amovible ou à son microphone télécommandé sans fil. Il fonctionne au moyen de vidéocassettes de ½ po d'une capacité maximale d'enregistrement en continu de 30 minutes, qui sont différentes de celles utilisées avec les enregistreurs vidéo ou les enregistreurs-caméras vidéo destinés au grand public. Par sa grande souplesse et sa performance, cet appareil a permis un progrès considérable dans les reportages électroniques au cours des années 1980.

Prêt de Sony du Canada

Dimensions	L 25″	W 4½″	H 9½″
	L 25 po	La 4½ po	H 9½ po

337

1939

········ *RCA Radio-TV*

▶ This RCA model TRK-12 combination radio-television was introduced at the New York World's Fair in 1939 as the new all-electronic television. Further developments in television receivers had to wait until after World War II. This particular set was used by the National Research Council in radar experiments during the war.

NMST # 71663

... *Radio-TV RCA*

▶ Ce modèle combiné radio-téléviseur RCA, modèle TRK-12, a été présenté à l'exposition mondiale de New York en 1939 comme le téléviseur entièrement électronique « dernier cri ». Les nouveaux perfectionnements dans ce domaine ne virent le jour qu'après la Deuxième Guerre mondiale. L'appareil exposé a été utilisé par le Conseil national de recherches pendant la guerre pour des travaux sur le radar.

NMST # 71663

Dimensions	*L 88.5 cm*	*W 50.5 cm*	*H 107.2 cm*
	L 88,5 cm	*La 50,5 cm*	*H 107,2 cm*

338

circa 1949
vers 1949

... *Emerson Television*

▶ This Emerson model 639 had a seven-inch-round picture tube and is typical of many used by Canadians to pick up American channels before Canadian broadcasting began. This set would only have been useful along the U.S. border within sixty to seventy miles of a city big enough to have a television station. Also a good outdoor antenna was needed and forests of these sprang up on roof-tops until the 1960s when cable transmission of television signals in Canada became common.

NMST # 79896

... *Téléviseur Emerson*

▶ Le modèle Emerson 639 était doté d'un tube cathodique rond de 17,8 centimètres et était utilisé par de nombreux Canadiens pour capter les canaux américains avant le début de la télédiffusion au Canada. Cet appareil aurait pu être utilisé le long de la frontière des États-Unis à une distance de 96 à 113 kilomètres au maximum d'un centre suffisamment important pour avoir une station de télévision. Il fallait cependant une bonne antenne extérieure, ce qui explique pourquoi tant de toitures de maison étaient ornées de telles antennes jusqu'au moment où, dans les années 1960, la câblodistribution s'est répandue au Canada.

NMST # 79896

Dimensions			
	L 43 cm	*W 33 cm*	*H 26.3 cm*
	L 43 cm	*La 33 cm*	*H 26,3 cm*

339

circa 1950
vers 1950

.... Northern Electric Television

▶ This Northern Electric model NT 101 television was typical of Canadian-made sets of this period. It uses twenty-one tubes, including a ten-inch picture tube. Receivers like this were used for many years and even when colour was introduced in the late 1960s the black and white receiver became the second set for many families.

NMST # 69720

... Téléviseur Northern Electric

▶ Ce téléviseur Northern Electric, modèle NT 101, est caractéristique des appareils faits au Canada à cette époque. Il utilise 21 tubes, dont un tube cathodique de 25 centimètres. Les récepteurs en noir et blanc de ce genre sont demeurés en usage pendant de nombreuses années et, même après l'introduction de la télévision en couleurs à la fin des années 1960, ils ont été conservés comme deuxième appareil.

NMST # 69720

Dimensions	L 51.5 cm	W 34.2 cm	H 41.9 cm
	L 51,5 cm	La 34,2 cm	H 41,9 cm

340

circa 1954
vers 1954

. . . Dumont Radio-Television

▶ This Dumont model RA 103-9 radio-television receiver was typical of the combination of the two media from the very early days of television. Because television was only broadcast for a few hours each evening, this feature would have enhanced the utility of the combination set. The television receiver covered the VHF channels, and the radio covered the FM frequencies, as well as a small short wave band labelled "aviation, amateur and telephone."

NMST # 78910

. . . Radio-téléviseur Dumont

▶ Ce récepteur radio-téléviseur Dumont, modèle RA 103-9, illustre bien les combinés des premiers temps de la télévision. En effet, comme la télévision à cette époque n'émettait que quelques heures tous les soirs, il était plus pratique d'avoir un appareil combiné. Le téléviseur pouvait capter les canaux UHF, tandis que la radio couvrait la bande des fréquences MF, de même qu'une bande d'ondes courtes étiquetée aviation, amateur et téléphone.

NMST # 78910

Dimensions	L 58 cm	W 54 cm	H 45 cm
	L 58 cm	La 54 cm	H 45 cm

circa 1954
vers 1954

RCA Colour Television

▶ This model CT-100 colour television receiver was one of RCA's first colour models employing the NTSC (National Television System Committee) colour standard. This system, proposed by RCA, was fully compatible with existing black and white television and was adopted as the U.S. standard in 1953.

NMST # 72305

...Téléviseur couleur RCA

▶ Ce téléviseur couleur RCA, modèle CT-100, est l'un des premiers appareils à utiliser la norme NTSC (National Television System Committee) pour les couleurs. Ce système, proposé par RCA, était entièrement compatible avec le système en place pour la télévision en noir et blanc et fut adopté en 1953 comme norme aux États-Unis.

NMST # 72305

Dimensions	L 73.5 cm	W 54 cm	H 102 cm
	L 73,5 cm	La 54 cm	H 102 cm

circa 1956
vers 1956

.. **Sylvania Floor Model Television**

► This Sylvania model 21C 601W television receiver attempted to address the concern in the 1950s about the best conditions in which to watch television. Sylvania's 'Halolite' provided a soft white light surrounding the screen to ease viewing in a darkened room. As picture tubes improved and could provide better brightness and contrast it was no longer necessary to watch in darkened conditions and the technique was abandoned.

NMST # 7595

... **Meuble téléviseur Sylvania**

► Le modèle 21C 601W de Sylvania cherchait, au cours des années 1950, à répondre aux besoins des personnes qui voulaient un confort optimal pour regarder la télévision. L'« Halolite » de Sylvania assurait une douce lumière blanche autour de l'écran pour faciliter la vision dans une pièce sombre. La technique fut abandonnée lorsque le perfectionnement des tubes cathodiques permit un meilleur réglage de la luminosité et du contraste.

NMST # 7595

Dimensions	L 68.5 cm	W 60 cm	H 93.7 cm
	L 68,5 cm	La 60 cm	H 93,7 cm

circa 1957
vers 1957

.... Admiral Colour Television

▶ This forty-tube colour television receiver appears to be the
first production model made
by Admiral using the NTSC colour system (the chassis is
stamped run #1). This model
was apparently manufactured
in the U.S. and brought into
Canada for evaluation. It was
owned by several different
people and was in regular use
until 1973.

NMST # 721274, 72212

... Téléviseur couleur Admiral

▶ Il semble que ce récepteur de télévision couleur à 40
tubes soit le premier modèle fabriqué par Admiral au
moyen du système de couleur NTSC (le châssis porte la
mention première production). L'appareil aurait été fabriqué
aux États-Unis et apporté au Canada afin d'être évalué. Il a
changé de propriétaire plusieurs fois et a été utilisé régulièrement jusqu'en 1973.

NMST # 721274, 72212

Dimensions	L 70.2 cm	W 64.8 cm	H 103.7 cm
	74.5 cm	64.8 cm	103.5 cm
	L 70,2 cm	La 64,8 cm	H 103,7 cm
	74,5 cm	64,8 cm	103,5 cm

344

circa 1959
vers 1959

·· Philco Personal Television

▶ This transistorized Philco model H 2010 television receiver could be operated on normal household current or from internal, rechargeable batteries. It weighed seven kilograms and could be used anywhere within the range of a television transmitting station.

NMST # 860148

...Téléviseur personnel Philco

▶ Ce modèle Philco transistorisé H 2010 pouvait fonctionner sur le courant alternatif normal de la maison ou à partir de piles internes rechargeables. Il pesait sept kilogrammes et pouvait être utilisé partout dans l'aire de rayonnement d'une station de télévision émettrice.

NMST # 860148

Dimensions	H 15½″	W 9¾″	D 6¾″
	H 15½ po	La 9¾ po	Pr 6¾ po

345

circa 1961
vers 1961

········ *Philco Predicta Television*

▶ This Philco model 3410 Predicta television was a dramatic departure in styling for television receivers when it was introduced in l958. It was a standard black and white tube set but the development of a much shorter picture tube allowed for this styling. One model of this series had a flat cable connecting the picture tube to the rest of the set so that the picture tube could be located several feet from the controls.

NMST # 78221

... *Téléviseur Philco Predicta*

▶ Ce téléviseur Philco « Predicta », modèle 3410, était d'un style tout à fait original par rapport à ce qui existait sur le marché lorsqu'il fut commercialisé en 1958. Il s'agissait d'un tube cathodique standard en noir et blanc dont le design avait été rendu possible par la mise au point d'un tube beaucoup plus petit. Dans une variante de ce modèle, on trouve un câble plat raccordant le tube cathodique à la boîte de commande de sorte que les deux éléments pouvaient être séparés de plusieurs pieds.

NMST # 78221

Dimensions	L 62.5 cm	W 28 cm	H 61.5 cm
	L 62,5 cm	La 28 cm	H 61,5 cm

346

circa 1978
vers 1978

. Combination Radio/TV/Cassette Recorder

▶ This combination black and white portable television (VHF/UHF reception), AM/FM radio, and cassette recorder-/player was manufactured by the Japan Victor Company. It is completely portable and can be powered from either normal AC current or internal batteries. The cassette recorder can record from all of these audio sources or can be used to record live from the built-in microphone or via a jack provided for an external microphone.

NMST # 78593

... Combiné radio/TV/lecteur de cassettes

▶ Ce combiné portatif téléviseur noir et blanc (VHF/UHF), radio MA/MF et enregistreur-lecteur de cassettes a été fabriqué par la compagnie japonaise Victor (JVC). Facile à transporter, il peut être alimenté par le courant alternatif normal de la maison ou par des piles internes. L'enregistreur de cassettes peut enregistrer des diverses sources du combiné, mais peut également enregistrer en direct au moyen du microphone incorporé ou d'un microphone externe.

NMST # 78593

Dimensions	L 38.5 cm	W 25.5 cm	H 12 cm
	L 38,5 cm	La 25,5 cm	H 12 cm

347

1987

.... **Sony Watchman Television Receiver**

▶ The Sony Watchman model FD-2A is intended to provide personal television reception in the way the Walkman provides personal radio and recorded music entertainment. It has a two-inch-flat screen and can be powered either from internal batteries (6 volts — 4 "AA" cells); from the 110 volt power supply or from 12 volt car batteries with appropriate adaptors. There is also a switch position that allows for listening to the television sound only, to provide for longer battery life. A set of alkaline batteries should provide about five hours of operation.

NMST # 870071

... *Récepteur de télévision Sony Watchman*

▶ Le Sony Watchman, modèle FD-2A, visait à personnaliser la réception de télévision de la même manière que le Walkman personnalise l'écoute de la radio et de la musique enregistrée. Il comprend un écran plat de 5 centimètres et peut être alimenté au moyen de quatre piles « AA » de 6 volts, du courant alternatif normal de la maison ou d'une batterie de voiture de 12 volts grâce à des adapteurs. Un bouton permet en outre d'économiser l'énergie des piles en coupant l'image pour ne laisser entendre que le son. Un jeu de piles alcalines donne environ cinq heures d'écoute.

NMST # 870071

Dimensions	L 63 mm	W 40 mm	H 160 mm
	L 63 mm	La 40 mm	H 160 mm